普通高等院校物流管理类"十四五"精品教材

物流系统分析与设计

主　编　姜方桃　何　宽
副主编　开燕华　孙宇博
　　　　张停停　徐　刚

大连理工大学出版社
Dalian University of Technology Press

图书在版编目(CIP)数据

物流系统分析与设计 / 姜方桃,何宽主编. -- 大连：大连理工大学出版社,2025.4.(2025.4 重印)-- ISBN 978-7-5685-5350-6

Ⅰ.F252

中国国家版本馆 CIP 数据核字第 2024FZ9319 号

WULIU XITONG FENXI YU SHEJI

大连理工大学出版社出版

地址:大连市软件园路 80 号　邮政编码:116023
营销中心:0411-84708842　84707410　邮购及零售:0411-84706041
E-mail:dutp@dutp.cn　URL:https://www.dutp.cn

大连永盛印业有限公司印刷　　　　　大连理工大学出版社发行

幅面尺寸:185mm×260mm　　印张:16.5　　字数:422 千字
2025 年 4 月第 1 版　　　　　　　　　2025 年 4 月第 2 次印刷

责任编辑:邵　婉　朱诗宇　　　　　　责任校对:张　娜
　　　　　　　　封面设计:张　莹

ISBN 978-7-5685-5350-6　　　　　　　　　　　　定　价:58.00 元

本书如有印装质量问题,请与我社营销中心联系更换。

前　言

习近平总书记在党的二十大报告中提出中国式现代化的五个特征和九个本质要求,其中较为关键的两点"促进人与自然和谐共生"和"实现高质量发展"为我国物流行业的新发展提供了明确的指导。实现高质量发展:我们要追求物流行业的高质量发展,这意味着我们不仅要提高物流效率,还要提高服务质量。促进人与自然和谐共生:我们要积极推动物流行业的绿色发展。

物流系统是指按照计划为达成物流目的而设计的由各个相互作用、相互依赖的物流要素(或子系统)构成的有机整体,其目的与作用是将货物按照规定的时间、规定的数量,以最合适的费用,准确无误地送达目的地,完成物品使用价值的物理性转移,最终实现物品的社会价值。物流系统作为一个时域和地域跨度很大的系统,涉及众多领域,运作过程包含交通运输、仓储配送、库存管理、生产控制等诸多环节,涉及水路运输、航空运输、铁路运输、公路运输等多种交通运输方式,组成物流系统要素的种类宽泛、数量庞大,而且各类节点之间呈网状结构,相互关联。要有效地、低成本地为用户提供高效服务,必须将现有资源进行有效整合,而这又依赖于科学合理的物流系统分析与设计。

"物流系统分析与设计"是物流管理与工程专业本科生的必修课程。在物流管理和决策中,系统的思想和分析的方法经常为广大管理人员和领导者所应用,而我国物流管理研究的历史比较短,系统性的理论体系尚未完全建立。在理论和实践工作中,相关研究人员和从业人员常常忽视物流系统的整体性或全局性优化要求,局限于从某个局部环节探讨物流系统的组织设计、网络规划、运营控制和绩效评估等战略问题,缺乏从系统的整体高度对物流系统进行统筹规划,往往难以实现整体效益最优,从而降低了社会资源的配置效率及社会经济效益。

本书定位于系统思想和分析方法的掌握,强调能力的提高,致力于学以致用,提高学生的分析应用能力。本书的主要目标不在于掌握多少物流理论和系统知识,而是着眼于养成能够系统思考问题的习惯,提升系统思考能力,改进思维方式,同时掌握一些有技术含量的分析、计算方法,将之运用于物流系统分析中。

本书共分为9章,主要内容如下:

第1章主要介绍物流系统有关的概念,包括物流系统分析的定义、原则、内容等,物流系统设计的定义、基本原则和步骤及物流系统分析与设计常用方法等。

第2章主要介绍物流战略规划,包括物流战略概述、物流战略环境分析、物流战略方案的设计、物流战略实施与控制。

第3章主要介绍物流网络与选址规划,包括物流网络概述、物流网络规划、物流网络设施选址、物流网络规划的过程与数据获得。

第4章主要介绍物流园区规划,包括物流园区基本类型、基本功能,物流园区的规划内容、设计原则,物流园区规划系统分析与物流园区的选址分析与评价等。

第 5 章主要介绍物流配送中心布局规划,包括物流配送中心概述、配送中心规模的确定、配送中心内部布局规划、配送中心设施及设备规划。

第 6 章主要介绍仓储及运输系统规划,包括普通仓库的布置规划与设计、立体仓库的规划设计、运输线路的选择与优化、车辆配载优化、交通运输枢纽规划。

第 7 章主要介绍物流信息系统规划设计,包括物流信息系统及其规划概述、物流信息系统需求分析、物流信息系统总体设计、物流信息网络系统规划。

第 8 章主要介绍供应链系统设计与规划,包括供应链有关概念、特征和类型,供应链系统设计原则,基于产品需求特性的供应链系统设计,基于供应链系统的物流运作设计。

第 9 章主要介绍物流项目可行性研究,包括物流项目管理有关概念、物流项目策划与项目建议书、物流项目的可行性研究的体系及作用等。

本书主要特色是力求突出创新性、启发性和可操作性的特点,在借鉴和吸收国内外物流系统分析的基本理论和最新研究成果与实践的基础上,密切结合我国物流系统分析与设计的发展和教学实际,从基本理论入手,注重理论性与实用性相结合,全面论述了物流系统分析与设计的基本理论与基本内容。本书突出理论的系统性和实践的可操作性,并在每章精选了有关物流系统分析的经典案例,体现了实用性和可借鉴性。此外,全书各章后均附有思考题,便于学生自学,也可用于教师教学与考核。

本书参加编写的人员有:开燕华(第 1 章、第 2 章)、何宽、徐刚(第 3 章、第 9 章)、孙宇博(第 4 章、第 5 章)、张停停(第 6 章、第 7 章)、姜方桃、徐刚(第 8 章);全书由姜方桃修改、统稿。

在本书写作过程中,作者参考、吸收了国内外众多学者的研究成果和实际工作者的实践经验,在此谨对相关作者致以衷心的感谢。

由于作者水平有限,加之成稿时间仓促,书中不妥之处在所难免,敬请读者提出批评意见并及时反馈,以便本书再版时完善。

编者
2025 年 3 月

目 录

第1章 物流系统与分析概述 ······ 1
1.1 物流系统概述 ······ 1
1.1.1 物流系统的定义和特点 ······ 1
1.1.2 物流系统的特点 ······ 2
1.1.3 物流系统的构成要素与目标 ······ 4
1.1.4 物流系统的分类 ······ 6
1.2 物流系统分析 ······ 8
1.2.1 物流系统分析的概念 ······ 9
1.2.2 物流系统分析的原则 ······ 9
1.2.3 物流系统分析的内容 ······ 10
1.3 物流系统设计 ······ 12
1.3.1 物流系统设计的概念 ······ 13
1.3.2 物流系统设计的基本原则 ······ 13
1.3.3 物流系统设计的步骤 ······ 13
1.4 物流系统分析与设计常用方法 ······ 17
案例分析 ······ 18
思考题 ······ 19

第2章 物流战略规划 ······ 20
2.1 物流战略概述 ······ 20
2.1.1 物流战略的定义和特点 ······ 20
2.1.2 物流战略的要素 ······ 21
2.1.3 物流战略规划的内容 ······ 22
2.2 物流战略环境分析 ······ 24
2.2.1 物流战略环境分析的意义 ······ 25
2.2.2 物流战略环境分析的方法 ······ 25
2.3 物流战略方案的设计 ······ 29
2.3.1 基于服务水平目标的战略方案设计 ······ 29
2.3.2 基于物流成本目标和经济效益目标的战略设计 ······ 32
2.3.3 基于社会责任目标的战略设计 ······ 34

2.4 物流战略实施与控制 ·· 35
　　2.4.1 物流战略实施概述 ·· 35
　　2.4.2 物流战略的控制 ·· 37
　案例分析 ·· 38
　思考题 ·· 38

第3章　物流网络与选址规划 ·· 39
3.1 物流网络概述 ·· 39
　　3.1.1 物流网络的概念与构成 ······································ 40
　　3.1.2 物流网络的特征 ·· 41
　　3.1.3 物流网络的分类 ·· 42
3.2 物流网络规划 ·· 44
　　3.2.1 物流网络规划的概念 ·· 44
　　3.2.2 物流网络规划的原理 ·· 45
　　3.2.3 物流网络规划的基本逻辑与网络细分方法 ···················· 47
3.3 物流网络设施选址 ·· 49
　　3.3.1 物流设施选址的概念与原则 ·································· 50
　　3.3.2 物流设施选址的影响因素 ···································· 51
　　3.3.3 物流设施选址的程序 ·· 53
　　3.3.4 物流设施选址的方法 ·· 53
3.4 物流网络规划的过程与数据获得 ····································· 58
　　3.4.1 物流网络规划设计的思路 ···································· 59
　　3.4.2 物流网络规划的数据 ·· 60
　案例分析 ·· 63
　思考题 ·· 63

第4章　物流园区规划 ·· 64
4.1 物流园区概述 ·· 64
　　4.1.1 物流园区的内涵、类型与基本功能 ···························· 64
　　4.1.2 物流园区的发展沿革与现状 ·································· 65
　　4.1.3 物流园区的特点 ·· 66
4.2 物流园区规划概述 ·· 67
　　4.2.1 物流园区规划的概念 ·· 68
　　4.2.2 物流园区规划的意义 ·· 68
　　4.2.3 物流园区规划的条件要素 ···································· 69
　　4.2.4 物流园区规划的基本内容及工作流程 ·························· 69
4.3 物流园区规划系统分析 ··· 71
　　4.3.1 物流园区规划的需求分析 ···································· 72
　　4.3.2 物流园区规划的政策分析 ···································· 73
　　4.3.3 物流园区规划的功能分析 ···································· 74

4.4 物流园区的选址分析与评价 76
4.4.1 物流园区选址的影响因素分析 78
4.4.2 物流园区选址的评价 80
4.5 物流园区总体规划 81
4.5.1 物流园区用地规模 82
4.5.2 物流园区总体布局规划 87
4.5.3 物流园区内部路网系统规划 91
案例分析 95
思考题 98
计算题 98

第 5 章 物流配送中心布局规划 99
5.1 物流配送中心概述 99
5.1.1 配送的概述 99
5.1.2 配送中心的概念、必要性与基本类型 102
5.1.3 配送中心的作业流程 104
5.2 配送中心规模的确定 106
5.2.1 影响配送中心规模的因素 108
5.2.2 配送中心总体规模的确定方法 109
5.2.3 配送中心进出货区规模的确定 111
5.2.4 配送中心仓储区规模的确定 112
5.2.5 配送中心拣货区规模的确定 113
5.3 配送中心内部布局规划 115
5.3.1 配送中心内部区域的设置规划分析 116
5.3.2 配送中心内部布局规划 119
5.4 配送中心设施及设备规划 131
5.4.1 物料搬运设备的规划 133
5.4.2 仓储设备的规划 134
案例分析 136
思考题 137
综合题 137

第 6 章 仓储及运输系统规划 139
6.1 普通仓库的布置规划与设计 139
6.1.1 仓库的布置规划设计概述 139
6.1.2 仓库储存区域空间规划 140
6.1.3 仓库设备的选择 145
6.2 立体仓库的规划设计 146
6.2.1 立体仓库概述 146
6.2.2 立体仓库规划步骤与内容 148

	6.2.3 单元式立体仓库的设计	151
	6.2.4 立体自动化仓库的总体布置	153

6.3 运输线路的选择与优化 ... 158
  6.3.1 运输线路选择的影响因素和设计原则 ... 158
  6.3.2 运输线路优化方法 ... 160
6.4 车辆配载优化 ... 168
  6.4.1 车辆配载模型 ... 168
  6.4.2 分枝定界法求解 ... 169
6.5 交通运输枢纽规划 ... 171
  6.5.1 运输枢纽选址原则 ... 171
  6.5.2 运输枢纽的决策模型 ... 172
  案例分析 ... 172
  思考题 ... 173
  计算题 ... 173

第7章 物流信息系统规划设计 ... 175
7.1 物流信息系统及其规划概述 ... 175
  7.1.1 物流信息系统概述 ... 175
  7.1.2 物流信息系统规划概述 ... 180
  7.1.3 物流信息系统与企业流程再造 ... 182
7.2 物流信息系统需求分析 ... 184
  7.2.1 需求与现状调查 ... 184
  7.2.2 组织结构及业务功能分析 ... 186
  7.2.3 业务流程分析 ... 187
  7.2.4 数据流程分析 ... 188
7.3 物流信息系统总体设计 ... 191
  7.3.1 子系统划分 ... 191
  7.3.2 物流子系统功能设计 ... 192
  7.3.3 系统的模块化设计 ... 193
  7.3.4 第三方物流子系统模块化设计 ... 194
7.4 物流信息网络系统规划 ... 195
  7.4.1 物流信息网络系统概述 ... 195
  7.4.2 物流信息网络系统结构规划 ... 197
  7.4.3 企业物流信息网络系统功能规划 ... 198
  案例分析 ... 199
  简答题 ... 199
  综合题 ... 199

第8章 供应链系统设计与规划 ········· 200

8.1 供应链概述 ········· 200
8.1.1 供应链的概念和结构模型 ········· 200
8.1.2 供应链的特征和类型 ········· 202

8.2 供应链系统设计原则 ········· 205

8.3 基于产品需求特性的供应链系统设计 ········· 206
8.3.1 基于需求特性的产品分类 ········· 206
8.3.2 产品类别与供应链的匹配 ········· 207
8.3.3 基于产品需求特性的供应链设计步骤 ········· 208

8.4 基于供应链系统的物流运作设计 ········· 209
8.4.1 基于供应链管理的物流管理 ········· 209
8.4.2 基于供应链管理的运输管理 ········· 212
8.4.3 基于供应链管理的库存管理 ········· 215

案例分析 ········· 225
思考题 ········· 227
综合题 ········· 228

第9章 物流项目的可行性研究 ········· 229

9.1 物流项目管理概述 ········· 229
9.1.1 项目的内涵 ········· 230
9.1.2 物流项目与物流项目的分类 ········· 233
9.1.3 物流项目的特点 ········· 234
9.1.4 物流项目管理的课程建设 ········· 235

9.2 物流项目的策划与建议书 ········· 236
9.2.1 项目的识别 ········· 236
9.2.2 物流项目构思的方法 ········· 239
9.2.3 物流项目建议书 ········· 240
9.2.4 项目建议书与可行性研究报告的区别 ········· 241

9.3 项目可行性研究的体系及作用 ········· 243
9.3.1 可行性研究的发展 ········· 243
9.3.2 可行性研究的内容 ········· 244
9.3.3 可行性研究的各个阶段 ········· 245
9.3.4 可行性研究的基本纲要 ········· 247
9.3.5 物流项目可行性研究的作用 ········· 249

案例分析 ········· 250
思考题 ········· 250

参考文献 ········· 251

第 1 章

物流系统与分析概述

知识目标 >>>

1. 理解和掌握物流系统的定义和特点。
2. 熟悉物流系统的构成要素与目标。
3. 熟悉物流系统分析与设计的内容。

能力目标 >>>

1. 能够搜集物流系统分析的有效数据。
2. 能够运用物流系统分析的方法分析物流企业的活动。
3. 能够运用物流系统设计的常用方法。

导入案例

顺丰：以科技赋能碳管理，助力企业可持续发展

1.1 物流系统概述

1.1.1 物流系统的定义和特点

1. 物流系统的定义

《物流术语》(GB/T 18354—2021)中指出，物流是根据实际需要，将运输、储存、装卸、搬运、包装、流通加工、配送、信息处理等基本功能有机结合，使物品从供应地向接收地进行实体流动的过程。

物流系统是由两个或两个以上的物流功能单元构成，以完成物流服务为目的的有机结合体。系统内部物流功能单元相互依赖，同时外部环境中的不确定因素对系统形成影响，从

而使物流系统整体结构复杂并不断突破原有边界产生新的形态。

2. 物流系统的模式

物流系统主要由环境、输入、处理、输出、反馈等构成,如图1-1所示。

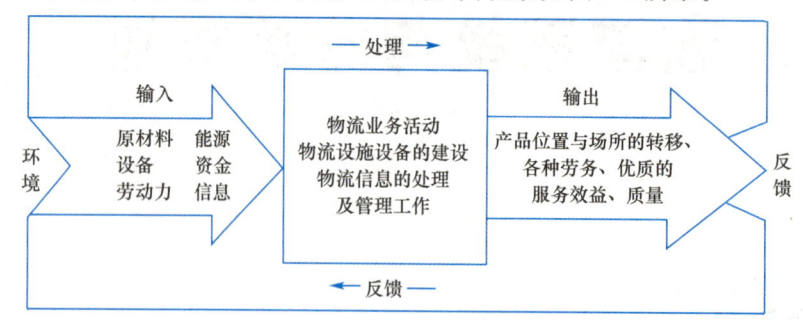

图1-1 物流系统基本构成

（1）环境

环境是指物流系统所处的更大的系统,包括外部环境和内部环境。外部环境包括用户需求、经济政策、价格影响等因素;内部环境包括系统的人、财、物的规模与结构以及系统的管理模式、策略、方法等。通常外部环境是系统不可控的,而内部环境则是系统可控的。

（2）输入

输入是指对某一系统发生作用的一系列手段,包括原材料、设备、劳动力、能源等。

（3）处理

处理也指系统转换,是具体的物流业务活动,包括运输、储存、包装、装卸、搬运等,还包括物流设施设备的建设、物流信息的处理及管理工作。

（4）输出

输出是指提供的物流服务,包括产品位置与场所的转移、各种劳务（如合同的履行和其他服务等）、效益、质量等。

（5）反馈

反馈是指系统的输出返回到输入端并以某种方式改变输入,由于输入与输出之间存在因果关系的回路,进而影响系统功能的过程。

1.1.2 物流系统的特点

物流系统具有一般系统所共有的特点,即整体性、相关性、目的性、环境适应性,同时还具有规模庞大、结构复杂、目标众多等大系统所具有的特征。

1. 物流系统是一个"人机系统"

物流系统由人、设备、工具等组成。它表现为物流劳动者运用运输设备、装卸搬运设备,仓库、港口、车站等设施,作用于物资的一系列生产活动。在这一系列的物流活动中,人是系统的主体。因此,在研究物流系统的各方面问题时,要把人和物有机地结合起来,加以考察和分析。

2. 物流系统是一个大跨度系统

物流系统的大跨度表现在空间和时间两个方面。在现代经济社会中,企业间的物流经常会跨越不同地域,国际物流的地域跨度更大。物流系统通常采用存储的方式解决产需之间的时间矛盾,其时间跨度往往也很大。物流系统的跨度越大,其在管理方面的难度越大,对信息的依赖程度也越高。

3. 物流系统是一个可分系统

无论规模多大的物流系统,都可以分解成若干个相互联系的子系统。这些子系统的多少和层次的阶数,是随着人们对物流系统的认识和研究的深入而不断扩充的。系统与子系统之间、子系统与子系统之间,存在着时间和空间上及资源利用方面的联系,也存在总目标、总费用及总运行结果等方面的相互联系。

根据物流系统的运行环节,可以划分为以下几个子系统:包装系统、装卸系统、运输系统、储存系统、流通加工系统、回收再利用系统、信息系统、管理系统等。

上述这些子系统构成了物流系统。物流各子系统又可进一步分成下一层次的系统。如运输系统可进一步分为水运系统、空运系统、铁路运输系统、公路运输系统以及管道运输系统。物流子系统不但具有多层次性,而且具有多目标性。对物流系统的分析,既要研究物流系统运行的全过程,也要对物流系统的某一环节(或称之为子系统)加以分析。

4. 物流系统是一个动态系统

物流系统一般联系多个生产企业和用户。随需求、供应、渠道、价格的变化,系统内的要素及系统的运行也经常发生变化。物流系统受社会生产和社会需求的广泛制约,是具有环境适应能力的动态系统。为适应经常变化的社会环境,物流系统必须是灵活、可变的。当社会环境发生较大的变化时,物流系统甚至需要进行重新设计。

5. 物流系统是一个复杂系统

物流系统的运行对象——"物",可以是全部社会物资,资源的多样化带来了物流系统的复杂化。物资品种成千上万,从事物流活动的人员队伍庞大,物流系统内的物资占用大量的流动资金,物流网点遍及城乡各地。这些人力、物力、财力资源的组织和合理利用,是一个非常复杂的问题。

在物流活动的全过程中,伴随着大量的物流信息,物流系统要通过这些信息把各个子系统有机地联系起来。收集、处理物流信息,并使之指导物流活动,亦是一项复杂的工作。

6. 物流系统是一个多目标系统

物流系统的总目标是实现其经济效益,但物流系统要素间存在非常强烈的"悖反"现象,常称之为"二律悖反"或"效益悖反"现象,要同时实现物流时间最短、服务质量最佳、物流成本最低这几个目标几乎是不可能的。例如,在储存子系统中,为保证供应,方便生产,人们会提出大数量、多品种储存物资,而为了加速资金周转,减少资金占用,人们又提出降低库存。这类相互矛盾的问题,在物流系统中广泛存在。而物流系统又恰恰要在这些矛盾中运行,并尽可能满足人们的要求。显然应建立物流多目标函数,并在多目标中求得物流的最佳效果。

1.1.3 物流系统的构成要素与目标

1. 物流系统的构成要素

由于物流系统的特点,物流系统的要素可具体分为一般要素、功能要素、支撑要素、物质基础要素、流动要素等。

(1)一般要素

①人,指的是劳动者,是物流系统的核心要素。

②财,是物流活动中不可缺少的资金,从商品流通角度来看,物流过程实际也是以货币为媒介、实现交换的资金运动过程,同时物流服务本身也是商品,需要以货币为媒介。另外,物流系统建设是资本投入的一大领域,离开资金这一要素,物流不可能实现。

③物,是物流系统传递对象,如物流作业中的原材料、产成品、半成品等物质实体,以及劳动工具、劳动手段,如各种物流设施、工具,各种消耗材料等。

④信息,物流过程中的数据、资料、指令等。

⑤任务目标,则是指物流活动预期安排和设计的物资储存计划、运输计划及与其他单位签订的各项物流合同等。

(2)功能要素

物流系统的功能要素指的是物流系统所具有的基本能力,这些基本能力有效地组合、联结在一起,以完成物流系统的目标。一般认为物流系统的功能要素:运输、储存保管、包装、装卸搬运、流通加工、配送、物流信息。如果从物流活动的实际工作环节来考察,物流由上述7项具体的工作构成。换句话说,物流能实现以上7项主要功能。

上述功能要素中,运输及储存保管分别解决了供给者及需要者之间场所和时间的分离,分别是物流创造"场所效用"及"时间效用"的主要功能,因而在物流系统中处于主要功能要素的地位。

(3)支撑要素

在复杂的社会经济系统中,物流系统的建立需要有许多支撑手段,要确定物流系统的地位,要协调与其他系统的关系,这些要素必不可少。物流系统的支撑要素主要如下:

①体制、制度。物流系统的体制、制度决定物流系统的结构、组织、领导、管理方式,国家对其控制、指挥、管理方式及系统的地位、范畴,是物流系统的重要保障。有了这个支撑条件,物流系统才能确立在国民经济中的地位。

②法律、规章。物流系统的运行,不可避免会涉及企业或人的权益问题。法律、规章一方面限制和规范物流系统的活动,使之与更大的系统协调;一方面是给予保障,即合同的执行、权益的划分、责任的确定都需要靠法律、规章维系。

③行政、命令。物流系统一般关系到国家军事、经济命脉,所以,行政、命令等手段也常常是物流系统正常运转的重要支持要素。

④标准化系统。实施标准化,保证物流环节协调运行,是物流系统与其他系统在技术上实现无缝连接的重要支撑条件。

(4)物质基础要素

物流系统的建立和运行,需有大量技术装备手段,这些手段的有机联系对物流系统的运行有决定意义。

①物流设施,包括物流站、货场、物流中心、仓库、公路、铁路、港口等。
②物流装备,包括仓库货架、进出库设备、流通加工设备、运输设备、装卸机械等。
③物流工具,包括包装工具、维护保养工具、办公设备等。
④信息技术及网络,根据所需信息水平不同,包括通信设备及线路、传真设备、计算机及网络设备等。
⑤组织及管理,它是物流网络的"软件",起着连接调运、协调、指挥各要素的作用,以保障物流系统目的的实现。
⑥网络要素,物流系统的网络由两个基本要素组成:点和线。点,是在物流过程中供流动的商品储存、停留以便进行相关后续物流作业的场所,如工厂、商店、仓库、配送中心、车站、码头;线,是连接物流网络中各点的路线。点和线有机地结合起来,就形成一个联系的、动态的物流网络。

(5)流动要素

物流系统有6个流动要素:流体、载体、流向、流量、流程、流速。在物流过程中,这6个流动要素,一个都不能少,并且都是相关的。流体不同、所用的载体不同、流向不同,流量、流速和流程也不尽相同;流体的自然属性决定了载体的类型和规模;流量的大小与结构决定了载体的类型与数量;流体的社会属性决定了流向、流量和流程;流体、流量、流速、流向和流程决定了载体的属性,载体对流向、流速、流量和流程有制约作用,载体的状况对流体的自然属性和社会属性均会产生影响。

2. 物流系统的目标

物流系统是社会经济系统的一部分,其目标是取得宏观和微观经济效益。建立和运行物流系统时,要以宏、微观经济效益为目的。

物流的宏观经济效益是指一个物流系统作为一个子系统,对整个社会流通及国民经济效益的影响。物流系统是社会经济系统中的一部分,如果一个物流系统的建立,破坏了母系统的功能及效益,那么,这一物流系统尽管功能理想,也是不成功的。物流系统不但对宏观的经济效益产生作用,还会对社会其他方面产生影响,例如,物流设施的建设会对周边的环境带来影响。

物流系统的微观经济效益是指该系统本身在运行活动中所获得的企业效益。其直接表现形式是这一物流系统通过组织"物"的流动,实现本身所耗与所得之比。系统运行基本稳定后,主要表现在企业通过物流活动所获得的利润或物流系统为其他系统所提供的服务上。

物流系统总体目标是以尽可能低的物流总成本支出来满足既定的客户服务水平,在提高效率的同时也提高企业的利润率。要提高物流系统化的效果,就要把从生产到消费过程的货物量作为一贯流动的物流量看待,依靠缩短物流路线、物流时间,使物流作业合理化、现代化,从而实现物流系统的目标。具体来讲,物流系统要实现以下6个目标。

(1)服务

物流系统的本质要以用户为中心,树立用户第一的观念。其利润的本质是"让渡"性的,不一定以"利润为中心"。物流系统送货、配送业务,就是其服务性的表现。在技术方面,近年来出现的"准时供应方式""柔性供货方式"等,也是其服务性的表现。

(2)快速、及时

及时性是服务性的延伸,既是用户的要求,也是社会发展进步的要求。随着社会大生产的发展,对物流快速、及时性的要求更加强烈。在物流领域采用直达运输、联合一贯运输、时间表系统等管理和技术,就是这一目标的体现。

(3)低成本

节约是经济领域的重要规律。在物流领域中,除流通时间的节约外,由于流通过程消耗大而又基本上不增加或不提高商品的使用价值,所以依靠节约来降低投入是提高相对产出的重要手段。在物流领域里推行集约化经营方式,提高物流的能力,采取各种节约、省力、降耗措施,以实现降低物流成本的目标。

(4)安全

安全性的要求对于任何一个系统来上说,都是非常重要的。物资安全问题也是近些年来非常突出的问题,一个安全事故会使一个公司损失殆尽,几十万吨的超级油轮、货轮遭受灭顶之灾的事例也并不乏见。除了经济方面的损失之外,人身伤害也是物流中经常出现的,如交通事故的伤害,物品对人的碰撞伤害,危险品的爆炸、腐蚀、毒害的伤害等。

(5)规模优化

由于物流系统比生产系统的稳定性差,因而难以形成标准的规模化模式,使得规模效益不明显。应以物流规模作为物流系统的目标,依此来追求"规模效益"。在物流领域以分散或集中的方式建立物流系统,研究物流集约化的程度,就体现了规模优化这一目标。

(6)库存控制

库存控制是及时性的延伸,也是物流系统本身的要求,涉及物流系统的效益。物流系统是通过本身的库存,对千百家生产企业和消费者的需求起到保证作用,从而创造一个良好的社会外部环境。同时,物流系统又是国家进行资源配置的一环,系统的建立必须考虑国家进行资源配置、宏观调控的需要。在物流领域中科学确定库存方式、库存数量、库存结构、库存分布就是这一目标的体现。

物流系统的不同目标间常常会存在冲突,如提高企业经济效益与改善服务品质之间就存在冲突。虽然减少资金占用、加速资金周转能降低生产成本,但为了提高服务品质,需适度增大库存,因而增大了资金占用,提高了生产成本。

①层次间的目标发生冲突时,通常要以较低层次的目标服从于较高层次目标的要求为前提协商解决。

②对于同一层次上的目标发生冲突,且冲突对象归属于同一上层目标时,应该在分析的基础上确定一定的取舍和补偿标准进行协调与决策。

1.1.4　物流系统的分类

1. 按物流发生的位置分类

按照物流发生的位置不同,物流系统可分为企业内部物流系统和企业外部物流系统。

(1)企业内部物流系统,指企业内部物资的流转过程,是具体的、微观的物流活动,它涵盖了采购、储存、加工到销售的全过程。内部物流的水平决定了企业的生产效率和成本的高低,是企业第三利润源。企业内部物流系统主要分为以下两种:生产物流系统,即生产过程中,原材料、在制品、半成品、产成品等在企业内部的实体流动系统;废弃物物流系统,即将经济活动中失去原有使用价值的物品,根据实际需要进行收集、分类、加工、包装、搬运、储存等,并分送到专门处理场所时形成的物品实体流动系统。

(2)企业外部物流系统,指以企业作为独立个体,围绕其所展开的一切与之关联的物流活动系统。外部物流系统包括以下三种:供应物流系统,即为企业提供原材料、零部件或其他物品时,物品在供应者与企业之间的实体流动系统;销售物流系统,即生产企业出售商品时,物品在企业与需求方之间的实体流动系统;回收物流系统,即不合格物品的返修、退货及周转使用的包装容器从需求方返回到企业所形成的物品实体流动系统。

2. 按物流运行的性质分类

物流系统按物流运行的性质分类:

(1)供应物流系统,是物资的生产或持有者经过物资采购、运输、储存、加工、分类或包装、装卸(搬运)、配送,直到用户收到物资的物流过程的有机整体。

(2)生产物流系统,是从原材料的采购、运输、储存、车间送料、装卸、半成品的流转、分类拣选、包装、成品入库,一直到销售过程的有机整体。

(3)销售物流系统,是指生产工厂或商业批发、物流企业和零售商店从商品采购、运输、储存、装卸(搬运)、加工或包装、拣选、配送、销售,到客户收到商品过程的有机整体。

(4)回收物流系统,是伴随货运输或搬运中的包装容器、装卸工具及其他可用的旧杂物等,通过回收、分类、再加工、使用过程的有机整体。

(5)废弃物物流系统,指对生产过程中的废弃物品经过收集、分类、加工、处理、运输等环节,转化为新生产要素过程的有机整体。

3. 按物流活动的范围分类

以物流活动的范围进行分类,物流系统可以划分为企业物流系统、区域物流系统和国际物流系统。

(1)企业物流系统,指围绕某一企业(或企业集团)所产生的物流活动系统。它包括企业(或企业集团)内部物流活动,也涉及相关的外部物流活动,如原材料供应市场和产品销售市场。企业物流活动往往需要考虑供应物流、生产物流和销售物流之间的协调,及相应的一体化规划、运作和经营。

(2)区域物流系统,指以某一经济区或特定地域为主要活动范围的社会物流活动系统。区域物流一般表现为通过一定地域范围内的多个企业间的合作、协作,共同组织大范围专项或综合物流活动的过程,以实现区域物流的合理化。区域物流通常需要地方政府的规划、协调、服务和监督,在促进物流基础设施的科学规划、合理布局与建设发展等方面给予支持。在规划某区域物流系统时,例如,省域、城市物流系统,公路运输站场规划与布局等,一般需要考虑区域物流设施与企业物流设施的兼容和运行方式。

全国物流系统可以看作扩大的区域物流系统。在全国范围进行物流系统化运作时,需考虑综合运输及运网体系、物流主干网、区域物流及运作等。

(3)国际物流系统,指在国家(或地区)与国家(或地区)之间的国际贸易活动中发生的商品从一个国家(或地区)流转到另一国家(或地区)的物流活动系统。国际物流系统是按照国际分工协作的原则、国际物流惯例和标准,利用国际物流网络、物流设备和物流技术,实现货物在国际的流动和交换,以促进世界资源的优化配置和区域经济的协调发展。国际物流系统的目的是为国际贸易和跨国经营服务,即以最佳方式和途径,以最小的费用和风险,保质、保量、适时地将货物由一国的供方运输到另一国的需方。作为国际货物价值链的基本环节,国际物流不仅是国际商务活动得以实现的保证,而且为国际贸易带来新的价值增值,成为全球化背景下的"第三利润源"。

> **小资料**
>
> **国际物流新趋势**
>
> 贸易全球化的大背景下,制造业分工区域化布局明显,在 to B 商业模式下的几大国际快递巨头利用货机运送的包裹多为样品和文件,这类包裹的特点是发件和收件流向存在极大的不确定性,订单比较分散,难以做到集约化,只能通过全球性货运枢纽将货物集中后再做层层分拨,最后再派送。在电商物流时代,全球化的电商物流网络布局将会发生很大的变化。电商快递全球化网络将不再是轴辐式,而是点对点的模式。
>
> (资料来源:罗戈网)

4. 按物流的构成内容分类

根据物流构成的内容,将物流系统划分为专项物流系统和综合物流系统。

(1)专项物流系统,是以某一产品或物料为核心内容的物流活动系统,常见的有粮食、煤炭、木材、水泥、石油和天然气等的物流系统。专项物流往往需要专用设施、专用设备与相应物流过程的配套运作才能完成。

(2)综合物流系统,是包括社会多方经营主体及多种类的产品、物料构成的复合物流系统。

从不同角度对物流系统进行分类划分,可以加深对物流性质、过程的理解和认识,有利于更好地进行物流系统的规划、设计、运营组织与管理。

1.2 物流系统分析

> **小资料**
>
> **华星光电仓储分析**
>
> 惠州华星光电模组整机一体化智能制造产业基地成立于 2016 年,占地面积 131 万平方米。智能工厂已稳定生产运营近两年。随着市场需求量的不断增加,产能达到了满产状态,使得惠州华星形成了在国内液晶面板领域的竞争优势。与日俱增的存储量、出货量是企业亟待解决的一大问题,采用自动化立体仓库成为其考虑的主要解决方案。但大尺寸液晶面板的高效存取成为项目成功落地的一大难题,造成企业整个相关产业物流系统的效率低下。

> 难点在于：避免震动，LCD液晶屏幕十分脆弱，要注意避免强烈的冲击和震动，更不能对液晶屏施加压力或在LCD显示屏背盖上碰撞、挤压。存储环境需要保持干燥，防止受潮：如果纸箱受潮，抗压能力会大幅度降低。湿度过高内部可能会产生结露现象，以致发生漏电和短路，严重的还会烧毁显示器。
>
> 采用了一系列的防晃技术，保证效率的同时也确保了货物的安全。堆垛机轻量化设计，通过有效降低电机功率，降低使用能耗。通过等强度设计，在保证立柱强度与刚性的情况下，有效减少立柱重量。据不完全统计，每台设备可减重10%~25%。
>
> （资料来源：《2023中国低碳供应链&物流创新发展报告》）

1.2.1 物流系统分析的概念

物流系统是一个复杂的系统，如何为解决物流系统问题的决策者提供辅助决策信息，成为研究物流系统的前提。物流系统分析是指在一定时间、空间里，以所从事的物流活动和过程作为一个整体来处理，用系统的观点、系统工程的理论和方法进行分析研究，以实现其空间和时间的经济效应。

如前所述，物流系统是由运输、仓储、包装、装卸、搬运、配送、流通加工、信息处理等各环节所组成的，它们也称为物流的子系统。作为物流系统的输入是指运输、仓储、包装、装卸、搬运、配送、流通加工、信息处理等环节所消耗的劳务、设备、材料等资源，经过物流系统的处理转化，以物流服务的方式输出系统。整体优化的目的就是要使输入最少，即物流成本最低，消耗的资源最少；而作为输出的物流服务效果最佳。作为物流系统服务性的衡量标准可以列举如下：

(1) 对用户的订货能很快地进行配送；
(2) 接受用户订货时商品的在库率高；
(3) 在运送中交通事故、货物损伤、丢失和发送错误少；
(4) 保管中变质、丢失、破损现象少；
(5) 具有能很好地实现运送、保管功能的包装；
(6) 装卸搬运功能满足运送和保管的要求；
(7) 能提供保障物流活动流畅进行的物流信息系统，能够及时反馈信息；
(8) 合理的流通加工，以保证生产费用、物流费用总和最少。

1.2.2 物流系统分析的原则

物流系统是由多个要素组成的，系统内各要素存在着相互作用和相互依存的关系。物流系统处于动态发展中，整个系统内部与外部环境相互影响。这些问题涉及面广且又错综复杂，因此对一个物流系统进行系统分析时，必须遵循以下原则：

1. 外部条件和内部条件相结合的原则

一个企业的物流系统不仅受到企业内部各种因素，如企业生产规模、产品技术特征、职工文化技术水平、管理制度与管理组织等内部因素的作用，也受到社会经济动向及市场状况等环境的影响。

企业这个系统是由诸多要素组成的,存在于环境之中。我们在对系统进行分析时,注重内部因素与外部条件的结合,将内、外部各种相关因素结合起来综合考虑,才能实现物流系统的最优化。

2. 当前利益和长远利益相结合的原则

在进行物流系统方案的优选时,既要考虑当前利益,也要考虑长远利益。最为理想的状况是所采取的方案对当前和长远都有利。如果方案对当前不利,但有益于长远的发展,那就需要通过全面分析得出结论。一般来讲,只有兼顾当前利益和长远利益的物流系统才是好的物流系统。如果两者发生矛盾,应该坚持当前利益服从长远利益的原则。

3. 局部利益和整体利益相结合的原则

效益背反是物流系统常见的现象。在物流系统分析的过程中常会发现,子系统的局部效益与物流系统整体效益并不总是一致的。有时从子系统的局部效益来看是经济的,但物流系统整体效益并不理想,局部利益与总体利益相冲突。系统总体的最优有时要求某些子系统实现次优或次次优。进行系统分析时,必须全面考虑总体与局部、局部与局部之间的关系,坚持"系统总体效益最优,局部效益服从总体效益"的原则。

4. 定性分析和定量计算相结合的原则

物流系统分析不仅需要进行定量分析,也需要进行定性分析。物流系统分析总是遵循"定性—定量—定性"这一过程循环往复。不了解物流系统各个方面的性质,就不可能建立起探讨物流系统定量关系的数学模型。定性和定量二者结合起来综合分析,才有可能达到优化的目的。

1.2.3 物流系统分析的内容

物流系统分析贯穿于从系统构思、技术开发到制造安装、运输的全过程,其重点放在物流系统发展规划和系统设计阶段。具体包括:系统规划方案制订;生产力布局、厂址选择、库址选择、物流网点的设置、交通运输网络设置等;工厂内(或库内、货场内)的合理布局,库存管理,对原材料、在制品、产成品进行数量控制,成本(费用)控制等。

1. 物流系统目的分析

物流系统目的分析就是回答此系统用来解决什么问题。系统工程人员作为决策者的智囊,其任务是通过一定的分析和技术手段帮助决策者达到真正的目的并找出适当的途径。理想的做法是尽早明确目的,且对于问题本身的定位越准确越好。系统的目的可能由决策者事先提出,但通常情况下,并不是每次都能用清晰明了的语言表述得很清楚,很多情况下只是先提出一个大概,需要由系统工程人员将它明确。即便决策者事先已经提出了非常具体的目的,也不能不加分析地予以采纳,必须进行全面的分析。

系统目的的确定关系到整个系统的方向、范围、投资、周期、人员分配等方面的决策,因此,分析并正确地确定系统目的,具有十分重要的意义。如果从一开始,目的就不明确、不合理或根本就是错误的,开发出的系统就会毫无意义,只能是人力、物力、财力和时间的浪费。

进行物流系统目的分析时,必须保证系统目的符合以下 4 项原则:

(1)技术上的先进性;
(2)经济上的合理性和有效性;
(3)与其他系统的兼容性和协调性;
(4)对外部环境变化的适应性。

2. 物流系统构成分析

系统是由多个要素组成的有机整体,各要素间的联系和作用是在整体的框架内,依据一定的规则进行的。系统内各要素按组织结构在时间或空间上排列和组合,使系统保持整体性且具备一定的功能。

(1)组织结构分析

组织是一切经营活动的载体,也是为规范和协调物流业务活动及相关参与主体利益冲突进行规制安排的一种形式,有效的物流组织是物流系统管理中至关重要的因素。随着供应链竞争时代的到来,物流业务活动已经越来越多地突破了传统的企业边界,在参与主体日趋多元化和复杂化的同时,许多企业或供应链物流系统却常常缺乏统一、合理、跨企业的物流组织安排,导致有关物流业务参与主体及相关活动陷于职能混乱与利益冲突之中。显然,如何围绕企业或供应链竞争力的改善,通过有效的物流组织战略重构过程,合理划分物流业务职能,实现物流资源的有效整合,已成为当前营销供应链物流管理战略过程面临的核心问题之一。

(2)功能构成分析

一个系统内部各构成要素,都具有相应的功能,并且依据各功能之间的内在联系形成功能体系,从而为系统的设计、开发提供条件。在系统内部各功能的联系中,有两种关系:一种是上下关系;另一种是并列关系。前者是指在一个功能系统中某些功能之间存在着目的与手段的关系,即如果 A 功能是 B 功能的目的,则 B 功能就是 A 功能的手段;与此同时,B 功能又可能成为 C 功能的目的,C 功能又是实现 B 功能的手段。一般来说,把起"目的"作用的功能称为上位功能,而把起"手段"作用的功能称为下位功能。上位功能与下位功能的关系是相对的,因为一个功能对它的上位功能来说是手段,而对它的下位功能来说则是目的。下位功能是指在一个上位功能之下往往有若干相对独立而又相互联系的功能存在,从而形成一个功能区域,构成一个功能子系统。

3. 物流系统模式分析

物流系统模式如图 1-2 所示。

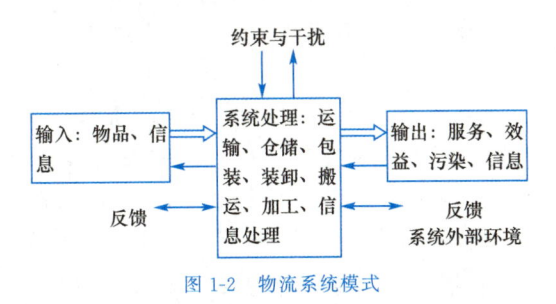

图 1-2 物流系统模式

(1)供应物流系统模式

供应物流系统包括选择供货单位、收货单位、仓库、运输通道、物流信息等,涉及咨询、协调价格及供货条件、选择运输方式、选择运输经营者、验货标准、仓储供应等物流业务范围。供应物流系统设计需要考虑供应商与生产商之间的关系。

供应物流系统形成主要考虑这些因素：①包括供货对象、供货品种、供货数量、供货渠道、供货频数、供货成本等在内的供应物流链设计；②供货仓库规划与布局；③运输方式与工具；④供货信息发布；⑤包装标准化；⑥供应物流服务项目设计与实现；⑦装卸搬运设备；⑧供货系统运行机制；⑨供应物流经营费用；⑩物流信息网及支持技术。

(2) 生产物流系统模式

生产物流系统包括厂址选择、土地、设备、资金、信息、产品等要素在内，涉及原材料、外协件采购，经过生产车间加工、装配、成品检验、入库到销售这样一个综合的物流过程。生产物流系统的设计考虑的主要内容：①满足原材料、外协件品种与数量的供应；②运输车辆的车型、数量；③仓库、仓储面积、货架布局；④装卸搬运车辆的配置；⑤车间之间及内部各工作地之间物流环节、距离等的设计，物流进出方便；⑥生产均衡性的保障；⑦传输设施设备、作业机械化；⑧安全生产的需要；⑨产品质量保障；⑩经营费用及信息集成管理技术等。

(3) 销售物流系统模式

销售物流系统一般包括物流据点的选择；商品的采购、运输、验收、储存；流通加工、包装、装卸、搬运；分拣、备货、配送服务，一直到零售商店或消费者手中的物流过程。

销售物流系统的设计主要考虑以下因素：①商品仓库的选址、仓库规模的设计、仓库的结构与布局、固定设施的设置；②分拣自动化、仓库服务系统、仓库保安系统；③库存控制与配送、运输配送车辆的配置；④包装标准化、装卸搬运机械化；⑤销售渠道设计，构筑与主要用户的长期关系；⑥经营费用；⑦销售信息网络；⑧商流、信息流与物流的计算机集成管理技术等。销售物流系统的形成，还要考虑到这些因素之间的配套与协调等问题。

1.3 物流系统设计

> **小资料**
>
> **电商仓储的物流设计要点**
>
> 一个完整的电商仓储物流规划一般都会包含如下这些项目：
>
> (1) 关键数据收集。选取、收集一段时间的关键业务数据，如货品数据、出货订单数据等。
>
> (2) 关键数据分析。对收集来的大量业务数据进行 EIQ 分析，分析 SKU 出货特性、订单特性，比如分析库存 SKU 总数、日均订单数、平均订单行数、日均 SKU 出货次数等等；并分别针对日常、大促的数据，进行详细分析。
>
> (3) 平面布局规划。根据数据分析的结果，综合考虑所需要布置的作业功能区、所需面积及可能的存储设备等，将这些作业功能区合理规划布局到限定的仓储空间里。
>
> (4) 作业动线规划。合理规划或优化库内各操作的人员或设备动线。

> （5）作业流程规划。日常或大促情况下，收、发货等关键作业流程规划。
> （6）物流设备规划。存储、搬运、复核、打包等设备规划。
> （7）人员配备建议。组织架构、岗位职责、工作效率等建议。
>
> （资料来源：物流琅琊阁）

1.3.1　物流系统设计的概念

物流系统设计是指经过系统分析，完成物流系统硬件结构和软件结构体系的构想，形成科学合理的物流系统组织设计和技术方案的过程，从而保证物料与商品能够低成本、高效率和高质量移动。物流系统组织设计是技术设计的前提，它确定了技术设计的纲领和基本要求。

对于物流系统的一般理解是如何运用系统方法分析物流问题和确定物流目标，建立解决物流系统问题的策略方案、评价试行结果和对方案进行修改的过程。物流系统设计分为总体设计和详细设计两个阶段。

（1）总体设计阶段。总体设计阶段，是物流系统研究和设备型号选择研究的关键阶段。特别是货物移动和储存模型及组成，必须以较高的技术水平进行优化组合，并按照前阶段总结出来的运作特性和数据特点选择最适合的设备。另外，在此阶段，将采用各种定性及定量的评价方法进行多种方案对比，选择最好的方案，同时要对每种方案进行经济评估。还要认真地分析任何一个对客户服务、物流效率、成本等产生影响的问题。

（2）详细设计阶段。详细设计阶段，要详细描述每一个物流过程流（物料及信息）、详细的空间布局和平面布局。这一阶段非常重要，必须提供详细的作业程序描述，从而协调整个物流系统及技术结构。这一阶段的部分工作就是设计出许多可供选择的方案，而且每一个方案都具有从生产率、人员、时间、风险、成本属性等方面的可比性。

1.3.2　物流系统设计的基本原则

物流系统设计的基本原则，是从物流的需求和供给两个方面谋求物流的大量化、时间和成本的均衡化、货物的直达化及搬运装卸的省力化。作为实现这种目的的有效条件，有运输、保管等的共同化，订货、发货等的计划化，订货标准、物流批量标准等有关方面的标准化，附带有流通加工和情报功能的扩大化等。系统设计中，物流结构既指物流网点的布局构成，也泛指物流各个环节（装卸、运输、仓储、加工、包装、发送等）的组合情况。物流网点在空间上的布局，在很大程度上影响物流的路线、方向和流程。而物流各环节的内部结构模式又直接影响着物流运动的成效。

1.3.3　物流系统设计的步骤

对管理系统来说，设计过程中一些未能考虑和预测的问题，只有在系统运行后才能暴露出来。物流系统要想对环境具有较强的适应能力，必须经过一段系统运行时间，对现行系统进行系统的分析、研究、改进,实现新建系统的预期功能。设计一个物流系统的步骤如图1-3所示。

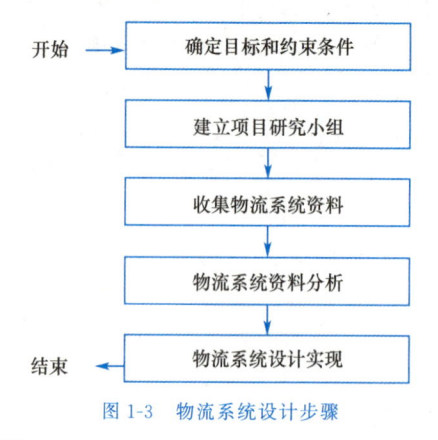

```
开始 → 确定目标和约束条件
          ↓
       建立项目研究小组
          ↓
       收集物流系统资料
          ↓
       物流系统资料分析
          ↓
结束 ← 物流系统设计实现
```

图1-3 物流系统设计步骤

1. 确定目标和约束条件

开始设计或重新设计一个物流系统之前,首先应明确叙述该项物流系统分析的目标。对物流系统进行设计的目标可能是降低物流费用,也可能是提高利润或投资收益,还有可能是研究改进输入物流控制后对装配线作业产生的影响。此外,还要明确目标是长期还是短期的。一个物流系统,应以尽可能低的费用达成下列目标:

(1)顾客的订单传输时间少于24小时。

(2)接收到的订单在16个工作小时内处理完毕。

(3)80%的订单订货在16个工作小时内分拣集货完毕。在24个工作小时内,全部订单应分拣集货完毕。

(4)85%顾客订货的发运时间不超过96小时。国内订货要在正式交付运输公司后的6天内送到。

(5)缺货不能超过订货数量的7%,并应立即电话通知遇到缺货的顾客。如缺货可以后补,缺货产品要在10天内补上,并通过快运送达顾客。

值得注意的是,为衡量新系统运行后是否达成目标,上面陈述的目标必须是"可度量的"。在某种程度上,目的要比目标的范围广,企业的经营目的主要不是降低成本,而是创造利润,寻求发展和获得一个合理的投资效益。在着手物流系统的设计或再设计时,目的和可度量的目标应保持一致。如果有系统的约束条件,也应予以详细说明。通常,约束条件涉及系统中由于种种原因而不能改变的那些因素,如:

(1)位于某地的配送中心既不能关闭也不能削减就业人员,因为公司已公开表示支持当地的经济发展。

(2)订单传输继续立足于现有的传输网络。

(3)当某运输公司提供具有竞争性的运货卡车的运输服务时,要继续利用该公司。

从某种意义上讲,由于约束条件减少了需要进行分析的可供选择方案的数目,所以每一个约束条件都能使实际情况得以简化。

2. 建立项目研究小组

可度量的目标和约束条件一经确定,下一步工作就是组织人员进行分析。成立两个彼此独立的分析小组较为可取：一组是工作分析组，由有关职能领域的经理、职员和定量分析专家组成。顾客服务主任、运输经理、仓储主任、采购主管、生产调度、其他相关部门经理及聘请的外部管理专家都是该小组的成员。这个组负责进行实际分析、试验、设计和完善新系统的工作。另一组是由市场营销、法律、财务、生产、人力资源等部门有关人员组成一个管理监督委员会，代表公司阐述更广泛、更全面的观点和看法。该组与工作分析小组一同工作，为澄清和详细阐明系统目标提供咨询，并要求工作小组对他们采取的措施做出说明。

3. 收集物流系统资料

要收集和掌握物流系统有关产品、现有设施、顾客、供应链、竞争对手的详细数据信息。

首先针对企业使用者进行基础资料的收集与需求调查。收集方法包括现场访谈记录及厂商使用资料文件的收集，另外对于设计需求的基本资料，也可借助于事前设计好的需求分析调查表，要求使用单位填写完成。至于表格中厂商未能翔实填写的重要资料，则需规划设计人员通过访谈与实地勘察测量等方法自行完成。规划资料的收集过程分为两个阶段，包括现行作业环境资料的收集，及未来规划需求资料的收集。

(1) 现行作业环境资料的收集

① 基本营运资料，包括业务形态、营业范围、营业额、人员数、车辆数、上下游点数等。

② 商品资料，包括商品形态、分类、品种数、供应来源、物权保管形式等。

③ 订单资料，包括订购商品种类、数量、单位、订货日期、交货日期、订货厂商等资料，最好能包含一个完整年度的订单资料，以及历年订单以月别或年别分类的统计资料。

④ 物品特性资料，包括物态、气味、温湿度需求、腐蚀变质特性、装填性质等包装特性资料，物品重量、体积、尺寸等包装规格资料，商品储存特性、有效期限等资料。包装规格资料应区分单品、内包装、外包装等可能的包装规格。另外配合通路要求，有时也应配合进行收缩包装，因为会有非标准单位的包装形式。

⑤ 销售资料，包括可依据地区、商品、通路、客户及时间分别统计的销售额资料，及可依据相关产品单位换算为同一计算单位的销货量资料(体积、重量等)。

⑥ 作业流程情况，包括一般物流作业(进货、储存、拣货、补货、流通加工、出货、运输配送等)、退货作业、盘点作业、仓储配合作业(移仓调拨、容器回收流通、废弃物回收处理)等作业流程情况。

⑦ 事务流程与使用单据，包括接单、订单处理、采购、拣货、出货、配派车等作业及相关单据流程，及其他进销存库存管理、应收与应付账款系统等作业。

⑧ 厂房设施资料，包括厂房仓库使用来源、厂房大小与布置形式、地理与交通特性、使用设备主要规格、产能与数量等资料。

⑨ 人力与作业工时资料，包括人力组织架构、各作业区使用人数、工作时数、作业时间与时序分布。

⑩ 物料搬运资料，包括进、出货及在库的搬运单位，车辆进、出货频率与数量，进、出货车辆类型与时段等。

⑪ 供货厂商资料，包括供货厂商类型、供货厂商规模及特性、供货厂商数目及分布、送货时段、卸货配合需求等。

⑫ 配送点分布，包括配送线路类型、配送点的规模及特性、配送点分布、卸货地理特性、交通状况、收货时段、特殊配送需求等。

(2) 未来规划需求资料的收集

①营运策略与中长期发展计划。应配合企业背景、企业文化、未来发展策略、外部环境变化及政府政策等必要因素。

②商品未来需求预测资料。依目前增长率及未来发展策略预估未来成长趋势。

③品种数量的变动趋势。分析企业在商品种类、产品规划上可能的变化及策略目标。

④可能的预定厂址与面积。分析是否可利用现有场地或有无可行的参考预定地,或是需另行于计划中寻找合适区域及地点。

⑤作业实施限制与范围。分析物流中心经营及服务范围,是否需包含企业所有营业项目范围,或仅以部分商品或区域配合现行体制方式运作实施,以及需考虑有无新业务项目或单位的加入等因素。

⑥附属功能的需求。分析是否应包含生产、简易加工、包装、储位出租,或考虑福利、休闲等附属功能,以及是否需配合商流与通路拓展等目标。

⑦预算范围与经营模式。企业需预估可行的预算额度范围及可能的资金来源,必要时须考虑独资、合资、部分出租或与其他企业合作的可能性,另外也可考虑建立策略联盟组合或共同配送的经营模式。

⑧时间限制。企业使用者需预估计划执行年度、预期物流中心开始营运年度,以及是否以分年、分阶段方式实施的可行性。

⑨预期工作时数与人力。预期未来工作时数、作业班次及人力组成,包括正式、临时及外包等不同性质的人力编制。

⑩未来扩充的需求。应了解企业使用者扩充弹性的需求程度及未来营运政策可能的变化。

4. 物流系统资料分析

(1) 基础规划资料的分析

基础资料的分析,将获自企业使用者的原始资料,作进一步的整理分析,以作为规划设计阶段的参考依据。

①定量化的分析:品项与数量分析;物品特性分析;需求变动预测分析;储运单位与数量分析等。

②定性化的分析:作业时序分析;人力需求分析;作业流程分析;作业功能需求分析;事务流程分析。

(2) 需求资料的分析

企业进行物流系统设计的需求因素可分为三种类型。

①确定性需求因素。企业有关业种、产品资料、订单资料、物品特性等定性需求因素,通常可由调查、访谈与资料收集等方式获得。

②政策性需求因素。企业在着手规划物流中心时已预定的基本条件与规模设定,通常为企业经营者设定的主要政策,在后续规划阶段为不可变更的因素。

③设计导向性需求因素。它是企业无法确定的需求因素,是规划设计者的主要责任,应在各规划设计分析阶段逐一确定,并经由相关筹备委员会确认后,再逐步进行下一阶段的规划设计工作。

物流系统设计可以通过使用相对不复杂的或综合性的方法来完成。当对整个系统进行分析时,由于数据量通常很大,因此必须采用比较复杂的方法,如系统分析技术中的模拟法、层次分析法、PERT法等。

5. 物流系统设计实现

物流系统设计的最后工作是对研究结果进行完善。对于大多数物流系统来说,变化太快的一次性的全面整改影响太大,甚至会出现顾客服务功能的中断,订单丧失,货物发运出错,缺货频繁等问题。此外,工作人员也可能抵制这些改革。

大多数企业倾向于使用模拟法或PERT分析技术来寻找那些首先应该改革的领域,因为这些领域的功能是系统提高效率的瓶颈。一般来说,这些领域的费用支出也是比较高的。

1.4 物流系统分析与设计常用方法

> **小资料**
>
> **多托盘共用自动化物流系统的规划设计**
>
> 汽车企业零部件配送物流的生产管理相对复杂,工艺流程较多,供应链体系结构庞大。终端产品也会随市场需求不断调整,导致货物的供应商直接影响企业的生产计划。由于货物的供应商通常是长期和相对固定的合作关系,载具能随供应关系循环利用,从而可以降低货物运输成本,提高货物的搬运效率。
>
> 为确保产品的质量及交付能力符合各方利益,供应商往往会加大对货物包装方面的投入力度,采用各式各样的载具将货物单元化,多托盘共用自动化物流系统直接利用供应链产品的载具作为管理单元,系统柔性强,自动化程度高,最大程度节约了建设成本。其依靠自身载具完成对货物的流转、搬运及存储,作业效率高,数据采集快速、高效,避免了货物多次更换载具带来的损耗风险。多托盘共用自动化物流系统无须搭载母托盘,也无须增加母托盘处理工艺及设施。不仅使物流系统获得了效率的提升,而且大幅度减少了初始投资费用。在存储货位多的使用环境下,更能凸显其经济性,将会成为货物托盘实现一贯化作业的发展趋势。
>
> (资料来源:李成友,卢会超,李永衡,等.多托盘共用自动化物流系统的规划设计——以某汽车企业零部件配送物流为例[J].物流技术,2022,41(06):84-88.)

1. 数学规划法(运筹学)

这是一种对系统进行统筹规划,寻求最优方案的数学方法。其具体理论与方法包括线性规划、动态规划、整数规划、排队论和库存论等。这些理论和方法都是解决物流系统中物流设施选址、物流作业的资源配置、货物配载、物料储存的时间与数量问题的。

2. 统筹法(网络计划技术)

统筹法,是指运用网络来统筹安排,合理规划系统的各个环节。它用网络图来描述活动流程的通路,把事件作为结点,在保证关键线路的前提下安排其他活动,调整相互关系,以保证按期完成整个计划。该项技术可用于物流作业的合理安排。

3. 系统优化法

在一定约束条件下,求出使目标函数最优的解。物流系统包括许多参数,这些参数相互制约,互为条件,同时受外界环境的影响。系统优化研究,就是在不可控参数变化时,根据系统的目标,研究如何来确定可控参数的值,以使系统达到最优状态。

4. 系统仿真

利用模型对实际系统进行仿真实验研究,就是以代数和逻辑语言对系统做出模拟,这种模拟通常要利用随机的数学关系,即对系统模型进行抽样试验的过程。在仿真模型中通过设计流程模块、智能体、离散事件来实现,可用于物流系统中的各种规划,如仓库选址、物流绩效的影响因素分析、物流设备配置、物流成本分析等。

与系统优化法相比,仿真模型是试图在给定的多个条件、多个方案的情况下使用模型,对多个条件、多个方案进行评价,从而找出最优的系统方案。系统仿真需要借助计算机的帮助。建立仿真模型需要大量的数据信息,要应用统计分析技术。

上述不同的方法各有特点,在实际中都得到了广泛应用,其中系统仿真技术近年来应用最为普遍。系统仿真技术的发展及应用依赖于计算机软硬件技术的飞速发展。如今,随着计算机科学与技术的巨大发展,系统仿真技术的研究也不断完善,应用范围不断扩大。

小资料

数字孪生

数字孪生(Digital Twin),是以数字化方式为物理对象创建的虚拟模型,来模拟其在现实环境中的行为。通过搭建物流作业全流程的数字孪生系统,能实现物流系统全过程数字化,提高智慧物流系统创新水平,提高物流作业效率,实现物流系统柔性化与智能化。类似于物流系统的仿真模拟,让物流系统仿真过程越来越精确,越来越智能。数字孪生技术从虚拟制造、数字样机等技术上发展而来,现在已经拓展到智能制造、预测设备故障以及改进产品等多个领域,也必将向智慧物流系统延伸。

(资料来源:王继祥:"数字孪生"究竟是什么样的"黑科技"? 物流领域如何应用?)

案例分析　中外运物流:承接中国外运双碳战略,打造低碳物流行业标杆

中外运物流有限公司(简称中外运物流)是中国外运股份有限公司的子公司,亦是中国最具规模的合同物流企业之一。公司承接中国外运双碳战略,聚焦各行业客户的绿色物流需求,持续应用低碳物流技术参与低碳能源变革,推进低碳运营模式的升级。

客户主要的绿色需求包括根据客户欧洲总部要求与测算标准,建立资源级、项目级的减碳数据管理体系,加大绿色物流技术创新与投入,推动碳数字可视化,增加LNG(液化天然气)车辆与新能源电车运力,推进对新能源燃料车试点应用,加速提升光伏屋顶仓库绿电应

用的覆盖度,探讨外运物流与客户的双碳创新互动,打造绿色供应链和生态圈。

中外运物流根据客户总部标准,将运营过程中仓储、一次运输和二次运输货物的 CO_2 排放量纳入计算、监控、考核体系,阶段性回顾和识别重点减排举措,持续优化运营减碳指标。投入 LNG 车辆用于工厂仓库短驳与区域配送服务,以及新能源电动卡车用于中短途运输服务,推进氢能源燃料卡车区域运输试点,构建绿色运力网络。在国内主要仓库逐步应用光伏太阳能屋顶绿电仓库资源,已覆盖全国主要仓库,共计 57 000 平方米,实现仓内光伏清洁电力应用。

(资料来源:《2023 中国低碳供应链 & 物流创新发展报告》)

问题 中外运物流从物流系统角度进行了哪些改进?

思考题

1. 物流系统的特点有哪些?
2. 物流系统分析的内容有哪些?
3. 物流系统设计的原则有哪些?
4. 物流系统分析和设计的方法有哪些?

即测即练

第 2 章

物流战略规划

知识目标 >>>

1. 理解和掌握物流战略的定义和特点。
2. 熟悉物流战略的主要内容,认识物流战略的重要性。
3. 熟悉物流战略实施的策略和步骤。

能力目标 >>>

1. 能够分析企业所处的物流战略环境。
2. 能够运用战略分析方法分析企业的物流战略。
3. 能够运用所学知识评估企业的物流战略并提出建议。

导入案例

德邦发力航空大件产品

2.1 物流战略概述

2.1.1 物流战略的定义和特点

1. 物流战略的定义

物流战略是指为实现物流的可持续性与高质量发展,依据其外部环境和内部条件,对其发展目标和实现目标的途径和手段而进行的长远性、全局性谋划,使物流系统形成自身特殊的属性及战略优势。

2. 物流战略的特点

物流战略是一种管理方式,将物流系统的发展方向、发展目的、发展方针、发展策略和经营活动等进行有机结合,是对物流系统的全局性、长远性、纲领性、适应性、风险性和竞争性的分析。

(1) 全局性

物流战略能够对企业的整体物流活动开展指导,各项物流活动的实施都要围绕物流总体目标来展开。

(2) 长远性

物流战略不仅能帮助企业解决当前的物流问题,还能够在未来相当长的一段时期内帮助企业找到正确的物流发展道路。

(3) 纲领性

物流战略不是对具体某项物流作业的操作说明,而是对企业未来物流发展目标的一种宏观性、概括性描述,是行动指南,不纠缠于现实的细枝末节。

(4) 适应性

物流战略能够适应企业内外环境的变化,动态地调整物流目标以达到和环境变化的和谐统一。

(5) 风险性

物流战略谋划的是企业物流的未来发展,未来具有不确定性,因而物流战略必然具有一定的风险。

(6) 竞争性

物流战略能够帮助企业形成区别于其竞争对手的优势,从而能够帮助企业在市场竞争中赢得胜利。

2.1.2 物流战略的要素

物流战略的要素构成包括物流战略目标、物流战略思想、物流战略态势、物流战略优势、物流战略类型、物流战略措施、物流战略步骤等内容,其中物流战略目标、物流战略态势、物流战略优势是物流战略设计的基本要点。

1. 物流战略目标

物流战略目标是物流系统所要达到的绩效产出,它可以具体量化为可测算的指标值。物流战略目标对物流战略的设计与选择有重要的指导作用,是物流战略规划中各种专项策略制定的基本依据。一般来说,企业的物流战略目标可以包括服务水平目标、物流成本目标、经济效益目标和社会责任目标。改善物流服务水平是提升物流系统竞争力的一个主要方面。物流服务水平可以体现为物流服务的准时率、客户满意度、物流服务准确率、物流服务满足率、服务可定制化程度等。随着市场中同质产品竞争加剧和客户的个性化需求增加,单纯的价格竞争已很难在市场立足,以服务水平为核心的竞争将逐步取代以价格为核心的竞争,差异化的产品和服务将必然成为企业挖掘潜在市场需求、提高企业竞争能力的重要途径。物流成本目标和物流经济效益目标是衡量物流战略目标达成程度最直观的指标体现。以最少的成本付出获得最大的经济效益产出是每个企业的追求,也是物流战略规划要实现的主要绩效之一。作为企业第三利润源的现代物流,其利润来源于两方面:一方面是通过优质服务增加物流服务的价值增值量,从而获得超额回报;另一方面就是通过物流运作内在成本控制,内向挖掘价值回报,实现投入产出比的最优化。社会责任目标主要考量物流系统运行过程中对社会责任的担当,如生态环境保护、资源消耗减量、对物流从业者健康保护等。社会责任目标往往在物流战略规划中容易被企业忽视,常被视为企业的负担,但随着社会循环经济的建设和消费者绿色意识的增强,这一目标的规划将会越发重要。

2. 物流战略态势

物流战略态势是指物流系统的服务能力、营销能力、市场规模在当前市场上的有效方位及战略逻辑过程的不断演变过程和推进趋势。物流战略态势反映了企业参与社会物流系统运作时,在客观上的物资、人力资源表现的竞争能力积聚与实力,以及在主观上智慧谋略方面表现出的动态组合与运作状况。当前,市场环境瞬息万变,企业如果不能对行业发展和竞争对手的策略保持高度敏感和洞察力,准确定位自身的市场地位,就很容易在市场竞争中迷失方向而白白消耗掉企业宝贵的资源。科学、客观地分析物流战略态势是制定物流战略规划的基础。物流战略态势分析主要从宏观环境、行业环境和企业环境三个层面展开,主要的分析工具有 PEST 模型、五力竞争模型和 SWOT 模型。

3. 物流战略优势

物流战略优势是指物流系统能够在战略上形成的有利形势和地位。构成物流系统战略优势的主要方面有产业优势、资源优势、地理优势、技术优势、组织优势和管理优势。随着市场中同质产品和服务竞争的加剧,物流战略优势的确立不再仅限于成本优势,而应当是在关键性物流要素上形成差异化优势或集成化优势,这才是物流系统核心优势所在,也是企业不断挖掘可持续发展潜在优势的领域。零售业巨头沃尔玛通过天天低价和商品即得性来建立顾客忠诚。为实现这一服务目标,企业库存策略和商场补货策略成为关键。沃尔玛建立了以物流信息为核心的物流战略发展目标,通过强大的物流信息网络集成从制造商到零售门店的每一个物流环节,来支持物流核心策略的执行。沃尔玛的物流战略优势成功地重塑了企业竞争力,并成为沃尔玛市场竞争战略的核心构成部分。

2.1.3　物流战略规划的内容

按照层次划分,物流系统战略规划分为宏观层面、中观层面和微观层面三种类型。宏观层面的物流战略规划以国家经济和社会发展规划为指导,以物流系统内部的自然资源、社会资源、文化资源和经济资源为依据,发挥宏观物流系统发展的潜力和优势,研究确定物流系统的发展方向、发展规模、发展结构,合理进行资源配置,以获取最优的经济、社会和生态效益。中观层面是从区域、城市、产业经济发展的角度出发,针对区域、城市和产业物流系统的优势、劣势、机会和威胁,规划区域、城市和产业物流系统发展方向、未来目标及发展路径。微观层面则从企业角度确定未来发展的战略目标、发展方向和发展路径,在此基础上分析自身物流系统的内部条件、外部物流环境的变化,对组织结构的不同层级中的战略进行逐级分解与具体化。一般来说,物流战略规划可分为四个层级,构成物流战略金字塔,如图 2-1 所示。

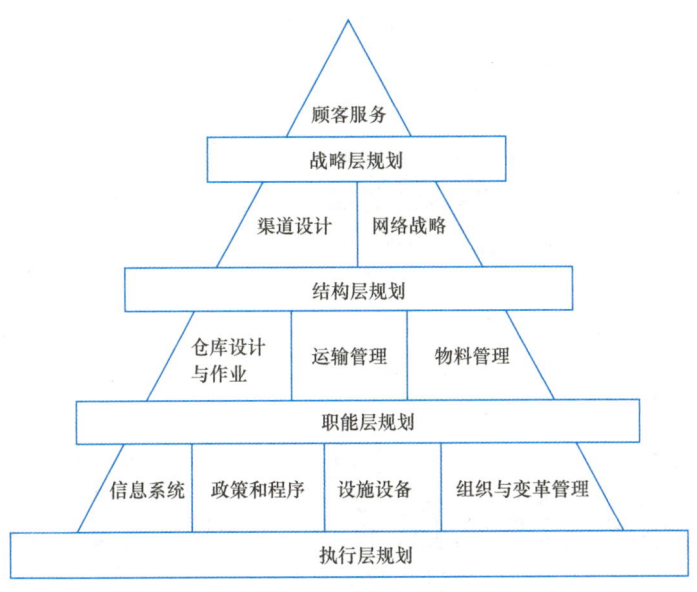

图 2-1 物流战略规划层级

1. 第一层：战略层规划

战略层规划是物流战略规划的最高层级，是从企业最高层面对企业物流未来发展目标的总体定位与策划。它通过围绕顾客服务这一中心来建立战略方向。在买方市场条件下，顾客需求决定了产业链上的制造、营销和物流活动在内的整个供应链活动，因此，接受服务的顾客成为形成物流需求的核心与动力。顾客服务就是要有效识别顾客需求，以成本效益的方法给供应链带来重要的增值利益的过程。在识别顾客需求时，企业应根据顾客的期望而不是自己想当然地觉得顾客可能需要某些服务。如小型零售店或批发分销商对订货履行、销售及推销方面要求较低，对先进的物流方案，如客户化包装和先进的货运跟踪查询技术几乎不感兴趣，因此，对于这类客户群体制定先进的物流服务战略反而达不到提升物流竞争力的目的。

2. 第二层：结构层规划

在了解了顾客需求后，就要考虑如何满足需求。结构层规划从渠道设计和网络战略两方面提供满足顾客需求的基础。渠道设施包括确定为达到期望的服务水平而需执行的活动与职能，以及渠道中的哪些成员将执行它们。顾客需求、渠道经济、渠道力量和渠道成员地位等在内的因素影响着渠道战略。渠道目标因产品特性而异：生鲜易腐商品要求较直接的营销过程，减少存货，加快运输；体积庞大笨重的商品，要求运输距离短、搬运次数少的渠道布局。设施网络战略规划主要回答以下问题：

(1) 需要多少设施，它们的地点应选在何处，每个地点的任务将是什么？

(2) 每个设施应为哪些顾客和产品服务？

(3) 每个设施应保持多少存货以满足特定的服务水平？

(4) 应利用什么运输服务来满足顾客期望的服务？

(5) 在此系统下，返还品的物流（如待维修设备的返回，或包装材料返回处理等）怎样管理？

(6) 作业的全部或部分应由一个第三方物流服务提供商管理吗？

运输和库存被认为是网络设计的关键参考因素。当系统中仓库数量增加时,虽然运输费用降低,但平均库存却会增加。另外,顾客服务水平与物流成本之间的效益存在背反关系,当物流服务水平达到一定程度后,物流成本尤其是库存成本将急剧上升,所以寻求总成本最低对于物流网络设计尤为重要。网络战略必须与渠道战略一样,以一种使顾客价值最大化的方式进行整合。以我国家电行业为例,由于家电产品更新周期较短,淡旺季明显,利润空间小,分销商往往不愿意承担库存风险,除非由厂家铺货或承诺退换货。因此,制造商的库存管理难度较大,大型家电厂商在全国各地普遍设中转仓库,仓库库存费、装卸费、运输费、退换货处理费及产品积压降价损失都较大,而分销商为保证向下游商家或消费者的服务,也要有一定的仓库和库存,所以可能就出现制造商与分销商仓库挨着仓库的情况。

3. 第三层:职能层规划

职能层规划包括运输、仓储和物料管理。运输规划主要从承运人选择、运输合理化、货物集并、装载计划、路线确定及安排、车辆管理、回程运输和承运绩效评定等方面的考虑;仓储规划方面的考虑包括设施布置、货物装卸搬运技术选择、生产效率等;在物料管理中,规划着重于需求预测、库存控制、生产进度计划和采购上的最佳运作。

4. 第四层:执行层规划

执行层规划主要涉及日常的物流管理问题,包括支持物流的信息系统、指导日常物流运作的方针与程序、设施设备的配置及维护,以及组织与人员的问题。执行层规划是战略层规划的具体落实和执行,承担着物流战略绩效的最终实现。

在企业物流战略规划中,这四个层级的规划目标由上而下逐级分解,再由下而上逐级反馈,实现上、下的统一协调。

2.2 物流战略环境分析

> **小资料**
>
> **菜鸟、京东物流的供应链对弈**
>
> 京东物流推出主打性价比的新产品"电商仓",再对商务仓升级"15+8"项服务举措,并上线"云仓达",把末端站点的配送能力开放出来,将配送时效提升至"半日达"。菜鸟依托自有的仓库和配送能力,启动了行业更快的"1212"半日达物流履约。菜鸟供应链发布包含优选仓配半日达、智选仓配次日达、经济仓配的供应链产品矩阵,首次提出通过产品分层、服务分层面向市场。在这个逐渐"卷"起来的市场,两大物流巨头之间拼效率、拼服务、拼综合性价比,明争暗斗打个不停。它们你追我赶,基于自身资源能力、品牌、运营能力不断升级和优化产品体系,新一轮的战局已然开启。
>
> (资料来源:罗戈网)

2.2.1 物流战略环境分析的意义

物流战略的目的是实现系统运行的最优化。要达到目的,就必须全面考虑物流系统的内外部环境,即物流系统的各个子系统之间、物流系统与环境之间的关系。物流系统的功能不完全取决于系统的结构。如果环境不能为系统正常提供输入或接受输出,甚至不断地对它进行干扰和破坏,物流系统内的物质、能量或信息的流动、交换、转化与循环就会受到阻碍,物流系统的功能潜力是很难充分发挥出来的,甚至无法正常地执行系统的功能。

因此,科学制定物流战略规划时必须对内外环境进行观察与评价。在制定物流战略时常考虑的内外环境因素有行业竞争态势、市场需求结构、产业发展新动向、科学技术发展动态、社会经济发展状况与趋势、国家政策与法规、社会文化、消费者行为偏好等。这些因素是影响物流战略规划的最基本因素,且处于动态变化的过程中。因此,进行物流战略环境分析时要能够较好地把握变化动态的特征,分析的时间跨度要长一些,这样才能看出变化的趋势。

2.2.2 物流战略环境分析的方法

1. PEST 分析法

PEST 分析是指宏观环境的分析。宏观环境又称一般环境,是指一切影响行业和企业的宏观因素。不同行业和企业根据自身特点和经营需要,对于宏观环境因素进行分析时,其具体内容会有差异,但一般都应对政治(Political)、经济(Economic)、社会(Social)和科技(Technological)这四大类影响企业的主要外部环境因素进行分析。PEST 模型如图 2-2 所示。

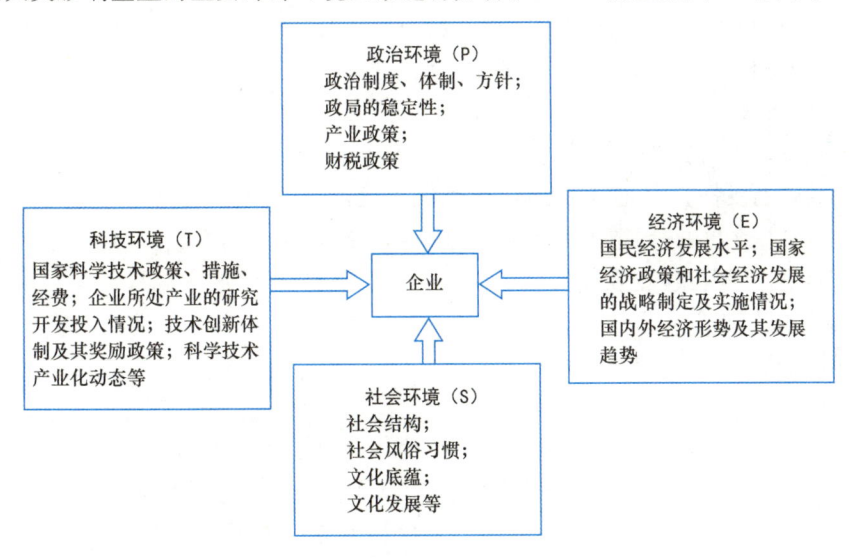

图 2-2 PEST 模型

(1)政治环境

政治环境是指对企业经营活动具有现存的和潜在作用与影响的政治力量,同时也包括对企业经营活动加以限制和要求的法律和法规等。例如,①国家和企业所在地区的政局稳定性;②执政党所要推行的基本政策以及这些政策的连续性和稳定性;③产业政策:明确哪些行业是重点产业;④财税政策:影响到企业的财务结构和投资决策。具体到物流行业,我国政府经济管理部门作为宏观物流管理的主体,近年来在物流规划、物流政策制定等方面发挥着积极的作用。交通运输部、科学技术部联合印发了《交通领域科技创新中长期发展规划纲要(2021—2035年)》(简称《纲要》)。该《纲要》从交通基础设施、交通装备、运输服务三个要素维度和智慧、安全、绿色三个价值维度布局六方面研发任务,是指导未来十五年我国交通运输科技创新的纲领性文件。

(2)经济环境

经济环境包括国民经济发展水平、国家经济政策和社会经济发展的战略制定及实施情况,国内外经济形势及其发展趋势等。根据国家统计局数据,2022全年国内生产总值121.02万亿元,比上年增长3.0%。2023上半年国内生产总值为59.3万亿元,比上年同期增长5.5%。但经济环境的复杂性增加使得居民边际消费倾向下降,为了提高抗风险能力,会增加储蓄,减少消费,其中必选消费品由于缺乏弹性,整体消费不会有太大的波动,但是可选消费品受收入、边际消费倾向的影响较大。在居民消费支出增加的同时,居民的消费水平反而有所下降。我国服务业数字经济渗透率为44.7%,同比提升1.6个百分点;工业数字经济渗透率为24.0%,同比提升1.2个百分点;我国农业数字经济渗透率为10.5%,同比提升0.4个百分点。经济环境的变化为物流发挥"第三利润源"的功能带来了挑战。如何在经济新常态中,结合产业特征转型,挖掘市场潜力,成功度过危机成为物流战略规划重点。

(3)社会环境

社会环境是指社会文化发展水平的概况,包括社会结构、社会风俗习惯、文化底蕴、文化发展、价值观念、伦理道德与人口统计等因素。社会环境在现代市场经济发展进程中不断变迁和发展,促进整个社会文化的结构重组,形成企业物流发展新的社会基础和文化影响,为物流发展提供新的环境动力。最典型的就是社会大众对物流行业的认知以对物流从业人员的结构形成的影响。一直以来,传统物流给人们的印象就是"苦、累、脏、差",工作强度大、工作环境差、收入微薄、社会地位低下,因此造成从事物流业的人员素质偏低、学历层次不高、作业技能欠缺等。人力资源是现代企业的第一资源,人力资源的质量直接决定着物力资源和财力资源的效能发挥。因此,要提高物流系统的运行效率,离不开高素质的物流人力资源参与。这就需要社会文化环境的转变,让社会大众重新认知现代物流的内涵,让具备现代物流理念、懂得高科技物流作业技能的人才加入物流行业的发展,这才能从根本上提升物流系统的运行质量。另外,如人们快速、个性化的消费观念变化,客观上也推动着物流系统向准时、延迟方向发展。

(4)科技环境

科技环境包括国家科学技术政策、措施、经费,企业所处产业的研究与开发投入情况,技术创新体制及其奖励政策,科学技术产业化动态,知识产权及专利的保护以及信息与电子技术发展可能带来生产率提高的前景等因素。现代物流业已不再是简单的劳动密集型行业,大量高科技含量的现代化、智能化信息技术和自动化机械被广泛应用于物流生产作业,物流战略规划不可能忽略对先进技术的跟踪和采用。企业在制定物流战略时,需考虑以下几个方面的问题:①现代科技带给企业物流新的发展机会和发展动力。②现代科技提高了企业物流管理水平。③现代科技促进了企业物流装备的现代化发展。近年来,国内供应链物流行业"+互联网"或"互联网+"的融合探索、发展已见成效,OWTB等主流软件跟随业务创新迭代,日趋成熟,并逐步广泛应用于企业的运营管理之中,带来行业数字化水平的提升。

然而,物流部分节点与环节的数字化并不能完全应对新环境下的供应链管理的新需求。

应用过程中,虽然受到物流业不振的制约,物流企业数智化应用暂时放缓,但货主供应链数字化的速度并未减缓,反倒呈现进一步加速深化的态势。原生数字化订单不仅仅来自线上零售,还包括线上线下O2O零售和智能制造的快速普及。它们使得门店订单、渠道订单与制造订单数字化加速,推动了基于商品企划、整合计划、订单中心、库存中心、履约中心和对账中心的供应链协同平台深化推广。同时,智能化在柔性机器人、大模型与算法应用等方面带给物流行业更多的实践。

2. SWOT 分析矩阵

SWOT 分析矩阵是从企业内外环境两个维度来分析企业所具有的内在优势(Strength,S)和劣势(Weakness,W),以及所面临的外部机遇(Opportunity,O)与威胁(Threat,T),并从这四个因素的内在联系上来寻求企业发展目标与路径的战略分析工具。优势和劣势分析帮助企业发现那些"能够做的"事,而机遇和威胁分析则帮助企业发现那些"可能做的"事,并通过交叉组合在"能够做的"事和"可能做的"事中寻找适合企业生存与可持续性发展的内容。SWOT 分析矩阵的分析步骤包括环境分析、构造矩阵、战略制定三个阶段。

环境分析是从企业内部环境和外部环境对企业所具有的优势和劣势、所面临的机遇和威胁进行因素梳理,找到那些关键性的、能够对企业未来发展形成重要影响的内外因素。

构造矩阵是将优势、劣势、机遇、威胁四个方面的环境分析结果按照轻重缓急或重要程度进行排序,逐一列出,从而构造出SWOT 分析矩阵,如图 2-3 所示。

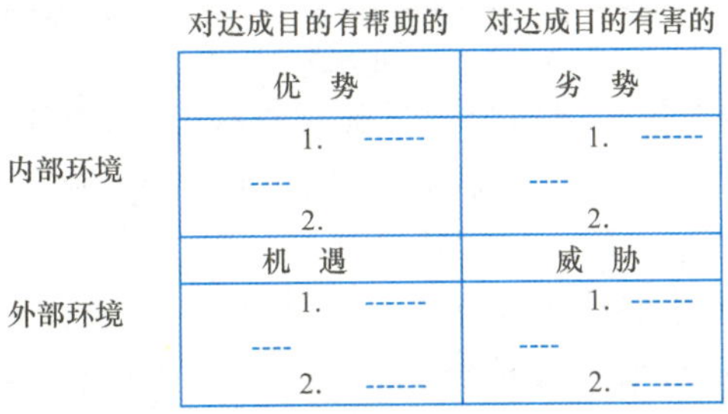

	对达成目的有帮助的	对达成目的有害的
	优势	劣势
内部环境	1. ------ ---- 2. ------	1. ------ ---- 2. ------
	机遇	威胁
外部环境	1. ------ ---- 2. ------	1. ------ ---- 2. ------

图 2-3　SWOT 分析矩阵

战略制定是在完成前两个步骤后,对环境分析的四个方面进行交叉组合,形成发挥优势、利用机遇的优势—机遇组合(SO),发挥优势、化解威胁的优势—威胁组合(ST),克服劣势、利用机遇的劣势—机遇组合(WO)和克服劣势、化解威胁的劣势—威胁组合(WT)。

SWOT 分析矩阵从企业内外两个层面,对优势、劣势、机遇、威胁四个要素进行系统全面的分析,并将四个要素的分析结果进行交叉组合建立内在联系,从而使得分析结果更加客观、科学。但是在应用SWOT 分析矩阵制定物流战略规划时,也应当注意以下几方面问题:

(1)应分清优势、劣势、机遇、威胁四个要素的归类。优势和劣势分析主要针对企业内部自身的资源要素情况,是企业可控的因素;而机遇和威胁来自企业以外的环境,包括行业环境和宏观环境,是企业不可控的因素。

(2)SWOT 分析要瞄准企业长远发展中直接的、重要的、大量的、迫切的、长期的影响因素进行分析,并非面面俱到。

(3)在"最大化优势最小化劣势和最大化机遇最小化威胁"的过程中,由于受企业自身资源有限性的约束,劣势的弥补和威胁的化解不应当作为战略规划的重点,这样会导致企业陷入资源耗散的被动,而应当以立足优势和抢抓机遇为主体。此外,环境的多变性使得优势可能很快过时或是消失,因此企业应主动寻找新资源来创造所需要的优势,并借助市场机遇来达成看似无法达成的市场目标。

3. 五力竞争模型

五力竞争模型是美国市场营销学家迈克·波特提出的一种行业竞争驱动力量分析工具,用于剖析企业所面临的市场行业竞争状况,从而帮助企业制定有效的竞争策略。他认为市场上存在着五种基本竞争力量:潜在进入者的威胁、替代品的威胁、供应商讨价还价的能力、购买者讨价还价的能力和现有竞争者间的竞争,这五种力量共同决定了企业的市场盈利和市场地位,进而影响企业的市场行为与策略采用,如图 2-4 所示。

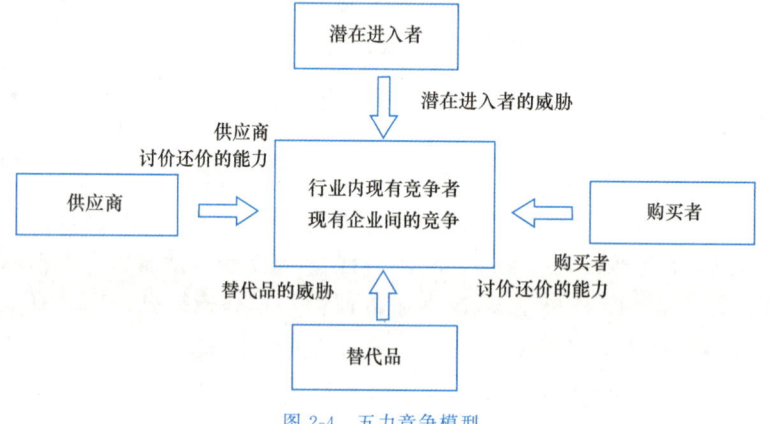

图 2-4 五力竞争模型

五力模型从市场竞争力层面帮助企业了解行业状况,从而能够根据这五种竞争因素所形成的综合市场力量制定有效的竞争战略。在应用五力模型制定企业物流战略规划时要注意以下几点:

(1)应当用发展的眼光来看待传统意义上的"竞争者"。如今,绝对意义上的"竞争者"是不存在的,"竞争者"在一定市场环境下也可能是"合作者","竞争关系"与"合作关系"可以共生共存,看似强有力的竞争对手其实可以通过某种方式变"敌对力量"为"拓展资源",从而实现"协同竞争"。如供应链环境下供应商为采购方开展供应商库存管理(VMI)就是典型的协作共赢。

(2)企业物流战略的市场定位并不只取决于这五种市场竞争力量作用的结果,其他行业发展影响因素以及宏观环境因素都会形成有利的影响,因此,企业物流战略规划要综合考虑各种市场因素,而不仅仅是竞争层面的因素。

(3)物流战略规划应尽可能减少直接竞争对抗措施的制定而应倡导合作共赢措施的制定。竞争其实首先带来的是企业自身的资源耗损,将有限的资源投入防御、抵制竞争对手的领域,必然减少在企业发展领域的资源投入。正确的做法应当是善于利用市场的优质资源(包括竞争对手的资源)来为企业服务,而将企业有限的自有资源尽可能地投入其核心业务领域,从而既减少不必要的资源耗损,又可以借助市场的力量来增强企业的薄弱环节。

2.3 物流战略方案的设计

物流战略方案设计围绕物流战略目标而展开,而物流战略目标为整个物流系统设置了一个可预见和可达到的未来,为物流系统中基本要点的设计和选择指明了努力方向,是物流战略规划中的各项策略制定的基本依据。服务水平目标、物流成本目标、经济效益目标和社会责任目标作为企业物流战略的四个基本目标,也构成了物流战略方案设计的四个基本核心。企业在发展过程中可以根据需要选择不同的战略或战略组合方案。

> **小资料**
>
> **顺丰:丰湃+顺丰同城骑手**
>
> 顺丰末端的降本思路主要集中于"中转场—网点"的运输以及"网点—家"的派送两个环节。前者由丰湃整合社会运力,后者则由顺丰同城骑手协同提供上门派送服务。目前,该模式只在小规模范围内测试,并未在全国大范围实施。丰湃是顺丰同城旗下全资子公司,提供即时城配运营服务,成立4年以来,覆盖城市和营运车辆数量都在进一步扩展。截至2021年6月,丰湃科技已在全国建立业务部,业务覆盖60座城市,日营运车辆超过5 000辆。而顺丰同城协同顺丰速运的末端配送服务,早在"618""双11"这些大促节日就已经尝试过多次,磨合上基本不存在问题,而且顺丰同城有一张遍布全城的高效运力网,时效、服务品质、上门都契合顺丰在高端快递领域的定位。
>
> (资料来源:物流沙龙)

2.3.1 基于服务水平目标的战略方案设计

物流服务水平目标反映着顾客对企业物流系统的需求满足期望,是在买方市场条件下驱动企业物流系统运作的主要外在驱动力。物流服务水平往往具体化为可量化的指标,如物流服务的准时率、客户满意度、物流服务准确率、物流服务满足率、服务可定制化程度等。选择其中有代表性的两个指标值:时间和服务能力,形成准时物流战略、延迟物流战略、一体化物流战略。

1. 准时物流战略

准时物流战略是以"时间价值"创造为核心,以企业"零库存"为目标,实现从物料准时采购、准时运输、准时交货、准时对接企业生产系统的一种全过程"时间无缝化"的物流战略,以时间要素来换取实物要素储备,从而实现对顾客个性化需求和多品种、少批量、柔性制造需求的满足。

准时战略的实施条件如下:

(1)物流需求量要达到一定规模。准时物流意味着需要根据顾客的要求进行频繁的物流服务,如果每次的物流服务量达不到一定的规模,则无法实现物流生产中的规模效益,从而导致物流作业成本上升,并导致超过因实施准时战略而产生的"时间价值"总量。

(2) 能够有效实施产品的全面质量管理。按需供应意味着没有多余可以替代，这不仅要求产品本身必须有较高的品质保障，同时也要求物流作业过程的高品质，任何一个环节出现质量问题都会导致下一个环节的生产被耽误，从而造成巨大的损失。

(3) 必须要有强大的物流信息系统支撑。物流信息匹配才可能保证物流实物作业准时和作业环节间的无缝衔接。物流信息系统除了深入每个物流作业环节外，还要能够与供应商的信息系统和顾客的信息系统对接，这样才可能做到全过程的无缝化。

(4) 必须能够有效地进行业务流程的重组。实施准时物流战略除了提高物流作业本身的效率外，还应当通过物流业务流程重组去剔除那些不必要、繁琐、低增值的物流作业环节，通过流程的优化和精练加快顾客需求的响应。

准时物流战略的价值不仅体现在物流作业环节的"时间价值"创造上，更体现在通过"时间要素"的优化来促进企业采购系统、生产系统的升级与改造，从而实现企业生产活动由传统的"推式"向"拉式"转变，提升企业生产的市场响应能力。准时物流战略对于产品生命周期短、市场定制化程度高、产品价值含量大、市场需求不确定性高的革新型产品生产企业尤为适用。

2. 延迟物流战略

延迟物流战略是指将物流渠道上的库存部署延迟到收到客户订单时才开始的一种战略思想。在传统的配送流程中，企业先对市场和客户的需求做出预测，然后根据产品就近储存的原则，将不同的产品按照预测从中心仓库装运到靠近不同客户的各个分仓库中，等收到客户的订单后再将产品从分仓库装运到客户手中。而在延迟物流战略下，企业将不同的产品先集中在中心仓库内，当收到客户订单后做出快速反应，将产品直接装运到客户手中。这样做的好处在于不需要在客户所在地设立多个分仓库而承担过多的库存风险，同时在中心仓库又可以实现物流作业的规模经济优势。结果就是以较少的总体库存投资来提高服务水平。实施延迟物流战略前后的对比如图 2-5 所示。

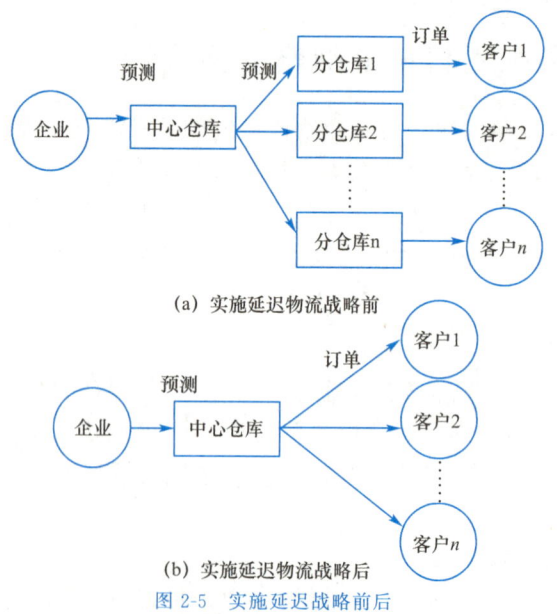

(a) 实施延迟物流战略前

(b) 实施延迟物流战略后

图 2-5 实施延迟战略前后

延迟物流战略通过设置中心仓库来快速响应市场需求从而缩短物流渠道，以减少传统物流运作模式下的子市场仓库库存预测风险，从而创造时间价值。延迟物流战略主要应用于流通领域的物流服务,是通过物流服务响应时间的延后来明确物流服务需求发生的地理位置,从而快速响应需求的物流服务战略,这与准时物流战略是不一样的。准时物流战略主要应用于生产领域的物流服务,是以需求方的物流需求时点为驱动力来安排上游物流作业,并尽可能地压缩需求方的库存量最终实现"零库存"生产的目标。实施延迟物流战略的条件如下:

(1)要有快速响应的信息机制。没有快速准确的物流信息响应,任何延迟都难以实行。尤其是在当今市场需求快速转变、消费者可选择余地较大的市场背景下,如果无法快速对市场需求做出响应,企业将失去巨大的商机,甚至被市场淘汰。快速响应的信息机制是企业开展市场快速响应实体物流服务的前提和保障。

(2)要有快速响应的配送保障能力。延迟物流服务的开展时间,使得客户从提出需求到需求满足的"时间间隙"变小,留给物流系统作业的时间少,如果没有强大的配送保障能力,将造成商品实物补给的延迟,这对于客户来说是十分致命的。

(3)要有准确的市场需求预测能力。减少在子市场上的就近库存设置,会对中心仓库的补货准时率与准确率要求大大提高,导致中心仓库违约的风险也大大增加。准确的市场需求预测能力是中心仓库能够承担延迟物流功能的基本前提。

随着物流信息化建设越来越全面,上下游企业间的物流系统越来越透明,延迟物流战略的价值日益突显。当前在流通领域,市场需求呈现明显的多品种、小批量、多批次、短周期,这使得批发和零售企业面临着巨大的市场不确定性和频繁的补货压力,而延迟物流战略恰好在库存压力和需求响应之间实现了某种程度的均衡。延迟物流战略适用于市场需求预测准确度较差且多级库存管理成本过高的企业销售物流服务。

3. 一体化物流战略

一体化物流战略是指打破企业的职能壁垒,在多种不同物流功能或多个物流组织之间进行物流要素的相互协调和统一,从而实现物流系统综合性物流功能服务和跨组织无缝化物流服务。一体化物流战略是随着市场"一站式"物流服务需求产生和物流系统向生产、销售、财务等企业其他系统渗透而出现的战略物流形态。其最大优点就是打破了传统物流功能分割和局部效率至上的不足,以物流系统观为视角进行物流要素的全局配置,从而达到跨职能和跨组织的物流要素集成,实现物流功能的倍增。随着企业规模越来越大,涉足的产品和市场越来越多,对采购、生产、流通各环节的紧密协作要求越来越高,一体化物流在物流价值增值和物流系统效率提升上的作用越发重要。

目前一体化的物流战略主要有三种形式:垂直一体化、水平一体化和物流网络。

(1)垂直一体化物流战略。垂直一体化物流战略要求企业物流系统突破企业边界,向上游供应商和下游客户延伸,实现跨企业物流运作协同。企业超越了现有的组织机构界限,将提供产品或运输服务等供货商和用户纳入管理范围,作为物流管理的一项中心内容。垂直一体化物流力图对从原材料到用户的整个过程实现物流管理。利用企业的自身条件建立和发展与供货商和用户的合作关系,形成一种联合力量,以赢得竞争优势。

(2)水平一体化物流战略。水平一体化物流战略是通过同一行业中各企业之间在物流方面的合作来获得整体上的规模经济,从而提高物流效率。从企业经济效益方面来看,它降低了企业物流成本;从社会效益方面来看,它减少了社会物流过程的重复劳动。例如,不同的企业可以用同样的装运方式进行不同类型商品的共同配送。由于物流范围相近,而某个时间内物流量较少,几个企业单独进行物流操作显然不经济。于是就有了一个企业根据需要装运本企业商品的同时,也装运其他企业商品,因此而产生的经济收益则通过其他方式来分配。

(3)物流网络战略。物流网络战略是垂直一体化物流战略与水平一体化物流战略的综合体。当一体化物流每个环节同时也是其他一体化物流系统的组成部分时,以物流为联系的企业关系就会形成一个网络关系,即物流网络。这是一个开放的系统,不同类型的企业可自由加入或退出,通过物流网络战略最大程度地实现物流资源拓展和规模经济效应。

一体化物流战略的本质是以物流系统为纽带实现企业间的物流战略联盟,它有助于联盟各方以最小的代价和最短的时间实现物流资源与网络的拓展和物流功能的完善,是一种灵活的市场资源配置方式,体现了协同竞争的未来市场竞争趋势。实施一体化物流战略的条件如下:

(1)企业具有较强的复杂管理与协调能力。由于一体化涉及多个企业主体与多个物流子系统,这大大增加了企业管理的难度,因此,复杂管理与协调能力成为一体化物流系统得以顺畅运行的前提。

(2)企业间的物流资源与物流能力具有互补性。优势互补是实施一体化物流的目的之一,通过物流资源与物流能力互补来弥补自有物流系统的欠缺,从而实现强强联合。

(3)企业具备业务流程重组的能力。由于一体化物流涉及多个职能领域和多个企业组织,如何实现物流在不同职能间的紧密套嵌和跨企业系统无缝化对接是一体化物流成功的关键。因此,一体化物流战略的实施必然要通过企业业务流程重组来打通原本分割的和封闭的系统边界,以实现集成后的一体化物流系统运作流畅。

一体化物流战略适用于扩张型发展的企业,通过物流纽带建立企业战略联盟,从而提升单个企业的竞争力。

2.3.2 基于物流成本目标和经济效益目标的战略设计

物流成本目标和经济效益目标都围绕着经济指标来衡量物流系统的绩效产出,因此,其战略设计方向是一致的,可以通过相同的物流战略措施来实现。

1. 精益物流战略

精益物流战略是指以精益思想为指导,以客户需求为中心,通过消除物流过程中的非增值物流环节和作业,减少物流资源浪费和时间消耗,最大限度地谋求物流经济效益的物流经营管理思想。精益物流战略是一种典型的基于成本的物流战略。现代物流作为企业的"第三利润源",其经济价值挖掘是物流系统的首要功能,因此,内向的成本控制成为"第三利润源"的一个重要贡献点。

库存冗余的浪费、物流设备闲置的浪费、物流提前的浪费、物流周期过长的浪费、物流环节过多的浪费、空载运输的浪费、无效搬运的浪费等都是企业物流作业过程中常见的物流不精益现象。随着外部市场的动态性越来越强、产品生命周期越来越短,企业对市场需求预测的难度加大,物流领域的成本支出也在不断上升,尤其是存货成本上升吞噬了企业巨大的财富,成为企业利润流失的主要"黑洞"。精益物流战略追求物流过程的尽善尽美,尽可能消除一切不必要的作业和浪费,形成仅由顾客需求驱动的物流价值创造。

精益物流战略的实施分为两个步骤,即企业系统的精益化和精益物流服务提供。

企业系统的精益化表现在以下方面：

(1) 组织结构的精益化。针对传统金字塔式的组织结构进行再造，利用精益化思想减少中间组织结构，实施扁平化管理，以加快组织决策的响应。

(2) 系统资源的精益化。围绕核心业务进行企业资源整合与配置，盘活闲置资源，剥离低效资源，强化优势资源。

(3) 信息网络的精益化。物流信息在整合物流过程、响应客户需求上具有重要作用，因此，物流信息网络系统是实现精益物流的关键。

(4) 业务系统的精益化。实现精益物流首先要对当前企业的业务流程进行重组与改造，删除不合理的因素，消除一切不必要的作业和不增值的环节，使之适应精益物流的要求。

(5) 服务内容及对象的精益化。进行精益物流服务时应选择适合本企业体系及设施的对象及商品，并不是所有情况都适合采用精益化战略。

(6) 不断完善与鼓励创新。不断完善就是不断发现问题，不断改进，寻找原因，提出改进措施，改变工作方法，使工作质量不断提高。

精益物流服务提供围绕以下要点展开：(1) 以客户需求为中心；(2) 提供准时化服务；(3) 提供快速服务；(4) 提供低成本高效率服务；(5) 提供使顾客增值的服务。

精益物流战略适用于价格需求弹性系数大的普通商品。其产品价格是客户购买的主要动因，并且除了价格变动较大的情况下，需求是稳定可预测的，企业产品的种类一般也较少，产品生命周期较长，以功能型产品为主。

2. 外包物流战略

外包物流战略是指企业以核心业务和核心资源为导向，将自己不擅长或不具有优势的物流业务委托给市场专业的物流服务机构进行运作的物流管理思想。受自有物流资源和物流能力的约束，企业物流系统建设遇到较大阻力，致使企业物流成本过高，物流运作效率下降，市场风险增加。为弥补这一缺陷，企业可通过引入优质的外部市场资源来增强其薄弱环节，实施物流的战略外包。目前，已有不少物流行业知名企业基于海量的供应链数据，利用数智化技术，推出新的云工具，以提高供应链的可见性并提供可执行的洞察，降低供应链风险，优化成本，为企业提供物流服务。例如，亚马逊云科技推出 Amazon Supply Chain，以提高供应链可见性，帮助企业优化供应链流程，提高服务水平。外包物流战略不仅可以使企业摆脱物流资源和能力欠缺的困扰，从而集中优势发展其核心竞争力，更可以得到来自市场的优质物流服务，增强其整体竞争优势。

随着与代理方合作的深入，物流外包不仅仅是简单的物流功能外部服务，还是通过外包物流系统嵌入企业的生产系统、销售系统、服务系统等内部系统中，为其提供定制化的物流解决方案，从而成为企业最终市场战略目标实现的关键性战略合作伙伴。

实施外包物流战略需注意以下问题：

(1) 选择适合的外包范围。开展外包物流战略的基本前提是对企业既有物流业务的科学诊断，从而选择适合的外包范围。并非所有的物流业务都适合外包，那些涉及企业核心业务，对企业核心业务达成具有紧密关联的物流业务在决定是否采用外包服务时应当十分审慎。

(2) 选择适合的外包合作伙伴。实施外包物流战略的根本目的之一就是获得优质的市场物流资源和服务，因此，在合作伙伴的选择上应寻找物流服务水平高、物流创新能力强的合作对象，从而实现强强联合。

(3)应建立共同的市场战略目标。合作双方必须相互认同和支持对方的经营理念和发展战略,以保证在未来的业务合作过程中能够围绕共同的价值进行创造,减少合作过程中不必要的摩擦与内耗。

(4)对外包业务能够进行有效监管。外包并不意味着完全放手,而是应当在委托方企业的有效监控下按其战略意图来提供服务。若完全放手由代理方负责执行,则可能使业务陷入失控状态,从而影响委托方核心业务的达成。

2.3.3 基于社会责任目标的战略设计

从可持续发展的角度看,伴随着大量生产、大量消费而产生的大量废弃物对经济社会发展产生严重的消极影响,生态失衡、资源枯竭、生存质量下降等问题随之而来。在这一背景下,建设循环型社会、主张经济可持续性发展的呼声渐高,企业的社会责任目标,尤其是环境保护责任目标成为企业战略的一项重要内容构成。从这一视角出发,在企业物流战略设计中,基于社会责任目标的战略主要是绿色物流战略。

绿色物流战略是指在物流过程中抑制物流对环境造成危害的同时,实现物流环境的净化,使得物流资源得以充分利用的物流管理思想。它体现为绿色运输、绿色仓储、绿色包装、绿色流通加工、绿色配送等绿色物流内涵。减量化、再循环、再利用、可降解是绿色物流战略开展的基本指导思想。所谓减量化是指物流过程中的低能耗、低消耗,实现资源的最大化利用;所谓再循环是指在物流过程中对可回收再生资源进行回收再利用,以提高资源的使用效率,和降低对环境的破坏程度;所谓再利用是指物流过程中所使用的物流器具、设备可以重复再使用,而不是一次性提供其功能;所谓可降解是指物流过程中尽量使用可以自然微生物降解的材料,以减少废弃物对环境的破坏。随着消费者绿色生活、绿色消费意识的增强,对绿色产品和绿色服务的需求也在增多,这迫使企业不得不重视在绿色经济领域的建设。实施绿色物流战略既是企业降低成本支出、提高资源使用效率的重要举措,也是企业展现环保形象、承担社会责任的重要渠道。

实施绿色物流战略需注意以下问题:

(1)绿色物流是循环型物流,包括正向物流系统和逆向物流系统两部分,因此实现绿色物流战略不能只重视正向物流系统建设,而忽略逆向物流系统在物质再循环、再利用中的重要作用。

(2)实施绿色物流战略的关键在于先进的绿色物流技术支持。减量化、再循环、再利用、可降解的基本原则在物流作业过程中实现离不开先进信息化技术、机械化技术、新材料技术、新能源技术等的支持,物流技术的滞后是造成当今企业不重视绿色物流的一个重要原因。

(3)应树立正确的绿色物流战略观。实施绿色物流战略不是简单地进行绿色环保宣传,停留在表面文章,也不是完全牺牲企业的经济收益来做社会公益。绿色物流战略的真正价值在于通过树立环保的理念来节约资源消耗,提高生产效率,从而实现以有限资源投入获得最大化收益的目标。环保只是手段,而价值的更大创造才是本质。因此,对于企业而言,绿色物流战略又将是其挖掘"第三利润源"的一条重要渠道。

> **小资料**
>
> **绿色物流战略与可持续物流运输公司**
>
> 2023年"全球可持续物流运输公司"十强榜单出炉,上榜企业及它们的上榜理由如下:亚马逊专注绿色技术减碳排放;敦豪国际速递(中国香港)有限公司(DHL)设立了目标践行可持续战略;美国联合包裹运送服务公司(UPS)力推低碳运输并优化路线;联邦快递发展清洁能源车辆及高效航空;宜家推动供应链与物流环保,采用可再生能源与循环包装;马士基集团追求零碳航运,投资清洁能源项目;北美小货车运输公司(XPO)强化节能减排,优化物流操作;安睿(Evri)探索环保递送方案;德普达快运有限公司(DPD)采用新能源车减排提效;布兰博集团(Brambles)用循环物流容器减少一次性包装消耗。
>
> (资料来源:罗戈网)

2.4 物流战略实施与控制

> **小资料**
>
> **地中海航运收并购发展综合物流战略**
>
> 集装箱航运巨头们通过收并购,更快速、踏实地转型成为全球综合物流服务集成商。作为全球最大的集装箱航运公司,地中海航运(MSC)在收并购方面动作不断,频频收购港口、物流公司、航空公司等企业。2022年,MSC收购了巴西综合物流解决方案提供商Log—In Logistica Intermodal 67%的股份。2023年4月,MSC官宣以57亿欧元(约61.7亿美元)的价格收购总部位于巴黎的Bolloré Group的非洲物流业务100%股权。2023年10月,MSC宣布已达成一项具有约束力的协议,将收购意大利客运铁路运营商Italo 50%的股份。
>
> (资料来源:罗戈网)

2.4.1 物流战略实施概述

物流战略实施是物流战略的行动阶段,是将战略思想转变为战略计划和具体战略方案的实施过程。

1. 物流战略实施阶段

物流战略实施是物流战略的具体执行过程,是将战略思想转变为战略计划和具体战略方案的实施过程。它可以分为四个阶段:

(1)战略发动阶段

在这一阶段,物流系统战略规划与设计人员首先要在企业内进行广泛的宣传和发动,将物流系统的战略理想传输给全体员工,让他们消除旧观念和旧思想,同时接受新的战略理念,从而调动他们参与战略推动的主动性与积极性。在这一过程中,需要对员工进行必要的培训,系统阐述战略思想和战略行动,并通过小范围的模拟体验让大家亲身感受新战略的收益,从而化解变革的阻力。作为一种新的战略,在开始实施时会有相当多的人产生疑虑和反抗心理,如果无法及时消除这些阻力,得不到多数员工的支持和认可,新战略的推行将必然失败。因此,战略发动对于新战略的实施成败尤为重要,也成为物流系统战略规划的首要任务。

(2)战略实施阶段

物流战略的实施不是一次性的活动,也不可能一步到位,应将物流战略划分为若干个实施阶段,每个实施阶段都应当有清晰具体的目标,同时,各战略施行部门也应当有详细的战略政策措施、部门策略和相应的执行方针等。要制定分阶段目标的时间表,对各分阶段目标进行统筹规划、全面安排,并注意各个阶段之间的衔接。对于远期阶段的目标方针可以概括一些,而对于近期阶段的目标方针则应当详尽一些。在新战略的实施初期,存在新旧战略的交替和衔接,也是员工固有习惯冲突较为集中和频繁的时期,因此,这一阶段的战略分目标及实施计划应当更加具体化和可操作化,并要加强与全体战略执行人员的沟通,必要时可以在保证战略大方向不改变的前提下采用迂回推行的策略来使得战略分目标最大程度实现。合理的战略实施阶段划分不仅有助于明晰战略目标和战略内容,更可以有序地推进战略过程实施。

(3)战略运作阶段

战略运作是战略计划的具体推行过程,主要与六个因素有关:主要管理者的素质和价值观念、物流系统的组织机构、物流系统文化、资源结构与分配、信息沟通和控制及激励制度。通过这六个因素使战略真正进入物流系统的日常生产经营活动中,成为制度化的内容。

(4)战略控制与评估阶段

由于物流系统内外部环境的多变性,物流战略在实施过程中可能因各种因素偏离原目标方向,因此,需要通过建立战略评估体系来监控与评估这种偏差,以使得战略实施过程能够与环境变化保持动态平衡,最终实现预定的战略目标。这一阶段的任务具体包括建立控制系统、监控绩效和评估偏差、控制及纠正偏差三个方面。

2. 物流战略实施内容

物流战略实施的内容包括以下几点。

(1)对物流系统总体战略的说明

这包括三方面的内容:第一,什么是物流总体经营战略,包括总体战略目标和实现战略的方针政策;第二,为什么做这些选择;第三,实现此战略将会给企业带来什么样的重大发展机遇。物流系统总体战略应是概括性的和非限制性的。

(2)物流系统分阶段目标

一般需要对分目标进行尽可能具体与定量的阐述,因为分目标是保证总目标实现的依据。系统的分目标常常与具体的行动计划和项目捆在一起,它们都是达成系统总目标的具体工具。

(3) 系统的行动计划和项目

行动计划是组织为实施其战略而进行的一系列重组资源活动的汇总。在战略的实施计划阶段,这些行动计划常常包括研究、开发及削减等方面的活动。各种行动计划往往通过具体的项目来实施。

(4) 系统的资源配置

资源配置是制订计划的基本决策因素之一。实施战略计划需要设备、资金、人力资源及其他重要资源,因此,对各个行动计划的资源配置的优先程度应在战略的实施计划系统中得到明确规定。所有必要的资源,在尽可能的情况下应折算为货币价值,并以预算和财务计划的方式来表达。

(5) 系统的组织保证战略子系统的相互协调

为了实现企业的战略目标,必须有相应的组织结构来适应企业战略发展的需求。由于企业战略需适应动态发展的环境,组织结构必须具备相当的动态弹性。另外,物流系统战略的实施计划往往包括若干子系统,必须明确各子系统接口处的管理和控制。

(6) 应变计划

有效的战略实施计划系统要求一个企业必须具备较强的适应环境能力。要获得这种能力,就要有相应的应变计划作为保障,要看到各种条件在一定时间内都可能突如其来地发生变化。将应变计划作为整个战略实施计划系统的一部分,企业可以适应各种瞬息万变的环境,可以在错综复杂的竞争中独领风骚。

2.4.2 物流战略的控制

物流战略的控制是对战略执行过程进行监控、评估、纠偏的活动,以使战略实施能够更好地与环境动态、系统目标协调一致,确保最终战略目标的实现。

1. 物流战略控制的内容

(1) 设定绩效标准。根据系统战略目标,结合系统内部人力、物力、财力及信息等具体条件,确定企业绩效标准,作为战略控制的参照系。

(2) 绩效监控与偏差评估。通过一定的测量方式、手段、方法,监测系统的实际绩效,并将系统的实际绩效与标准绩效对比,进行偏差分析与评估。

(3) 设计并采取纠正偏差的措施,以顺应变化着的环境条件,保证系统战略的圆满实施。

(4) 监控外部环境的关键因素。外部环境的关键因素是系统战略赖以存在的基础,这些外部环境关键因素的变化意味着战略前提条件的变动,必须给予充分的注意。

(5) 激励战略控制的执行主体,以调动其自控与自评价的积极性,保证物流系统战略实施切实有效。

2. 物流战略控制系统的结构

物流战略控制系统包括三个子系统:战略控制系统、业务控制系统和作业控制系统。战略控制系统以高层领导为主体,关注的是与外部环境有关的因素和企业内部的绩效。业务控制系统是指系统的主要下属单位,包括战略经营单位和职能部门两个层次,关注的是系统下属单位在实现构成系统战略的各部分策略及其中计划目标的工作绩效时,检查是否达到了系统战略为它规定的目标。业务控制由企业总经理和下属单位的负责人进行。作业控制系统是对具体负责作业的工作人员日常活动的控制,关注的是员工履行规定的职责和完成作业性目标的绩效。作业控制由各层级主管人员进行。

> **小资料**
>
> **物流绩效指数**
>
> 《2023 年物流绩效指数报告》基于贸易流动速度大数据和问卷调查,对全球 139 个经济体涉及货物流动的基础设施、海关及边境管理、物流服务质量、货运时效、追踪能力及价格竞争力等 6 个方面进行了单项和综合测评,反映了各经济体的物流绩效变化情况和相互间的比较差异。中国经济体的六项指标综合得分为 3.7 分,比 2018 年提升 0.09 分,全球排名由上次的第 26 位升至 20 位。
>
> (资料来源:世界银行《2023 年物流绩效指数报告》)

案例分析 中科微至:增长放缓、净利润明显下滑

中科微至是领先的智能物流系统综合解决方案提供商,其客户涵盖中通、顺丰、极兔、中国邮政、京东、申通、韵达、德邦等国内主要快递、物流及电商企业。

2020 年、2021 年和 2022 年,中科微至的营业收入分别为 12.04 亿元、22.10 亿元、23.15 亿元;归属于上市公司股东的净利润分别为 2.13 亿元、2.59 亿元、−1.19 亿元,可以看出 2022 年其营业收入增长放缓,净利润明显降低。

净利润降低的主要原因是 2022 年受宏观经济下滑等因素影响,公司收入增长放缓,收入确认周期变长;为了适应市场的竞争变化,公司下调了产品的售价,2022 年毛利率为 14.78%,同比下降 13.79 个百分点。净利润降低的原因还包括团队扩张带来的工资薪酬增长、信用减值损失影响、资产减值损失影响等。

针对 2022 年快递分拣设备行业整体需求降低、竞争加剧、毛利下降等情况,中科微至的策略是做大规模,希望以更多的场景带动公司核心部件的量,通过以核心部件的能力提升公司的整体竞争力。

(资料来源:罗戈网)

问题 中科微至面临的战略环境如何?可从哪些方面改进?

思考题

1. 物流战略的特征有哪些?
2. 物流战略环境分析的方法有哪些?
3. 物流战略设计有哪些?
4. 物流战略实施的步骤有哪些?

即测即练

第 3 章

物流网络与选址规划

知识目标 >>>

1. 了解和掌握物流网络的概念和特征。
2. 理解物流网络规划的基本逻辑与方法。
3. 掌握 5 类物流节点选址的基本方法。

能力目标 >>>

1. 能够有效收集物流网络规划的数据。
2. 能够判定物流节点的类型并规划有关设施。
3. 能够综合运用基本选址模型进行物流网络中心的选址。

导入案例

宜家(中国)物流网络构建与配送中心选址

3.1 物流网络概述

在现代物流的概念体系中,常使用物流网络(Logistics Network)一词描绘物流系统的点、线、信息及相互的联系。物流系统与物流网络在概念上有互通也有差异。网络(Network)可以描述为线以网或网状物的外观排列,拓展形容为"复杂的交织的系统"。相对于系统,网络的复杂性、分散性、信息化更为突出。曾有人认为各类网络的结构随机性较强,然而网络的无标度和小世界特性使得人们认识到网络的内在规律。物流网络化就是用系统、科学的思想把物流从一种"混沌"状态转变为有序的网络化状态。

3.1.1 物流网络的概念与构成

1. 物流网络的概念

国标《物流术语》中将"物流网络"定义为"通过交通运输线路连接分布在一定区域的不同物流节点所形成的系统"。

物流网络是适应物流系统化和社会化的要求发展起来的,是由物流组织网络、物流基础设施网络和物流信息网络三者有机结合而形成的物流服务网络体系的总称。物流网络具有服务性、开放性、外部效应和信息主导性等基本特征。

2. 物流网络的构成

物流网络是相互联系、相互依存、相互作用的要素在不同空间尺度上形成的具有特定运行规律和功能的有机整体。一般来说,如果构成物流网络的各种要素不能得到合理有效的布局,那么可能影响物流网络功能的发挥,制约物流系统效率的提高。判断物流网络构建和布局是否合理,必须分析物流网络结构的主要构成要素,在分析和认识各要素及其特征的基础上,才能有针对性地进行物流网络的优化。

从物料流动的过程来看,如果按其运动程度(相对位移)观察,它是由许多运动过程和许多相对停顿过程组成的。与这种运行形式相对应,物流网络也是由执行运动使命的线路和执行停顿使命的节点两种基本元素组成的。网络中的节点代表储存点,即零售店、仓库、工厂或者供货商,也可以代表那些库存流动过程中的临时经停点。网络中的线路是物流活动得以运行和实现所必需的空间载体,是连接各个物流节点之间的通道路径,代表不同储存点之间货物的移动,任意一对节点之间可能有多条链相连,代表不同的运输形式、不同的路线、不同的产品。

在实际运行的物流网络中,可以界定物流网络的节点与线路,见表 3-1。需要强调:信息时代背景下的实体物流网络可以映射为数据与信息,点一线连接可以抽象为关联图或表,这使得物流网络规划的定量研究具有一定的数据基础。然而,数据繁多增加了数据甄别与降维的工作量,使得物流网络规划研究的主要矛盾隐藏在海量数据之中。

表 3-1　　　　　　实体网络中物流节点和线路的界定

物流网络		物流形式	物流功能
实体网络	物流节点	仓库、汽车站、火车站、机场、港口、物流中心、配送中心、物流企业、物流枢纽城镇等。	仓储、装卸、包装、配货、流通加工、海关等。
	物流线路	公路网、铁路网、航空线路、内河/海洋线路、管道线路等。	集货运输、干线运输、配送运输等。

> **小资料**
>
> 物流节点城市与"四横五纵、两沿十廊"物流大通道
>
> 依托国家综合立体交通网和主要城市群、沿海沿边口岸城市等,促进国家物流枢纽协同建设和高效联动,构建国内国际紧密衔接、物流要素高效集聚、运作服务规模化的"四横五纵、两沿十廊"物流大通道。"四横五纵"国内物流大通道建设,要畅通串接东中西部的沿黄、陆桥、长江、广昆等物流通道和连接南北方的京沪、京哈—京港澳(台)、二连浩特至北部湾、西部陆海新通道、进出藏等物流通道,提升相关城市群、陆上口岸城市物流综合服务能力和规模化运行效率。加快"两沿十廊"国际物流大通道建设,对接区域全面经济伙伴关系协定(RCEP)等,强化服务共建"一带一路"的多元化国际物流通道辐射能力。
>
> (资料来源:"十四五"现代物流发展规划)

3.1.2 物流网络的特征

1. 物流网络的服务性

物流网络运作的目标是将物品以适合的成本在有效时间内完好地从供给方送达到需求方,逐步实现"按需送达、零库存、短在途时间、无间歇传送"的理想的物流业务运作状态,使物流并行于信息流、资金流而能够以较低的成本及时完成。

2. 物流网络的开放性

物流网络的运作应建立在开放的网络基础上,每个节点可以与其他任何节点发生联系,快速交换信息,协同处理业务。基于互联网的开放性决定了节点的数量可以无限多,单个节点的变动不会影响其他节点。

3. 物流网络信息的先导性

信息流在物流网络运作过程中起引导和整合作用。通过物流信息网络的构建,真正实现每个节点回答其他节点的询问,向其他节点发出业务请求,根据其他节点的请求和反馈提前安排物流作业。信息流在物流过程中起到了事前测算流通路径,即时监控输送过程,事后反馈分析的作用,引导并整合整个物流过程。

4. 物流网络的外部性和规模效应

网络经济的基本特征是连接到一个网络的价值取决于已经连接到该网络的其他人的数量,称为网络效应或网络的外部性。网络将各个分散的节点连接为一个有机整体,系统不再以单个节点为中心,系统功能分散到多个节点处理,各节点间交叉联系,形成网状结构。大规模联合作业降低了系统的整体运行成本,提高了工作效率,也降低了系统对单个节点的依赖性,抗风险能力明显增强。

3.1.3 物流网络的分类

1. 按照地域范围划分

按照地域范围来分,可以将物流网络划分为国际物流网络、区域物流网络、城市物流网络和物流园区物流网络等四个层次,它们彼此相互联系,有机地组成了一个现代物流网络系统。

国际物流网络是指各个国家和不同组织之间对物流活动进行计划、执行和协调的过程。国际物流是以实现国际商品交易为最终目的而进行的原材料、半成品、成品及相关信息从起点到终点在国际的有效流动,以及实现这一流动所进行的计划、实施和控制的过程。国际物流依照国际惯例,按国际分工协作的原理,利用国际物流网络,实现货物在国际的流动与交换,以促进区域经济的协调发展和全球资源的优化配置。

区域物流网络是为了实现区域经济可持续发展,对区域内物资流动统筹协调、合理规划、整体控制,实现区域内物流各要素的系统优化,以满足区域内生产、生活需要,提高区域经济运行质量,促进区域经济协调发展。

> **小资料**
>
> **我国"八纵八横"的铁路网络**
>
> 前述"四纵五横、两沿十廊"物流大通道的构想与建设是我国物流网络发展的顶层设计,从地域范围来看属于国际物流网络,向下对区域物流网络的规划有指引作用。例如:我国"八纵八横"铁路网络的建设。
>
> 我国"八纵八横"铁路网络是在"四纵四横"主骨架基础上形成的,是为了完善区域客货运能力,充分利用既有铁路,形成区域连接线衔接、城际铁路补充的高速铁路网。
>
> 具体规划方案:一是构建"八纵八横"高速铁路主通道。"八纵"通道为沿海通道、京沪通道、京港(台)通道、京哈—京港澳通道、呼南通道、京昆通道、包(银)海通道、兰(西)广通道;"八横"通道为绥满通道、京兰通道、青银通道、陆桥通道、沿江通道、沪昆通道、厦渝通道、广昆通道。二是拓展区域铁路连接线。在"八纵八横"主通道的基础上,规划布局高速铁路区域连接线,目的是进一步完善路网,扩大高速铁路覆盖。三是发展城际客运铁路。在优先利用高速铁路、普速铁路开行城际列车服务城际功能的同时,规划建设支撑和带领新型城镇化发展、有效连接大中城市与中心城镇、服务通勤功能的城市群城际客运铁路。
>
> 我国"八纵八横"铁路网络的建设能优化区域物流网络的运行效率,有效衔接国际物流与城市物流的双向流动,使得各地域范围的物流网络协调发展。
>
> (资料来源:中长期铁路网规划)

城市物流是现代物流发展的一个新课题,日本学者谷口教授认为:"城市物流是在市场经济框架内,综合考虑交通环境、交通阻塞、能源浪费等诸因素,对城市内企业的物流和运输活动进行整体优化的过程。""城市物流要研究城市生产、生活所需物资如何流入,如何以更有效的形式供给每个工厂、每个机关、每个学校和每个家庭。为解决城市巨大的耗费所形成的废物如何处理这一问题,形成了城市回收与废弃物处理物流体系。"由此,城市物流是为实现城市经济社会可持续发展,通过对城市物资流动,特别是人流和物流进行统筹协调、合理规划、整体控制,解决交通阻塞、环境污染、能源浪费等一系列问题,减轻城市环境压力,实现物流活动的整体最优。

物流园区是一个大的物流节点,其主要功能是集成和整合。它集成了小的物流节点,不仅是不同的物流线路的交汇点,还是集商流、信息流、物流运作、物流文化于一体的集散中心;它整合第三方物流业务、物流企业业务和企业物流业务,为入驻企业和物流相关部门提供一体化服务。它具有资源共享、信息共享、环境共建、优势互补、专业化运作、集成辐射等优点。

2. 按照空间结构形态划分

物流网络根据空间结构,可以分为"增长极"网络、"轴—辐"网络、多中心多层次网络和复合网络。不同的地理条件、区位基础与社会经济的发展特点,形成不同类型的物流网络。

"增长极"网络是指经济社会集中在一点形成的经济增长点,也是经济集聚与扩散相互协同形成的一种地域经济社会结构。它以一点为核心,呈放射状分布。星形和扇形网络是其呈现的两种典型网络结构形式。这种结构形式在工厂—配送中心或者单个的配送中心—客户的关系当中最为常见。一般而言,"增长极"网络必须以优越的内外部物流联系为条件,而且物流条件是其形成过程中的重要条件。在这一模式的物流网络中,物流系统的效率极高,拥有富有活力的、密集的交通网络体系。

> **小资料**
>
> **城市辐射力与集聚经济**
>
> 城市辐射力,指城市对周围地区,以及其他城市的影响能力。辐射力的大小与一个城市的经济发展水平成正比关系。由于城市的经济是一个开放的经济系统,它不仅与城市周围地区有密切的关系,与其他城市也存在广泛的联系。这种联系既表现为以交通通讯设施为联系途径的物质、人员和资本的流动,也表现为信息的流动和新思想、新技术的扩散。一个城市的经济越发达,对周围地区的影响力就越大,与其他城市的交流也越广泛,城市的辐射力也就越强。
>
> 集聚经济指各种产业和经济活动在空间上集中后产生的经济效果和向心力,促使城市发展;当集中程度超过某一限度后,再集聚会带来不经济,产生离心力,需抑制或减小城市规模。
>
> 城市辐射力与经济集聚对物流网络的空间形态有较大的影响,区域经济高质量发展需要关注中心城市的集聚与辐射效应,物流网络的空间形态处在动态变化之中。
>
> (资料来源:Li J W, Zhao W Y, Liang Q Q. Agglomeration and radiation: Central cities and China's spatial economy. Asian Economic Papers,2023,22(2):36-67.)

"轴—辐"网络,是指以主要物流节点(物流枢纽城市、枢纽港口、车站、空港等)为轴心,以次要物流节点为辐,形成具有密切联系的类似"自行车轮子"的空间网络系统。"轴—辐"网络具有明显的规模效益、集聚效益和空间效益,其中规模效益是"轴—辐"网络的最大优势。这种类型的物流网络在沿线重要的交通站点及枢纽呈放射状分布格局,这些重要的基础设施为经济活动提供的空间关联环境是物流网络形成和演化的首要条件。

多中心多层次网络,是不同地域之间相互关联、密切合作所构成的一种物流空间结构形式,是生产社会化和社会化分工协作发展的必然结果,也是物流经济发展的客观趋势。该网络的特征表现为不同地域范围内形成多中心多层次的物流网络结构,满足经济社会分工协作的需求。

复合网络,是由两种或者两种以上的物流网络形态综合而形成的一种物流空间结构形式,其重要特征是物流网络的协同效应。这种协同式复合型网络结构在合理配置社会资源、协调经济社会平衡发展方面发挥特别重要的作用。

3. 按照功能形态划分

按照功能形态划分,可以将物流网络划分为企业物流网络、供应链物流网络和社会物流网络。

企业物流网络是企业内部的物品实体流动的网络体系。它从企业角度上研究与之有关的物流活动,是具体的、微观的物流活动的典型领域。企业物流网络又根据所从事具体活动的不同分为企业供应物流网络、企业生产物流网络、企业销售物流网络、企业回收物流网络、企业废弃物物流网络等。

供应链物流网络是为了顺利实现与经济活动有关的综合性物流管理,协调运作生产和供应活动、销售活动及物流活动,进行企业间的综合性、战略性管理的物流网络体系。供应链物流网络是以核心企业的物流活动为中心,协调供应领域的生产和进货计划、销售领域的客户服务和订货处理业务,以及财务领域的库存控制等活动,包括采购、外包、转化等过程的全部计划和管理活动的物流管理。更重要的是,它还包括了与渠道伙伴之间的协调和协作,涉及供应商、中间商、第三方服务供应商和客户。

社会物流网络是以全社会为范畴,面向广大用户的超越一家一户的物流网络。社会物流网络涉及在商品的流通领域发生的所有物流活动,因此社会物流网络带有宏观性和广泛性,也称之为大物流网络或宏观物流网络。伴随商业活动的发生,在物流过程中,通过商品的转移,实现商品的所有权转移,这是社会物流网络的标志。

3.2 物流网络规划

现代物流综合体系发展迅猛,物流网络节点繁多且类型多样,节点间的可达路径往往有若干条,物流网络中的信息量巨大,亟须有效的理论与方法进行整合与优化。

3.2.1 物流网络规划的概念

查阅现有文献后发现,"物流网络规划"的概念与区域物流规划、物流网络设计等名词有交集,也有不同。

区域物流规划是指在一个特定的区域范围内,结合国民经济和社会发展的长远计划和区域自然条件,对一定时期内区域物流的发展目标、区域物流基础设施建设、区域物流发展战略及对策等进行的系统设计。物流网络设计的主要工作就是确定每一种设施需要多少数量、其地理位置,以及各自承担的工作等。物流效率直接依赖和受限于物流的网络结构。物流网络规划问题就是关于配送中心位置、数量、容量、服务对象、运输网络等问题的决策优化。物流网络实际上就是由多个供应点、需求点、中间的服务节点以及连接这些节点的信息网络、交通网络、服务网络所组成的复杂网络系统。它不仅涵盖了硬件层面的实际交通网络,也包含了软件层面的信息与服务网络。从供应链视角,物流网络规划是建立供应链中各网络节点和各种物流路径的过程。通过物流网络规划,能够在满足现有服务和供应需求效率的前提下,尽可能降低运营成本。物流网络规划要充分、合理地实现物流系统的各项功能,使物流网络在一定的外部和内部条件下达到最优化,分析物流系统内外部各要素及其之间的关系,确定物流网络的设施数量、容量和用地等变量。

随着我国经济进入高质量发展阶段,物流网络规划的概念也在扩充。在众多学者研究的基础上,物流网络规划的内涵应体现出区域经济发展与物流支撑、物流实体与信息网络、物流需求与供给动态匹配等方面。因此,物流网络规划是指以区域国民经济与社会发展的长远规划为基础,利用经济学、管理学、系统科学等理论与方法,对现有物流节点、设施、路径和信息等所构成的各类复杂网络进行优化与设计,使得物流网络保持供需动态均衡,进而实现高质量发展的过程。

3.2.2 物流网络规划的原理

物流网络是一种复杂网络,规模庞大、结构复杂、目标众多、动态多变、跨越时空,涉及众多行业,既要满足社会需求、节能环保,又要经济合理、节约物流成本,这些都对物流网络规划提出了新的挑战。为了在规划中不迷失方向,必须遵循如下基本原理:系统分析原理、供需平衡原理、供应链一体化原理、成本效益分析原理和其他原理等。

(1) 系统分析原理

系统分析原理是物流网络规划的核心思想。通过系统分析,可以了解物流网络的内在联系,把握物流网络的内在特征和规律。系统思想的核心是全局性和整体性,物流网络规划要站在全局高度,从整体上把握物流网络的目标、功能、环境、总成本和效益之间的平衡,确保整体效益最优和有限资源配置最佳。

系统分析强调科学的方法,尤其是数学方法和优化方法,对物流网络进行定量分析,或将定量与定性相结合进行分析。系统分析通常采用工业工程最基本的5W1H分析方法,以求得对所研究问题的充分理解。

(2) 供需平衡原理

物流网络规划的目的是解决如何提供物流供给以满足物流需求的问题,因此供给与需求的平衡是物流网络规划的基本指导思想,应用这一指导思想来设计物流网络,才能保证以尽可能少的投入最大限度地满足物流供给和发展要求。

物流供给是生产、流通、消费这三大领域的后勤支援与保障,涉及物流节点和线路的供给。线路主要指运输网络中线路(包括航空线路、航海线路、内河航道线路、陆路交通线路、铁路线路以及管道线路等)的交通基础设施的能力和服务水平;节点主要是指连接线路的车站货场、码头、机场、仓库等物流基础设施的能力和服务水平以及所能提供的包装、装卸、搬运仓储、流通加工等设施设备的容量和服务水平。物流需求是社会经济活动尤其是制造、经营、消费活动所派生的一种次生需求,包括物资的位移以及相关服务方面的需要。物资的流动是由于社会生产与社会消费的需要，它受生产力水平、生产资源分布、制造过程、消费水平、运输仓储布局等因素制约。物流需求随社会经济发展、收入和消费水平的变动、新政策的实施而变化；物流需求也随人们的生活方式、消费习惯、供应链关系的变化而变化。从宏观上看，经济建设与发展的不同阶段对物资需求的数量、品种、规模是不同的；从微观上看，物流需求的数量和品种常常随季节而变化。现代科技的发展加速了产品更新换代的周期，人们消费观念的日新月异，也提高了物流需求随时间变化的敏感性。此外，生产力布局、社会经济水平、资源分布、用地规模等，也使物流需求呈现出地域差异和分布形态差异。物流供需平衡分析包括三个环节：物流内部分析、内部与外部联系分析和供需平衡分析。

  物流网络规划的具体目标是实现物流的空间效益和时间效益。从操作层面看，是在保证社会再生产顺利进行的前提条件下，实现各种物流环节的合理衔接，并取得最佳的经济效益和社会效益。物流网络的输入是在物资运送、存储、装卸搬运、包装、流通加工、信息处理等物流环节中所消耗的人力、物力与财力。物流网络输出的是相关物流服务。供需平衡原理要求物流网络输入与输出达到平衡状态。

  物流网络是社会经济网络中的一个子网，它的结构和功能必然受到社会经济的影响，同时也会影响社会经济网络。

  （3）供应链一体化原理

  供应链一体化原理是将多个企业之间的运作能力、信息、核心竞争力、资金以及人力资源等整合到一起，就像一个企业一样，在从物料的采购到将产品或服务交付给客户的过程中，发挥供应链整合后的优势，提高供应链的核心竞争力。供应链策略是建立在相互依存、相互关联的管理理念基础之上的。这要求相关部门建立跨部门的管理流程，并使这个流程突破企业组织的界限，与上下游的贸易伙伴和客户相互连接起来。

  通过对现有资源的优化整合，培育和巩固竞争力是供应链一体化的目标。集中优势专注于核心业务，对于非核心业务采取放松管制、分立、剥离、外购外包是供应链一体化思想的精髓。集中优势专注于核心业务可以使企业有效规避因为业务流程太长而带来的竞争风险，进而使企业最有效地利用现有社会资源，降低投入成本，缩短生产时间，提高进入市场的速度，获得竞争优势，同时，合理利用合作伙伴的专业化资源，提高客户服务质量，增加客户价值。组织结构柔性化和业务流程规范化是供应链一体化的基础和保证。

  供应链一体化原理体现在协同合作、资源共享、优势互补、管理提升、形成供应链核心竞争力等五个方面。

  （4）成本效益分析原理

  在物流网络规划中投入多少供给才能很好地满足需求，这就需要对投入的成本以及所能产生的效益进行分析。在资源（资金、人力、能源等）十分有限的情况下，必须找到投入产出效益最佳的设计方案。成本效益分析原理就是运用工程经济学和技术经济学的原理和方法来研究物流的成本和效益问题。

  物流成本按其范围来分，有狭义和广义之分。狭义的物流成本指由于物资的位移而引起的有关运输、装卸搬运、包装等成本；广义的物流成本是指包括生产、流通、消费全过程的物资与价值变换而发生的全部成本，具体包括从生产企业内部原材料的采购、供应开始，经过生产制造过程中的半成品存放、装卸搬运、成品包装及运送到流通领域，进入仓库验收、分类、存储、保管、配送、运输，最后到消费者手中的全过程发生的所有与物流活动有关的成本。2006年，我国颁布了企业物流成本核算的国家标准,为我国物流业成本效益分析奠定了良好的基础。

(5) 其他原理

根据客户的需求来制订最佳的物流方案,以客户满意度为核心,加强与客户的沟通与交流,了解客户需求变化,并提供个性化的物流服务。根据企业需求和实际情况,设计物流网络的结构和布局,包括仓库、配送中心、运输路线等。

3.2.3 物流网络规划的基本逻辑与网络细分方法

根据物流网络的概念、特征和分类等内容可知,物流网络规划的层次分为宏观、中观和微观。宏观物流网络规划所确定的主干"点-线结构及功能"对中观、微观物流网络规划有重大影响和制约。例如:我国的全国性和区域性物流节点城市的选定可以提高城市的物流服务水平,并带动周边所辐射区域物流业的发展,推动地区性物流中心和三级物流节点城市网络的建设,促进中、小城市物流业的协调发展。反之,如果企业微观物流网络规划与布局相悖于上层物流网络的功能与发展趋势,其物流运作效率必将受到一定的制约,同时成本支出较高。

物流业作为生产型服务产业,其产能与经济、社会的发展密切相关。经济发展具有集聚效应,使得社会物流需求也具有同样的特征,因此,物流网络规划要符合空间经济学。除了考虑地域与空间因素,现代商业模式多样性使得物流工作链接错综复杂,以有效的整合与规划为基础提高工作效率。现代物流通常使用数据库、大数据与云计算进行管理。因此,在进行物流网络规划时不仅要充分考虑地理与空间,还要通过数据、信息等梳理与优化工作流程。基于系统论思想,物流网络规划的起点应是最高层级的经济与物流系统的要素(子系统)和结构的划分,确定主要节点及其链接后,根据上层设计下一层物流网络,完成自身物流体系布局,如此循环往复,直至设计出最低层级的物流运作单元。

1. 物流网络规划的基本逻辑

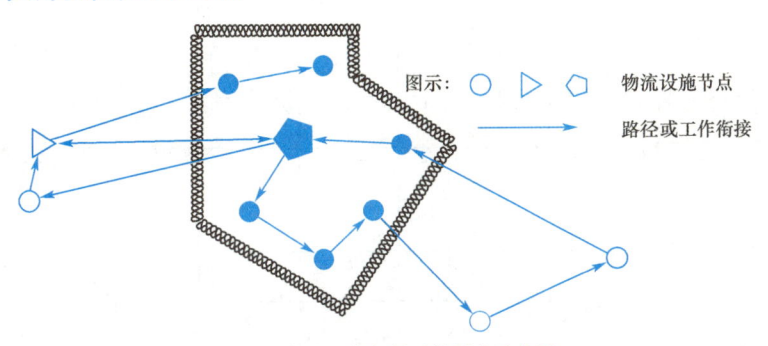

图 3-1 物流网络规划系统划分示意图

如图 3-1 所示,在某区域经济发展背景下,已形成物流网络设施节点的基本结构(不考虑黑线框所圈定的范围),节点间的路径与工作衔接也处于稳定状态。然而,从图中黑线框所标注区域来看,具有蓝色阴影的 7 个物流节点明显具有聚类和集聚现象,原有物流网络运行效率、产能是否符合经济与社会发展需求?物流网络供需是否平衡?现有物流管理过程与信息是否存在冗余?诸多问题需要根据经济发展的新形势重新论证。因此,物流网络规划的基本逻辑:对现有物流网络各类设施的位置、流程等关系进行相似性、相异性的评判,掌握网络骨干要素与结构,在此基础上,逐层向下优化,确保物流网络规划的方向与目标的一致性,进而为经济与社会的发展提供源源不断的合适的物流供给。

2. 物流网络细分的方法

物流网络、物流设施的布局与地理位置、工作流程密切相关。地理位置的细分方法可以使用聚类分析；工作流程梳理可以使用一类解释结构模型。聚类分析与结构解释模型的基本原理与计算方法不再赘述。以案例研究为基础，介绍实际应用过程。

（1）空间与地理的聚类分析

聚类分析的本质是人们希望计算机能够依据某种标准将对象自动分为不同的组，每个组中的对象彼此之间有相类似的属性或有近似关系。

薛德琴、张永强和王笑雨等人使用聚类分析的方法，为江苏某电商企业的协同配送中心选址奠定了良好的子系统划分，确保了配送的规模效应，也使得配送路线更加合理。江苏13个地级城市的抽象坐标见表3-2。

表3-2　　　　　　　　江苏13个地级城市地理位置的抽象坐标

城市名称	抽象坐标	城市名称	抽象坐标	城市名称	抽象坐标
南京	（1，3）	无锡	（4，1.5）	徐州	（0.5，10）
常州	（3，2.5）	苏州	（5，1）	南通	（6，2.5）
连云港	（3，10）	淮安	（2，7）	盐城	（4，6）
扬州	（2，4）	镇江	（2，3）	泰州	（3，4）
宿迁	（1.5，8）				

图3-2　聚类分析结果

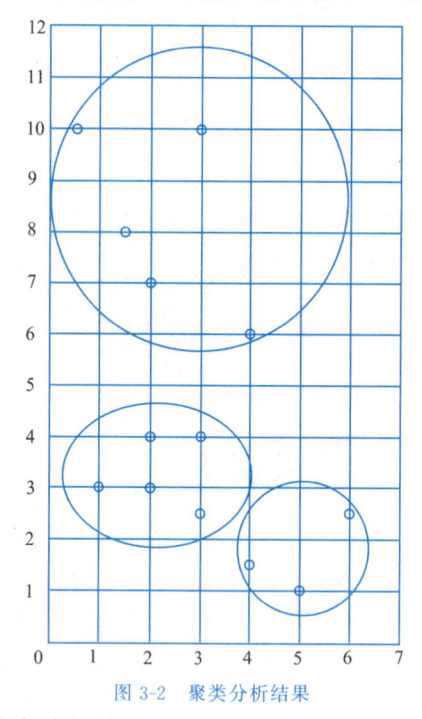

13个城市抽象坐标的聚类分析结果如图3-2所示。第一类：南京、镇江、扬州、泰州、常州。第二类：无锡、苏州、南通。第三类：淮安、盐城、宿迁、徐州、连云港。根据地理位置的聚类分析，初步将协同配送中心个数确定为3个。

（2）解释结构模型

解释结构模型（Interpretative Structural Modeling，ISM）通过梳理、拆分、分析系统的结构，并以层次化的有向拓扑图的方式将子系统划分呈现出来。ISM 通常使用有向图表示系统各点间的关系，点到点的箭头往往代表"源点"对"宿点"有影响或传递信息。

假设某物流网络的工作流程中有 6 个处理过程和 8 类数据，通过流程分析可得 6 个处理过程间相互传递数据的关系，见矩阵 G。G 矩阵中的数值 1 代表"行"过程向"列"过程传递数据。

$$G = \begin{pmatrix} 0 & 0 & 0 & 1 & 1 & 1 \\ 0 & 0 & 1 & 0 & 0 & 1 \\ 0 & 1 & 0 & 0 & 0 & 1 \\ 1 & 0 & 0 & 0 & 0 & 1 \\ 1 & 0 & 0 & 0 & 0 & 1 \\ 0 & 0 & 0 & 0 & 0 & 0 \end{pmatrix} \begin{matrix} P_1 \\ P_2 \\ P_3 \\ P_4 \\ P_5 \\ P_6 \end{matrix}$$
$$\ P_1\ P_2\ P_3\ P_4\ P_5\ P_6 \tag{3-1}$$

在 G 的基础上，使用逻辑运算分别计算出 $P_1, \cdots, P_6$ 的多步可达矩阵、可达矩阵和互达矩阵，进而分析出该物流过程的紧密工作关系集合，见表 3-3。

表 3-3　　　　　　　　　　$P_1, \cdots, P_6$ 的紧密聚合关系

	P_2	P_3	P_1	P_4	P_5	P_6
P_2	1	1				
P_3	1	1				
P_1			1	1	1	
P_4			1	1	1	
P_5			1	1	1	
P_6						1

由表 3-3 可知，$\{P_2 P_3\}\{P_1 P_4 P_5\}\{P_6\}$ 在该例中成为 3 个子系统，在后续物流网络规划时，要细化各个子系统的内部关系，并向上支撑整个物流管理流程。

除了聚类分析与 ISM 模型，第二章中有关物流发展的战略方法也可以对物流网络进行子系统划分。对物流网络规划进行定性与定量相结合的要素、结构的探究，有助于发现物流网络中存在的问题，挖掘物流网络供需关系的主要矛盾。在充分研究物流网络宏观→中观→微观的基本结构与功能后，可以使用定量的选址方法确定物流设施的位置，搭建物流网络体系。

3.3　物流网络设施选址

物流网络设施（简称物流设施）选址在整个物流网络规划中的地位非常重要，它属于物流管理战略→执行的研究问题。设施的位置对生产力布局、城镇建设、企业投资、建设速度及建成后的生产经营状况都具有重大的影响。一旦设施选址建设完工，一般无法轻易改动。

因此，在进行设施选址时，必须充分考虑多方面的影响因素，慎重决策。

3.3.1 物流设施选址的概念与原则

1. 物流设施选址的概念

物流设施选址就是确定所要选择设施的位置方案。这些设施主要是指物流网络中的节点，如制造商、供应商、仓库、配送中心、零售商网点等。物流设施选址是确定在何处建厂或建立服务设施，是运用科学的方法决定设施的地理位置，使之与物流网络整体的经营运作系统有机结合，以便有效、经济地达到物流系统的经营目的。

物流设施选址包括两个方面的问题：

(1)选位，即选定什么地区设置设施。在当前经济全球化的大趋势下，地区的选址更加广泛。

(2)定址，即在已选定的地区内选定一片土地作为设施的具体位置。

小资料

现代流通战略支点城市布局建设名单(102个城市)

综合型流通支点城市(24个)	北京、天津、唐山—秦皇岛、大连、上海、南京、苏州、连云港—徐州—淮安、杭州、宁波—舟山、厦门、南昌—九江、济南、青岛、郑州、武汉、长沙—株洲—湘潭、广州、深圳、重庆、成都、昆明、西安、乌鲁木齐等
复合型流通支点城市(29个)	石家庄、太原、沈阳、营口、哈尔滨、大庆、合肥、芜湖、福州、潍坊、洛阳、怀化、岳阳、汕头—揭阳—潮州、湛江、钦州—北海—防城港、海口、宜宾—泸州、南充、贵阳、毕节、拉萨、兰州、酒泉—嘉峪关、西宁、格尔木、银川、伊利(伊宁)、库尔勒等
功能型流通支点城市(49个)	廊坊、保定、大同、长治、临汾、呼和浩特、包头、乌兰察布、赤峰、锦州、长春、通化、延边(延吉)、佳木斯、齐齐哈尔、扬州、泰州、温州、金华、阜阳、安庆、泉州、三明、赣州、上饶、宜春、临沂、南阳、商丘、襄阳、宜昌、黄冈—鄂州—黄石、郴州、珠海、南宁、柳州、攀枝花、遵义、六盘水、玉溪、红河(蒙自)、大理、渭南、宝鸡、榆林、庆阳、中卫、喀什、石河子等

(资料来源：《关于布局建设现代流通战略支点城市的通知》)

从物流设施功能的角度来看，设施选址包括如下两类问题：

一是单一设施的场址选择。根据确定的产品或服务、规模等目标为一个独立的物流设施选择最佳位置。单一设施选址不需要考虑竞争力、设施之间需求的分配、设施的成本与数量之间的关系，主要考虑运输成本。

二是复合设施的场址选择。为一个组织的若干下属工厂、仓库、销售点、服务中心等选择各自的位置，并使设施的数目、规模和位置达到最佳化。

2. 物流设施选址的原则

随着国民经济的发展，社会物流量的不断增长，对于物流设施的要求也越来越严格，在进行物流设施选址的过程中要时刻考虑是否与当前的经济情况相适应，同时也要遵循以下的选址原则。

(1) 经济性原则

物流设施的选址、建立及运行需要投入费用,甚至其地址的选择也会影响到整个物流网络的运行成本。物流设施选址的费用主要包括经营费用和建设装修费用两部分。物流网点选址的区域不同,其占地面积的建设规模、租金、辅助设备的建设以及物流运输费用也是不同的,选址时应把总体费用最低作为物流设施选址的经济性原则。

(2) 适应性原则

物流设施的选址必须遵循环境的适应性,即它的建立和发展必须要与所建地区的经济发展状况相适应,与当地政府的政策以及当地居民的生活、消费习惯相适应,适应当地的物流需求与资源分布,适应我国的国民经济与社会发展。

(3) 战略性原则

物流设施的选址要具有全局和长远的战略目光。既要考虑当前的实际需要,也要为日后的发展做出一定的预测与策划。在物流设施的战略策划中要始终坚持局部服从整体,当前利益服从长远利益的原则。

(4) 协调性原则

一个地区物流设施的选址要与该地区物流网络的分布相协调,使该网点的物流运作能力、技术水平、主要功能与其他的网点相协调,最终使得整个物流网络实现高效率运作、低成本运营。

(5) 用户便利性原则

物流设施的服务对象是所运物资的供需双方,商品的需求用户占主要部分。因此,物流设施应根据自身的功能范围尽量靠近潜在用户,特别应该在用户比较集中的地段设置物流网点。

3.3.2 物流设施选址的影响因素

物流设施选址问题既是宏观上的战略问题,也是微观上的物流操作问题;它不仅广泛存在于单个企业的物流系统各个层面中,还影响到整个供应链的物流运作与经济效益。因此对待物流设施选址,必须有一个整体规划,不仅从时间与空间上,还要从该物流网点的发展上进行规划,规划的合理与否直接对该网点的作业质量、安全、作业效率和运营成本等因素产生影响。

影响物流设施选址的因素很多,在进行分析设计时需要加以充分的重视。

1. 地区选址考虑的因素

(1) 交通条件因素

运输是物流系统最主要的功能,运输快捷是物流系统节约运营成本、提高服务水平、增强竞争能力、扩大经济效益的关键。而运输条件的改善必须依托于交通环境,因此交通环境是物流设施选址方案评价时首先要考虑的因素,包括与公路特别是高速公路网、城市道路、铁路、海运、河运、航空等各种运输通道网的衔接;与道路站场、火车站、港口、码头、机场等各种枢纽口岸的配套以及与城市交通管制的协调。物流设施作为物流诸要素活动的主要场所,为保证物流作业的顺畅进行,必须具有良好的交通运输联络条件。

第一,所在区域的货物运输量。这一因素可以反映运输物流市场的供给情况,及运输业的发展水平,一般包括铁路、公路货运量和港口吞吐量。此指标可用地区货物运输总量加以衡量。

第二，交通便利性因素。用路网密度能很好地表明物流节点所服务地区的交通通达质量，该因素可以用铁路网及公路网密度加以衡量。

第三，物流设施平均运距。一般情况下要测定物流设施可能的覆盖范围，可采用地区货物周转量与地区总货运量之比进行衡量。

第四，交通运输设施的发展水平。交通运输设施的发展水平较高的地区，较有利于未来物流节点的集疏运。可用交通运输设施建设投资的增长率加以衡量。

(2) 用地条件

用地条件主要包括土地价格和大面积土地可得性两个条件。物流设施的建设需要占用大面积的土地，所以土地价格的高低将直接影响物流设施规模的大小。有的地区政府为了支持物流企业的发展，鼓励企业在当地建设物流设施，因此土地使用权的获得相对容易，地价及地价以外的其他土地交易费用也可能比较低。

(3) 适应市场供给和需求情况

不同的行业对资源有不同的要求，例如纺织厂需要大量供应棉花；发电、食品和酿酒行业需要大量用水等。因此，行业相关设施地区选择应该考虑主要原材料、燃料、动力、水资源等。对于供应型的物流节点而言，应该考虑的因素是供货资源分布。因为物流的商品全部是由供应商提供的，节点距离供应商越近，就越有可能将其商品的安全库存控制在较高的水平。

市场需求是物流系统建设和发展的根本条件，没有市场需求的物流系统即使建设得再好也只能是摆设，必将造成社会资源的严重浪费。因此，在物流设施选址评价时应充分分析是否符合所依托城市的空间结构、用地规划和产业布局，是否适应物流服务需求的流量和流向特征，是否临近物流服务需求量大的大型工厂、企业。

(4) 人力资源条件

随着物流系统的建设，许多大规模的物流企业的现代化运作需要机械化、电子化的处理设备，拥有一定数量和素质的人力资源也就成为影响物流设施区位选择的重要因素。

(5) 环境保护要求

物流设施的设置需要考虑保护自然环境与人文环境等因素，尽可能降低对城市生活的干扰，如减轻物流对城市交通的压力、减少物流对城市环境的不利影响，对于大型的物流设施应尽量设置在远离市区的地方。

2. 具体地点选择的因素

除了考虑上述因素外，在实际决定物流设施具体地点所在位置时，还需要考虑如下因素。

(1) 城市的大小

城市的大小将影响交通运输、劳动力的获取、劳务设施的利用、工资水平和地价等诸多因素。

(2) 地价、用地的政策限制与发展

土地的使用，必须符合相关法律规章及城市规划的限制。应该考虑现有地价及未来增值的情况下，配合用地的形状、长宽及未来扩充的可能性，决定最适合的面积大小。

(3) 与外部的衔接

所谓物流设施与外部的衔接方式,即运输方式,是具体地点选择前必须要调查的一个因素。应尽量使设施内铁路与附近车站接轨,缩短与高速公路的衔接。

(4) 设施周边的自然地理环境

设施周边的自然地理环境主要是指设施地点的地形、地貌、土壤情况、风向及地下水等。

(5) 居民的态度

决定特定区域时,附近居民的接受程度将影响土地的取得、员工的雇用及企业形象等问题。

3.3.3　物流设施选址的程序

物流设施选址必须严格划分阶段,每一阶段完成各自的任务,才能进入下一阶段的规划。场址选择分为三个阶段,即准备阶段、地区选择阶段和具体地点的选择阶段。

1. 准备阶段

准备阶段的主要工作是决定选址的任务、对选址目标提出要求,并提出选址所需要的技术经济指标。这些要求主要包括产品、生产规模、运输条件、需要的物料和人力资源等,以及相应于各种要求的各类技术经济指标,如每年需要的供电量、运输量、用水量等。

2. 地区选择阶段

地区选择阶段的主要工作是调查研究收集资料,如走访主管部门和地区规划部门征询选址意见,在可供选择的地区内调查社会、经济、资源、气象、运输、环境等条件,对候选地区进行分析比较,提出对地区选择的初步意见。

3. 具体地点选择阶段

要对地区内若干候选地址进行深入调查和勘测,查阅当地有关气象、地质、地震、水文等部门调查和研究的历史统计资料,收集供电、通信、给排水、交通运输等资料,研究运输线路以及公用管线的连接问题,收集当地有关建筑施工费用、地方税制、运输费用等各种经济资料,经研究和比较后提出数个候选场址。对预选地点方案采用评价体系进行评价,若不满意,则对具体地点选址方案进行调整和修改,直到满意为止。

各阶段都要提出相应报告,尤其在最后阶段要有翔实的报告和资料,并附有各种图样以便领导和管理部门决策。小型设施的场址选择工作可以简化,并将各阶段合并。

3.3.4　物流设施选址的方法

1. 重心法

重心法包括基于需求量的重心法和基于吨距离的重心法等两种方法。

基于需求量的重心法是把需求量作为考查因素,它的主要步骤是首先将一个经济区域内的各需求点在坐标系中表示,并将各个需求点看成一个物理系统,然后将各需求点的需求量视为物体的质量,最后通过求该物理系统的重心来确定物流中心的最佳坐落点,如图3-3所示。

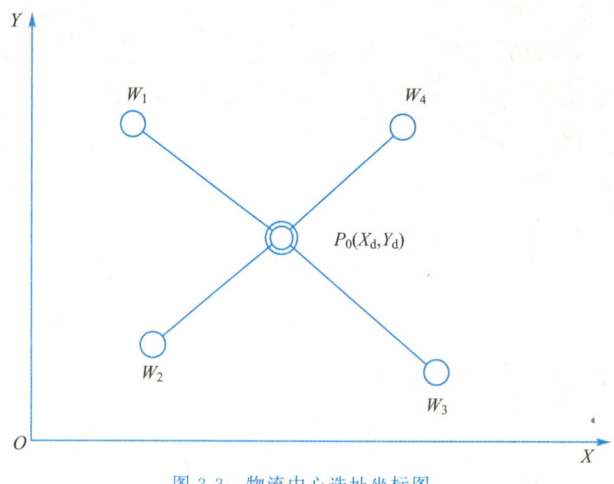

图 3-3 物流中心选址坐标图

基于吨距离的重心法是将物流设施建设以及运营成本视为固定不变的费用,而运输费用随距离和货运量而变化,所以考虑在不同地点设置的物流设施因距各个用户的距离和需求量而引起的运输费用变化,找出使运输总费用最小的点,并将其作为最佳选址点。

重心法计算物流设施的具体地址坐标,需要建立如下假设条件:需求集中于某一点;不同地点物流设施的建设费用、营运费用相同;运输费用跟运输距离成正比;运输路线为空间直线距离。

若计划在某区域内设置一个物流中心,设该物流中心的坐标是(x_d, y_d),物流中心至资源点或需求点的运费率是a_j。

根据求平面中物体重心的方法,可以得到式(3-2):

$$\begin{cases} \bar{x} = \sum_{j=1}^{n} a_j w_j x_j / \sum_{j=1}^{n} a_j w_j \\ \bar{y} = \sum_{j=1}^{n} a_j w_j y_j / \sum_{j=1}^{n} a_j w_j \end{cases} \tag{3-2}$$

在式(3-2)中代入各具体的数值,实际求得的$(\bar{x}, \bar{y})$值,即所求得配送中心位置的坐标(x_d, y_d)。

2. 交叉中值法

重心法选址的距离为两点间的直线距离。城市道路错综复杂且存在建筑物的阻挡,点到点的距离往往是曼哈顿距离,即点i、j两点间的距离$d(i,j) = |x_i - x_j| + |y_i - y_j|$。

如图 3-4 所示,在某城市区域中有 5 个居民小区,小区间的距离为曼哈顿距离。各小区间的距离和报纸需求量见表 3-4。假设要在这个区域选择一个道路节点作为发放报纸的报亭,问在当前的需求量下,在哪里选址可以使 5 个小区的居民到报亭的行走距离最小?

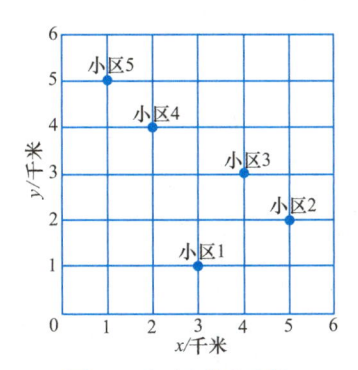

图 3-4 交叉中值法示例

表 3-4 小区间的距离和报纸需求量

小区 i	小区 1	小区 2	小区 3	小区 4	小区 5	需求量
小区 1	0	3 千米	3 千米	4 千米	6 千米	1 千份
小区 2	3 千米	0	2 千米	5 千米	7 千米	7 千份
小区 3	3 千米	2 千米	0	3 千米	5 千米	3 千份
小区 4	4 千米	5 千米	3 千米	0	2 千米	3 千份
小区 5	6 千米	7 千米	5 千米	2 千米	0	6 千份

交叉中值选址模型如式(3-3)。

$$\min z = \sum_{i=1}^{n} w_i (|x_i - x_s| + |y_i - y_s|) \tag{3-3}$$

式中,w_i 为第 i 个需求点对应的权重(需求量),$i = 1, 2, \cdots, n$。如图 3-4 所示,区域内共有 5 个需求点,小区 3 需求 3 千份报纸。x_i 和 y_i 是第 i 个需求点的坐标,x_s 和 y_s 是根据选址目标选定的地点。

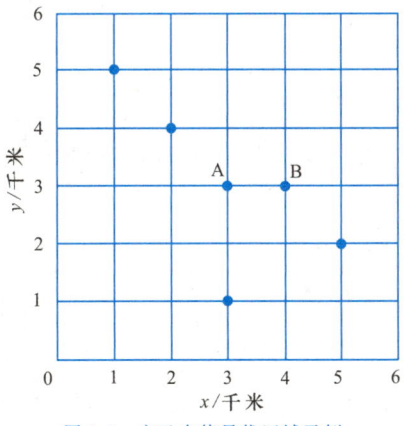

图 3-5 交叉中值最优区域示例

交叉中值问题的求解首先以总需求的中值为参考(根据表 3-4,5 个小区的总需求为 20 千份,中值为 10 千份);其次通过横纵坐标轴两个方向的中值检验,划定最优解的区间;最后使用枚举选优法完成最终的选址。以五个小区报亭选址为例,划定的最优解区间如图 3-5 所示,该区域为一条直线,端点为 A、B 两点。分别计算 A、B 两点作为报亭,居民总出行距离均为 56 千米·千份,所以,任选 A、B 两点中的一点为报亭即可,本例中 B 点原有居民小区,所以选定 B 点为报亭所在位置。

> **小资料**
>
> **曼哈顿距离**
>
> 曼哈顿距离又称为出租车距离。对于一个具有正南正北、正东正西方向规则布局的城镇街道,从一点到达另一点的距离正是在南北方向上旅行的距离加上在东西方向上旅行的距离,就是曼哈顿距离。它是由19世纪的赫尔曼·闵可夫斯基所创词汇,是使用在几何度量空间的几何学用语,用以标明两个点在标准坐标系上的绝对轴距总和。
>
> (资料来源:空间几何学)

3. 整数线性规划法

一般来说,多数企业可能都有几处物流设施,要同时决定两个或多个设施的选址。这样,问题就变得比较复杂了,但却更实际,更普遍。常用的方法有网络覆盖法、线性规划法和系统仿真等。通常用线性规划法求解较为方便,下面仅针对线性规划中的 0-1 整数线性规划法进行介绍。

线性规划是运筹学的一个重要分支,应用很广,通常研究资源的最优利用、设备最佳运行等问题。线性规划问题可以描述为求一组非负变量,这些非负变量在一定线性约束的条件下,使一个线性目标函数取得极小(或极大)值。

假设有 m 个物流设施提供物资的供应,记为 $A_i(i=1,\cdots,m)$,每个供应点的供应量分别为 $a_1,a_2,\cdots,a_m$;有 n 个需求点,记为 $B_1,B_2,\cdots,B_n$,每个需求点的需求量分别为 $b_1,b_2,\cdots,b_n$;且供需平衡,即 $\sum_{i=1}^{m}a_i=\sum_{j=1}^{n}b_j$。假设 c_{ij} 为第 i 个物流设施到第 j 个需求点所需的费用,可以建立如下的费用矩阵(又称效率矩阵):

$$C=(c_{ij})_{m \cdot n}=\begin{bmatrix} c_{11} & c_{12} & \cdots & c_{1n} \\ c_{21} & c_{22} & \cdots & c_{2n} \\ \cdots & \cdots & \cdots & \cdots \\ c_{m1} & c_{m2} & \cdots & c_{nm} \end{bmatrix}$$

设 $x_{ij}(i=1,2,\cdots m;j=1,2,\cdots,n)$ 为第 i 个物流设施到第 j 个需求地的运量。在物流设施的选址中,选址目的是使所有设施的生产(仓储)运输费用最小。在相应约束条件下令所求目标函数为最小,则数学模型为式(3-4):

$$\min z = \sum_{i=1}^{m}\sum_{j=1}^{n}c_{ij}x_{ij} \tag{3-4}$$

$$s.t \begin{cases} \sum_{j=1}^{n}x_{ij}=a_i & i=1,2,\cdots,m \\ \sum_{i=1}^{m}x_{ij}=b_j & j=1,2,\cdots,n \\ x_{ij} \geq 0 & i=1,2,\cdots,m;j=1,2,\cdots,n \end{cases}$$

4. 递进式选址法

A 连锁超市集团(简称 A 集团)计划为 4 个社区居民提供服务。已知 4 个社区间的可达最短距离、人口和购买权重(该权重体现了社区居民的生活水平、购买意愿)等信息,具体数据见

表 3-5。为了规避投资风险,A 集团决定分步建设门店,即先建第一家门店,在经营良好的情况下再拓展经营。此类问题的选址过程总目标依然是居民出行总成本最低,但是,已确定的选址对后续选址的出行函数值有影响,出行成本函数见式(3-5)。例如初次选址将门店选定在 D 社区,则 A 社区到 D 社区门店的出行成本函数为 12 千米×10 千人×1.1＝132 千米·千人。

表 3-5　　　　　　　　社区间的可达最短距离、人口数与购买权重　　　　　单位:千米·千人

社区	可达最短距离/千米				人口/千人	购买权重
	A	B	C	D		
A	0	11	8	12	10	1.1
B	11	0	10	7	8	1.4
C	8	10	0	9	20	0.7
D	12	7	9	0	12	1.0

$$\min z = f(距离,人口数,购买权重) \tag{3-5}$$

根据出行成本函数,可以得到各个社区居民出行成本数据,见表 3-6。

表 3-6　　　　　　　　第 1 次选址的出行成本数据　　　　　　　　单位:千米·千人

从社区	至社区			
	A	B	C	D
A	0	121	88	132
B	123.2	0	112	78.4
C	112	140	0	126
D	144	84	108	0
总成本	379.2	345	308	336.4

如表 3-6,第一次选址应该选 C 社区建设门店,总出行成本最小。第二次选址要考虑 C 社区已建成门店的影响,即在出行成本的制约下,居民愿意去第二家门店购物的原因是其出行成本更小。所以,第二次选址的出行成本矩阵有所变化,见表 3-7。第 2 次选址应该选 D 社区。重复以上步骤,完成 A 集团在 4 个社区的递进式选址。

表 3-7　　　　　　　　第 2 次选址的出行成本数据　　　　　　　　单位:千米·千人

从社区	至社区		
	A	B	D
A	0	88	88
B	112	0	78.4
C	0	0	0
D	108	84	0
总成本	220	172	166.4

需要特别说明的是本例的出行成本为可达最短距离、人口和购买权重的乘积,仅作为示

例;购买权重的测定,是通过社区调研并估算所得的。

5. 基于时间响应的选址模型

在物流网络节点选址问题中,有一类应急物流选址,需要物流设施所在位置能够满足时间响应的要求。例如:城市 120 救援车队到达救援现场的时间不超过 20 分钟。如图 3-4 所示,A 城市某区有 8 个社区,社区之间的汽车通行时间为两点连线上的权重数值,问题:满足 20 分钟到达的要求,在哪些社区放置尽可能少的 120 救援车队?

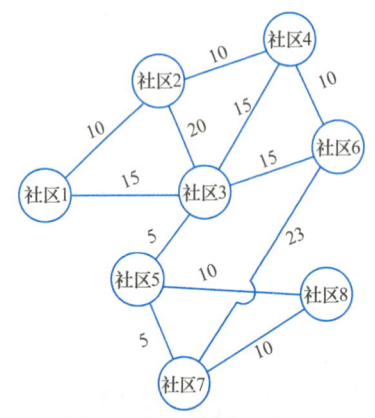

图 3-6 考虑时间约束的选址问题

对于此类问题求解一般分为 3 个步骤。首先,要计算点到点的最短时间;其次,合并满足时间约束的集合;最后,综合决策确认选址。上述 8 个社区满足 20 分钟覆盖要求的集合见表 3-8。

表 3-8　　　　　　　　　　满足 20 分钟覆盖要求的集合

地点	服务范围
社区 1	社区 1、2、3、4、5
社区 2	社区 1、2、3、4、6
社区 3	社区 1、2、3、4、5、6、7、8
社区 4	社区 1、2、3、4、5、6
社区 5	社区 1、3、4、5、6、7、8
社区 6	社区 2、3、4、5、6
社区 7	社区 3、5、8
社区 8	社区 3、5、7、8

由表 3-8 可知,社区 3 能够在 20 分钟内到达所有社区。

3.4 物流网络规划的过程与数据获得

物流网络规划是一门科学和艺术并重的学科,是一个复杂的反复的过程,需要规划设计者采用科学的思路,基于客观事实收集数据,并对数据进行充分处理后进行缜密的规划。下面我们将从物流网络规划设计的思路、收集的数据及数据处理方式来进一步阐述。

3.4.1 物流网络规划设计的思路

物流网络的规划设计需要设计者坚持使用有组织和有系统的科学方法进行,避免完全依照主观经验。总体的规划设计思路:定义问题→分析问题→设计解决方案→评价解决方案→选择解决方案→实施解决方案→实施后再评价。

1. 定义问题

定义问题即定义物流网络规划设计项目的范围,尤其是问题的边界,哪些纳入规划,哪些不需要,以免返工。定义问题首先要将物流网络所服务的对象和要达到的服务水平予以量化描述,并对节点和线路以及作业层次或数量予以定义。然后要制定为达到目标所要执行的主要与支持性作业,以及要满足的需求。

2. 分析问题

分析物流网络规划设计问题是一个严谨的过程,包括以下内容:

(1) 收集资料

对定义的问题进行分析,必须建立在大量反映客观事实的数据资料的基础上进行。这些数据资料包括社会经济发展情况、物流设施现状、交通路线情况、土地利用情况、劳动力现状、科学技术发展水平等。

(2) 建立节点之间的联系

在定义的问题范围内,确定节点的数目和位置以及它们之间的相互关系。

(3) 建立节点内部的空间结构

对每一个节点,确定其内部空间布局,包括功能、设施的类型与数量、物料与人员的需求、作业流程、作业之间的关系。

(4) 分析规划的难点和关键点

分析阶段要弄清规划的难点和关键点,是投资问题、设施先进性问题、物流需求预测问题、选址问题还是物料成本问题等,是确定物流网络规划问题是否可行的关键,往往也是未来规划设计工作的重心所在。

3. 设计解决方案

在前述工作的基础上,设计多个具有不同特点的物流网络规划设计方案,其目的是要能满足规划设计的不同要求。

规划设计方案包括以下内容:

(1) 发展规划,确定未来的发展方向、目标、发展速度和规模,要具有前瞻性;

(2) 布局规划,确定节点的分布与数量、节点的用地、基础设施与物流设施、运作模式和管理模式;

(3) 工程规划,对具体节点的建筑、设施类型和数量、作业和工艺流程进行设计;

(4) 信息规划,保证物流网络信息存储数字化、信息处理电子化和计算机化、信息传递标准化和实时化,从而实现信息共享。

4. 评价解决方案

评价多个设计方案,首先要建立统一的评价标准。评价标准从以下几个方面来考虑:物流总成本、市场占有率、客户满意度、设施先进性、开发周期、投资回报率、盈利能力、抗风险能力等。其次要确定评价标准的权重,即评价标准在评价中的影响因子。最后根据综合评分的结果将设计方案进行排序,具体说明方案的优劣,从而为管理部门决策提供依据。

5. 选择解决方案

结合设计方的战略目标,兼顾其他评价指标,从众多的设计方案中选择最能满足这一战略目标的设计方案为最佳备选方案。

6. 实施解决方案

选定的设计方案,要经过许多细致的工作才能进入真正的实施阶段。首先将设计方案进行细化,提出具体的设计要求;然后进行招标,选择一家系统集成商,在业主监督下统一考虑有关建筑、设施、设备功能、性能、要求等解决方案;最后进入实施过程。在实施过程中,若发现前续过程未考虑到的地方或错误的地方,需要提出新的或修正的设计方案。

7. 实施后再评价

实施后的评价工作是对实施后的结果进行评价。一方面,对设计方案进行总结、肯定成绩、积累经验、找出存在的问题和不足;另一方面,也为未来的改善提供方向,以便进行下一轮的规划设计。

3.4.2 物流网络规划的数据

物流网络规划设计需要来自各个方面的大量数据作为基础,要建立一个数据库,通过对这些数据进行调研、整理和分析,并将其作为网络规划的依据。

1. 数据资料获得的渠道

如何获得数据资料,是物流网络规划设计首要解决的问题。

(1) 业务运作单据

主要应从物流业务或与物流密切相关的业务单据中,获得规划所需的信息资料。例如对于销售订单及其附带单据,我们可以从中获得客户所在地、各客户点不同时期产品的销售水平、销售条件、服务点、运输批量、库存状态和订单履行率、客户服务水平等数据。又如从运费单或包含批次、费用及所用承运人的报告中,可以获得仓库发出的特定批量的货物占货运总量的比例。由这些原始数据可以得出货运批量的概率分布。

(2) 财务报告

财务数据侧重于确定各项运作成本,包括物流活动的成本。一般来讲,会计活动可以很好地报告大多数的物流成本。

(3) 物流研究报告

研究报告通常都由公司内部或外部的咨询小组和大学教授来做。它是获取同行业其他企业和其他行业物流数据的宝贵源泉。

(4) 公开发布的信息

许多二手数据都来自企业外部。其中包括专业杂志、政府组织的研究报告和学术期刊等,从中可以得到有关成本和行业发展趋势、技术进步、经营水平和预测的信息。

(5) 人为判断

公司经理、咨询顾问、销售人员、运作人员和供应商都是企业的数据来源,应当被视为物流数据库的一部分。开启这些随时可得的数据来源往往无须任何投资。

2. 获得的数据清单

数据清单有:产品线上的所有产品清单;客户、存储点、供应点的位置;不同位置的客户对产品的需求;运输费率;送货时间、订单传输时间和订货履行率;仓储费率;采购/生产成本;不同产品的运输批量;不同地点、不同产品的库存水平;订货频率、订单规模、季节性特征等;订单处理成本及其产生环节;客服目标;现有设备和设施的可用性;当前满足需求的分拨方式。

3. 数据资料的分析处理

数据收集好后,还要进行编排、提炼、分组、汇总或以其他方式进行处理来支持网络规划。

(1) 分析数据单位

在网络规划之初,要首先决定分析中所使用的计量单位。常见的计量单位有重量单位、货币单位、物品的个数单位或体积单位。

物流管理人员在多数网络规划问题中都倾向于使用重量单位,因为网络规划中最主要的成本是运输成本,而运输费率通常用货物重量表示。一般从事零售分销的企业多使用货币单位作为业务活动中的计量单位,而制造企业通常会使用重量单位。分析单位一旦确定,分析中所有的相关成本的计量单位都要与其保持一致。

(2) 产品归类分组

由于产品种类繁多、包装规格不一,往往会增大规划的复杂性与难度,为简化产品种类,可行的方法是将这些产品汇总为合理数量的产品组合。

产品编组的方式有两种:一是将那些订货量大、需要直接大批量运到客户所在地的产品归为一组,而将订货量小、需要经仓库系统转运的产品归为另一组;二是按货物的运输等级分组。无论采用何种产品分类方法,汇总产品的工作量都是很大的。网络分析时常常要求产品组别不超过 20 个。

(3) 估计运输费率

物流网络规划中,运输费率是一个重要问题,因为可能有许多种不同的运输费率。估计运输费率时应该了解所用运输服务的种类,确定是使用自有运输还是受雇运输。

如果估计自有运输(通常是卡车)的运输费率,需要了解运营成本以及车辆是按什么路线到达送货点或装货点的。通常公司会保有运营成本的完整记录,这些成本包括司机的工资和福利、车辆维护费、保险费、税金、折旧费和一般管理费用。根据里程表还可以记录车辆运行的里程。因此,很容易得到每公里的运营成本。

估计受雇运输费率的过程与估计自有运输费率的过程明显不同。卡车、火车运输的等级费率和距离大致成线性关系,利用这一特征,根据起点到终点的距离绘制出运输费率估计曲线。因为运输费率是按邮政编码报价的,所以需要通过地图测算距离或从一些专业资料的运距表得到运输距离的具体数字,也可以根据坐标计算出来。

另外,如果以货运结构估计运输费率,需要针对每种运输方式或每个标准重量绘制出运输费率曲线。然后,对每条费率曲线进行加权(权数就是与该重量相对应的货运量占总运量的百分比,或该运输方式相对应的货运量占总运量的百分比)。通过这种方式得出的运输费率曲线就能够估计多种货运规模或多种运输方式的运输费率。

(4) 订单规模

物流网络规划设计对订单数量及相应运输批量的规模非常敏感。例如,如果客户要货量大,可以整车方式送,那么就没必要在临近客户的地方储存货物。如果客户订单很小,通常就要求企业在临近客户的地方大量保有存货。

(5) 销售数据分组汇总

通常,所有企业产品或服务的客户都分散在全国各地。从网络规划的角度来看,没有必要将每个客户都分开考虑,可以按地理位置将市场分为有限的几个群组。

销售群组的划分能够影响到达客户的运输成本估计的准确性。划分客户群之后,所计算的运输成本不是到达每个客户所在地的成本,而是到达该客户群中心位置的成本,使用的距离不是实际距离而是平均距离。

一旦确定了客户群组的适当数量,就可以对客户数据进行汇总。由于销售数据经常按客户地址得到,因此可以用邮政编码划分客户的群组,按相互接近的邮政编码分组将缩小运输成本的误差。利用经纬度这样的地理编码还可以确定每个群组的中心。

(6) 估计里程

物流网络规划的地理性特征要求掌握各种距离数据。估计运输起止点间运输成本时需要知道距离(距离也可用来替代时间)。

(7) 设施成本

与设施(如仓库)相关的成本可以表示为固定成本、存储成本、搬运成本。

固定成本包括房地产税、租金、监管费和折旧费等。典型的存储成本有库存占用的资金费用、库存货物的保险费等。典型的搬运成本有存取货物的人工成本、某些公用事业费、搬运设备燃料材料费用等。

一般涉及公共仓库时,则存储费率和搬运费率数据很容易得到。在企业与公共仓库签订的合同中也会列出存储费率和搬运费率,由于企业使用的是受雇服务,所以没有固定成本。

(8) 设施的生产能力

工厂、仓库和供应商生产能力的严格限制可能对物流结构造成重大影响。设施的生产能力并不是绝对、一成不变的。可能存在一个能使设施运营最有效率的产量。但是,在规划中应该注意不要过于僵化地看待设施生产能力这个限制条件。

(9) 库存与吞吐量的关系

如果网路规划涉及仓库选址,就必须估计仓库数量、位置和规模的变化对网络中库存水平的影响。因为选址问题就是仓库之间需求调配的问题,所以我们希望能够根据分派给仓库的需求或吞吐量来估计仓库的库存量。

(10) 其他因素和限制条件

搜集到基本经济数据后,还需要了解各种对网络设计有影响的限制条件,主要有资金限制,如可用于新设施的最高投资额;法律和政治限制,如在评估某潜在选址点时,应避开某些区域;人员限制,如现有的为新政策配套的人员的数量和质量;截止时间;必须保证运营的设施;现有的和预期的合同条款。

案例分析 山西省生鲜农产品物流中心选址研究

山西省作为农耕文明的发祥地,因其独特的地理位置和地形地貌及气候的多样性孕育出多种多样的优质农产品,因此,成为特色农产品大省。然而,山西省生鲜农产品发展中还存在着基础设施建设较为薄弱、生鲜农产品损耗量大、物流效率低、信息化水平不高、紧缺专业性管理人才等问题。因此,进行科学化、标准化的生鲜农产品物流中心选址建设是有效解决问题的途径之一。

以山西省蔬菜生产局部空间自相关聚类分析为例,2016—2020年,HH型(空间单元自身属性较高,与周边联系密切,空间关联较强)和LL型(空间单元自身属性较低,与周边联系不密切,而空间关联较强)分布数量增多,说明山西省蔬菜生产空间聚类特性不断增强。同时,蔬菜高产量地区主要集中于西南部地区,低产量地区也逐渐向西部地区转移。其中,运城市城区及夏县、闻喜县等县级市,长治市屯留县,太原市清徐县和朔州市山阴县等地区蔬菜产量比较大且周边需求量也很高,属于蔬菜生产热点区域。临汾市吉县与永和县、吕梁市柳林县和忻州市岢岚县等地区蔬菜,产量低且需求量也较低,属于蔬菜生产盲点区域。综上所述,山西省蔬菜生产主要集中于运城市城区及夏县、闻喜县等县级市,长治市屯留县,太原市清徐县和朔州市山阴县。

根据最小设施点模型对山西省的城区和县级市进行物流中心备选地求解,太原市小店区、大同市平城区、大同市阳高县、大同市灵丘县、长治市襄垣县、晋城市城区、朔州市朔城区、晋中市昔阳县、运城市盐湖区、忻州市忻府区、忻州市五寨县、临汾市尧都区、临汾市蒲县、吕梁市临县和吕梁市柳林县等为山西省生鲜农产品物流中心选址的备选地。部分结果见表3-9。15个县级生鲜农产品物流中心的选址为构建山西省生鲜农产品物流网络布局与规划奠定了要素、结构与功能实现的基础。

表3-9　　　　　　山西省生鲜农产品物流中心选址结果(部分)

市	县	需求点
大同市	阳高县	天镇县、阳高县
临汾市	蒲县	大宁县、吉县、蒲县、隰县、永和县
运城市	盐湖区	绛县、临猗县、平陆县、芮城县、万荣县、闻喜县、夏县、盐湖区、永济市、垣曲县

(资料来源:中北大学山西省生鲜农产品物流中心选址研究,张玮,2022年)

问题　1. 山西省生鲜农产品物流中心规划是否考虑各地居民的人均收入水平?
　　　　2. 需求点的地理空间聚类对备选中心有影响吗?

思考题

1. 物流网络的特征有哪些?
2. 阐述物流网络规划的基本逻辑。
3. 列举4种以上选址模型,并谈谈各种模型的假设条件与路线规划。
4. 如何进行物流网络规划的数据收集?

即测即练

第4章

物流园区规划

知识目标 >>>

1. 理解物流园区的内涵、类型与基本功能。
2. 熟悉物流园区规划的条件要素、内容、程序及其系统分析的方法。
3. 掌握物流园区选址的影响因素。
4. 熟悉物流园区内部总体规划。

能力目标 >>>

1. 能够运用物流系统分析方法对物流园区进行需求分析、政策分析、功能分析等。
2. 能够运用所学知识对物流园区进行规划与设计。
3. 能够运用所学知识对物流园区总体方案进行评价并提出建议。

导入案例

黄埔(国际枢纽)物流园区

4.1 物流园区概述

4.1.1 物流园区的内涵、类型与基本功能

1. 物流园区的内涵

物流园区是多家专业从事物流服务的企业和物流密集型工商企业在空间上集中布局的场所,是具有一定规模和综合服务功能的物流节点。它依托于经济发达地区的中心城市,位于大型交通枢纽附近,一般与两种或两种以上的交通运输方式相联结。

物流园区是基础设施的一种。它在社会属性上既有别于企业自用型的物流中心,又有

别于公路、铁路、港口等非竞争性的基础设施,是具有经济开发性质的物流功能区域,与科技园区、工业园区有相似之处。

2. 物流园区的基本类型

根据所依托的服务对象来划分,物流园区可以分为以下四种类型:
(1) 货运服务型物流园区
货运服务型物流园区应符合以下要求:
①依托空运或海运或陆运枢纽而规划,至少有两种不同的运输形式衔接;
②提供大批量货物转换的配套设施,实现不同运输形式的有效衔接;
③主要服务于国际性或区域性物流运输及转换。
(2) 生产服务型物流园区
生产服务型物流园区应符合以下要求:
①依托经济开发区、高新技术园区等制造产业园区而规划;
②提供制造型企业一体化物流服务;
③主要服务于生产制造业物料供应与产品销售。
(3) 商贸服务型物流园区
商贸服务型物流园区应符合以下要求:
①依托各类大型商品贸易现货市场、专业市场而规划,为商贸市场服务;
②提供商品的集散、运输、配送、仓储、信息处理、流通加工等物流服务;
③主要服务于商贸流通业商品集散。
(4) 综合服务型物流园区
综合服务型物流园区应符合以下要求:
①依托城市配送、生产制造业、商贸流通业等多元对象而规划;
②位于城市交通运输主要节点,提供综合物流功能服务;
③主要服务于城市配送与区域运输。

3. 物流园区的基本功能

现代物流园区主要有两大基本功能,即物流组织管理功能和依托物流服务的经济开发功能。

物流园区的物流组织管理功能一般包括货物运输、分拣包装、储存保管、集疏中转、市场信息、货物配载、业务受理等,而且多数情况下是通过不同节点将这些功能进行有机结合和集成而体现的,从而在园区内形成一个社会化的高效物流服务系统。

依托物流服务的经济开发功能是指现代物流园区通过其高效的物流服务体系,吸引产业集聚、优化资源配置、创造就业与税收,从而推动区域经济结构升级和可持续发展的能力。

4.1.2 物流园区的发展沿革与现状

1. 物流园区的产生

物流园区建设和发展问题的提出,是由现代物流发展特点和趋势本身决定的,也是企业发展战略的改变、企业物流能力的培养、计算机及网络等物流新技术的应用和物流服务的专业化分工与协作不断走向深化的产物。

物流园区作为物流业发展到一定阶段而产生的新兴物流发展模式,在日本、德国等发达国家已经得到了快速发展。在我国，随着传统运输业、储运业向市场化及现代物流业的转变，国家有关主管部门开始制定了促进物流园区发展的宏观政策，一些发达地区和省份也纷纷开始筹建物流园区。

2. 国外(或地区)物流园区发展概况

经济发达国家在物流园区的发展背景、历史、规模、建设模式上均有自己的特点，尤以日本、德国和美国的物流园区发展较具代表性。

(1)日本。日本在第二次世界大战以后处于经济复兴阶段，为了支撑以生产为主导的经济发展，在20世纪70年代开始修建"物流团地"。以"物流团地"为切入点，通过建立、完善物流设施，加速物流效率，推动物流过程合理化，以低廉的成本、高效的运送、优质的服务使日本企业的竞争力大大增强。80年代以后，日本的"物流团地"发挥了贸易增长极的作用。高效有序的贸易物流使以贸易立国的日本经济得以腾飞，也使日本物流业的整体水平得以迅速赶超欧美发达国家。

(2)德国。20世纪90年代初，德国为平衡全国的经济发展，迎合物流市场的需求，整合物流资源，采用物流园区的形式推动物流业的发展。1985年组建了德国第一个真正意义上的物流园区——不来梅物流园区。经过了十几年的发展，德国的物流园区总数已经发展到了33个，基本形成了规模化的全国物流园区网络。德国的物流园区有效地带动了地方经济的发展，不仅为国家的经济平衡发展做出了贡献，对整个欧洲的物流现代化与合理化也产生了很大的影响。

(3)美国。美国政府推行的是自由经济政策，商品购销活动完全放开，企业在激烈的市场竞争中，为了自身的生存和发展，首先提出了物流要求，以降低产品成本，增加产品的竞争力，这是一种自觉的企业行为，同时美国政府也介入物流发展中来，成立了国家物流管理委员会。在强大的综合国力与经济实力的支撑下，美国涌现出一批像FeDex、UPS等大型专业物流公司，其物流运输企业与物质资料生产企业的物流组织与管理都达到了很高的水平。

近年来，在亚洲的新加坡、韩国等国家和地区也涌现出许多物流园区，例如新加坡港口物流园区、韩国富谷和梁山物流园区以及东南亚地区吞吐规模和投资规模较大的台糖高雄物流园区等，为国际物流和区域经济发展做出了重要的贡献。

3. 国内物流园区发展概况

由于物流园区在经济开发、促进多种运输方式的整合、改善城市环境等方面的明显作用，我国政府及企业近几年不约而同地将其作为推动地区、区域和城市物流发展的重点工程，给予大力的支持。目前基本形成了全国从南到北、从东到西的物流园区建设发展局面，特别是以深圳、广州为代表的珠江三角洲地区，上海、北京、青岛、武汉、长沙等经济发达地区的物流园区建设步伐更快。深圳带头规划了平湖、盐田港等物流园区；广州也规划了东、西、南、北等物流园区；上海规划了外高桥、浦东、西北等物流园区；北京市规划在北京西南和东南方向上建设两个大型物流园区。

4.1.3 物流园区的特点

物流园区是干线运输和支持运输交会的大型结点，是大批货物集结、多种运输形式汇聚、多种功能并举的场所，它与更早出现的物流中心、配送中心相比，具有以下特征：

1. 多模式运输方式的集合

多模式运输方式即多式联运,以海运—铁路、公路—铁路、海运—公路等多种方式联合运输为基本手段发展国际、国内的中转物流。物流园区也因此呈现一体化枢纽功能。

2. 多状态作业方式的集约

物流园区的物流组织和服务功能不同于单一任务的配送中心或具有一定专业性的物流中心,其功能特性体现在多种作业方式的综合、集约等特点上,包括仓储、配送、货物集散、集拼箱、包装、加工以及商品的交易和展示等诸多方面。同时也体现在技术、设备、规模管理等方面的集约。

3. 多方面运行系统的协调

运行系统的协调表现在对线路和进出量的调节上。物流园区的这一功能体现为其指挥、管理和信息中心功能,通过信息的传递、集中和调配,多种运行系统协调共同为园区各物流中心服务。

4. 多角度城市需求的选择

物流园区与城市发展呈现互动关系。物流园区既能推动城市功能发挥作用,又能满足城市需求。物流园区的配置应着眼于其服务区域的辐射方向、中心城市的发展速度,从而保证物流园区的生命周期和城市发展协调统一。

5. 多体系服务手段的配套

物流园区应具备综合的服务性功能,如结算功能、需求预测功能、物流系统设计与咨询功能、专业教育与培训功能、共同配送功能等。多种服务手段的配套是物流组织和物流服务的重要功能特征。

4.2 物流园区规划概述

> **小资料**
>
> **枣庄锦绣大地数字化物流园区规划设计**
>
> 枣庄锦绣大地物流园区规划用地处于山东省枣庄新城区中部,京福高速公路和京沪高速铁路的开通,使交通更加便捷,市场更具活力,发展潜力较大。园区作为枣庄市外资引进的重要项目,其规划建设将进一步完善枣庄整体的市场功能,提升城市品质。
>
> 规划指导思想:依托优越的地理环境,充分发挥地块优势,创立功能齐全、设施先进、配套完善、商品丰富的大型现代化物流园区,提供高效的商务、办公空间及高品质的商业、生活环境。
>
> 功能分区与服务范围:根据枣庄区位与特色产品优势及枣庄工业布局与经济发展状况,结合周边综合市场情况,进行科学的功能分区,分层次、分区域设定规划建设目标。
>
> 城市设计:采用控制、引导、完善的手段,把园区建设成为功能细分、行业专项、经营便利、服务设施齐全,面向全国的集商贸、餐饮娱乐、办公服务、住宿于一体的现代购物休闲区与商品批发交易市场,具有一定特色的城市市场标志性区域。

> 规划目标：以实际规划案例为主，通过SWOT分析法对枣庄城市发展现状以及未来发展趋势进行分析，提出了合理安排、科学布局、区域协调、统筹发展、绿色生态、以人为本的规划理念，对未来物流园区的规划建设进行了有益的探索。
>
> （资料来源：中机产城北京规划设计研究院规划成果）

4.2.1 物流园区规划的概念

物流园区规划是指对物流园区的建设用地进行定位、空间布局，对区内功能进行设计，对设备与设施进行配置，以及对物流园区的经营方针、管理模式进行策划的过程。物流园区规划有别于国家与区域物流发展规划，又不同于工业与房地产业园区的规划，其更偏重在较大规模的地域范围内，土地布局与功能布局结合的科学性，偏重园区建设发展的基础条件规划，突出物流产业的特点以及相关产业发展的协调。

伴随社会经济快速发展，我国现代物流业不断发展壮大，全国范围内更是掀起了投资开发建设物流园区的热潮。物流园区既是提供物流综合服务的重要节点，也是重要的城市物流基础设施。我国许多城市具备了大力发展物流园区的经济环境、市场需求和配套条件，各种综合型、专业型的物流园区如雨后春笋。交通运输部把物流园区作为重点支持对象，鼓励依托港口、机场、大型铁路枢纽场站建设现代物流园区；中国铁路总公司加快推进33个一级、175个二级、357个三级铁路物流基地建设，出台了进一步推进铁路物流基地建设的指导意见，并规划建设商品车、冷链、快运等物流基地网络；传化、京东、普洛斯、菜鸟网络等流通企业加大投入，着力打造一批高质量物流基础设施服务平台。在这样的大趋势大背景下，物流园区在我国已不是发展与否的问题，而是如何科学规划、怎样实现高质量发展的问题了。科学规划、合理布局和集约经营物流园区，充分发挥物流园区产业集聚优势和综合枢纽平台作用，构建与区域经济、产业体系和居民消费水平相适应的现代物流服务体系，是促进物流业发展方式转变、带动产业结构调整、实现我国经济高质量发展的必然选择。

物流园区的产生原因决定了物流园区多数布局在城市中心区域边缘、交通条件较好、用地相对充足的地方。为吸引众多物流企业和相关联企业，物流园区在空间布局时还需考虑市场需求、交通设施、劳动力成本等多方面因素。

4.2.2 物流园区规划的意义

物流园区投资规模大，资金回收期长，但是却具有良好的社会效益，主要体现在经济效益和环境效益两个方面。经济效益表现为促进城市乃至以城市为中心的区域经济的发展，环境效益表现为改善城市环境，促进城市可持续发展。因而，做好物流园区的规划至关重要，主要体现在以下三个方面：

（1）有利于在战略层面对物流园区和城市区域经济发展进行经济分析，避免过分夸大城市经济的实力，并对物流园区的建设规模和运营发展产生误导。

（2）物流园区规划可以优化整合现有的城市物流资源，并从多角度、多方面进行综合评价分析，从而提高规划实施、物流园区运营和发展的可行性。

（3）物流园区规划可以有效结合城市发展规划，使城市功能区更加明确，从而形成城市商务区、生活区、生产区、物流区等特色功能区，使城市生态环境、投资环境更趋合理化。

4.2.3 物流园区规划的条件要素

1. 区位条件

物流园区的运营要满足当地区域经济对物流运作成本与效率的要求，其基础设施布局与规模要与物流园区经营效益与发展相适应。物流园区的布局选址应考虑以下几个方面：首先，接近城镇及经济发展聚集区。市中心商业网点集中，靠近市场、缩短运输距离、降低运输费用、迅速供货是园区布局主要考虑的因素。其次，临近主要交通干线。将物流园区建设在主要干线上，可以降低运输成本。最后，位于商品流通集散地，以方便处理产生的物流需求。

2. 物流需求

物流需求是影响物流园区规划的最直接也是非常重要的因素。根据各个地域的经济发展趋势进行物流园区建设的需求分析。物流需求包括直接需求量和潜在需求量。直接物流需求量是物流需求主体为满足其生产经营、事业开展及生活需要，产生的对物流社会化服务的直接需求量，包括工业企业对供应物流服务和销售物流的需求量；连锁商业对配送服务的需求量；一般消费者的物流服务需求量；区域间货物中转运输的需求量。物流潜在需求量主要指经济环境、社会环境以及物流服务环境的发展对物流需求的拉动量，是从动态角度来分析物流需求量变化趋势的，主要包括工业企业对供应物流服务和销售物流的潜在需求量；一般消费者对物流服务的潜在需求量；区域间货物中转运输的潜在需求量。

3. 政府政策

建设物流园区离不开政府政策上的支持。政府给予的优惠政策可以大大减少物流园区的成本支出，如政府给予优惠的地价，就可以减少建设成本。政府也可以提供优惠政策来吸引投资、物流企业的进驻以及优秀物流人才的加盟。

4.2.4 物流园区规划的基本内容及工作流程

1. 物流园区规划的基本内容

物流园区的建设是一项长期而复杂的系统工程，投资大、回收周期长，很难在短期内实现盈利，加上市场竞争愈来愈激烈，物流园区的规划工作也显得愈发重要。按照规划编制的一般程序和方法，物流园区的建设规划应涵盖以下几方面的主要内容：物流市场分析、物流园区的战略定位、物流园区的功能设计、物流园区的平台规划、物流园区的商业计划、物流园区的经营模式设计、市政基础设施规划与政策措施建议。

(1)物流市场分析。物流市场分析主要包括物流需求分析、市场竞争分析、客户类型分析、城市和区域经济发展趋势分析等。通过定量与定性相结合的市场分析,了解物流园区将要服务的周边城市和区域的经济发展状况与趋势、物流市场当前的整体需求规模与结构、主要客户(包括潜在客户)的产业类型和物流需求类型、物流园区所在区域的城市交通基础设施建设情况、物流企业的数量与竞争格局、物流市场未来的需求总量及结构等,从而形成物流园区建设的必要性和可行性分析报告。

(2)物流园区的战略定位。依据物流市场分析的结果,以及未来物流园区所针对的服务对象特征、辐射范围大小、服务对象的物流需求特征等因素进行物流园区的科学战略定位。战略定位主要是提出物流园区的使命、远景目标、战略阶段、各阶段建设目标和竞争策略。在制定竞争策略时,可以从以下几方面进行:充分利用国家的保税物流政策,打造保税物流平台;充分利用现代化信息技术,打造先进的物流信息平台;充分发挥物流园区的集约功能,打造供应链物流服务平台。

(3)物流园区的功能设计。物流园区包括八大基本功能,即综合功能、集约功能、信息交易功能、集中仓储功能、配送加工功能、多式联运功能、辅助服务功能和停车场功能。根据物流园区的战略定位,选择适合物流园区发展需要的功能组合。

(4)物流园区的平台规划。物流园区的平台规划包括基础设施平台和物流信息平台规划。依据基本功能可以将物流园区分为仓储区、加工区、增值区、交易展示区、综合服务区、行政区、商业区、住宅区、停车场等功能片区。对于基础设施平台规划,需考虑从货物的进入、组装、加工等到货物运出的全过程与物流的密切相关程度,将人员、设备和物料所需要的空间进行最适当的分配和最有效的组合,以获得最大的经济效益。基础设施平台规划包括选址规划、用地规划、功能区规划、绿地规划、区内路网规划等。

物流信息平台是物流园区现代化的重要标志,通过对共用数据的采集,为园区内物流企业的信息系统提供基础支撑信息;通过共享信息,实现政府部门、行业管理与市场规范化管理等方面的协同工作机制的建立;通过虚拟商务平台,促进物流企业电子商务的发展。

(5)物流园区的商业计划。商业计划主要包括物流园区管理公司的组织架构和职责、物流园区业务模式、收益预测、客户分析、园区销售/市场推广策略、投资收益及风险评估等概要分析。商业计划制订的目的,是让物流园区投资和经营管理者设计公司的业务模式和管理模式。

(6)物流园区的经营模式设计。在完成以上园区规划步骤后,最终确定园区的经营模式。物流园区的经营模式是指物流园区为实现发展目标而采取的决策、组织、经营与管理形式。采取哪种经营模式,直接取决于其开发建设模式。

(7)市政基础设施规划。与物流园区配套的市政基础设施规划包括道路交通网的规划、供水、供电、供暖网管规划,排污系统规划等。其主要目的是向市政管理部门提供决策依据,以完善物流园区周边的基础设施,保障物流园区的正常运营。

(8)政策措施建议。物流园区的建设离不开政府的大力支持,包括土地出让政策、财税政策、人才引进政策、银行贷款政策、招商引资政策等。由于物流园区的投资大、回收周期长,园区在短期内很难盈利,只有产业集聚达到一定程度,物流业务量突破一定规模时,才可能实现盈利。因此,从短期来看,离开政府的优惠政策,物流园区将难以生存。

2. 物流园区规划的流程

物流园区规划是一个动态的过程,需经过不断的信息反馈和修正,综合考虑各种因素,最终确定实施方案。其规划流程如图 4-1 所示。

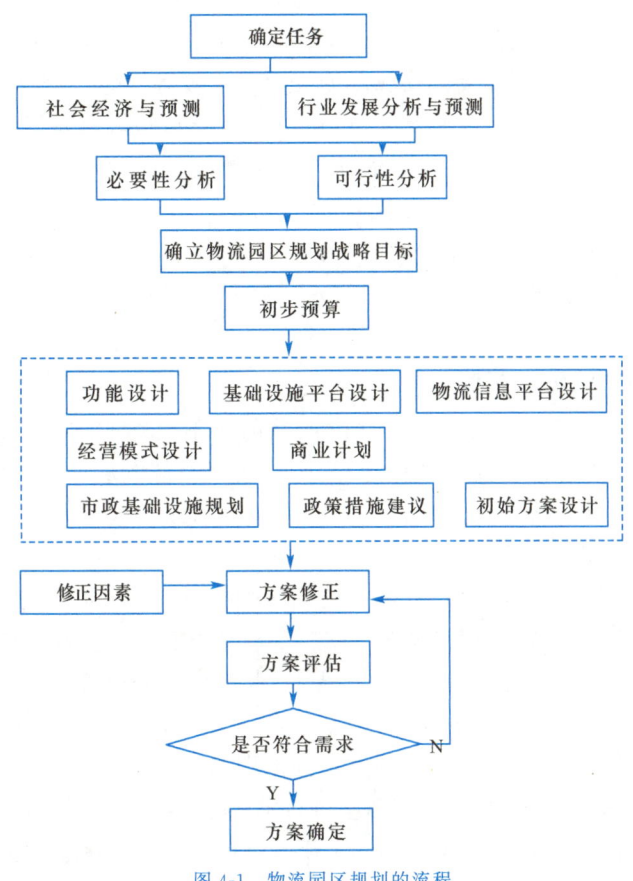

图 4-1 物流园区规划的流程

4.3 物流园区规划系统分析

区域经济是国民经济系统的子系统,不同区域有其不同的经济特点,而在区域经济系统中,物流又是构成区域经济活动的重要组成部分。作为区域经济系统的子系统——区域物流系统,必然是在区域经济发展战略的总体目标和模式框架下,根据区域的区位、产业活动、流通活动等特点,开展有效、独特的物流活动,因而也就应该有着不同区域现代物流活动的基本模式。不同的区域物流模式都有着不同的物流服务对象、物流活动方式和物流基础设施需求,因而在物流园区规划时必须综合考虑区域物流模式、交通组织、区域经济产业布局、物流需求、园区投资和运营等内容。

4.3.1 物流园区规划的需求分析

1. 物流园区的物流需求

物流园区的物流需求指在一定的时期内、一定的价格水平下,社会经济生活在物流服务方面对物流园区所提出的具有支付能力的需求。也就是说,物流园区的物流需求必须具备两个条件,即具备得到物流服务的愿望和具备相应的支付能力。

在规划时要从物流需求管理(Logistics Demand Management,LDM)的角度进行考虑。LDM 是 TDM(Traffic Demand Management,交通需求管理)思想在物流业的体现。既要根据需求的变化不断扩充设施,又要对需求进行分析,对于某些需求要抑制,对于某些需求要重新整合。如果一味毫无节制地满足需求,则会陷入越建设越满足不了需求的怪圈。

另外,根据区域经济重点行业的营业额、产量、货物周转率、库存需求,可以推导出区域经济对物流园区所产生的现实和潜在的运输、仓储和流通加工方面的需求,从而推算出物流园区规划平面设计中仓库的作业面积、增值加工区的作业面积以及其他相应配套设施的占地面积。

2. 物流园区的物流需求预测

物流园区的物流需求预测是对尚未发生或目前还不明确的物流服务需求量、来源、流向、流速、货物构成等内容进行预先的估计和推算,属于经济领域市场预测的范畴。物流园区物流需求预测的目的是根据有关数据找到物流园区物流需求发展的规律和趋势,预测并规划物流园区的物流需求总量。主要内容如下:

(1)预测物流需求的各项内容。有关物流园区物资的流量、流速、来源、流向、构成比例等都是预测的对象。需要搜集资料、数据,并进行分析整理,在此基础上进行预测。

(2)预测物流服务保障能力,包括运力的保障、装卸搬运分拣等处理能力的保障、储存的保障、流通加工的保障、信息传递的保障、安全运营的保障等。该项预测可以结合内部实地调查和外部客户调查的方式进行,根据调查得到的资料和客户反馈意见的综合评价推断保障能力,并与地区相邻、性质类似的物流枢纽进行类比分析,从而分析货流保障能力的瓶颈,为货流量的预测进行补充说明,使获利预测结果真正成为物流园区科学决策的依据。

(3)预测主要影响因素的变化。物流园区物流需求的变化取决于对它产生影响的各主要影响因素的变化,因此对主要影响因素的变化也要加以预测分析,从而为推断物流需求变化提供依据。第一,宏观环境的影响因素,如地区经济发展水平和发展速度、地区产业结构、地区外贸进出口状况、交通环境及地理位置等。第二,政策影响因素,如有关物流业政策导向、运输系统相关政策、土地税收政策、其他相关产业政策或优惠措施等。第三,各种运输方式的综合影响因素,包括各种运输方式线路的密度、货运价格、货运代理市场的变化、各种运输方式的成本等。第四,其他物流业的拓展因素及影响货流的重要随机因素。这些因素根据不同地域物流园区的特点各有不同。

(4)预测市场占有率。市场占有率是指在社会生产专业化分工的基础上,物流园区处理的货物流量在一定区域范围内总货流量中所占的比重,也就是某物流园区的货流量与一定区域内的总货流量的比值。了解到货流量的未来发展变化情况以及一定区域内的总货流量的变化情况,可以间接地推算出物流园区处理货流的市场占有率。在物流园区经营期间,预测出该市场占有率有助于分析物流园区将来的发展前景,以便做出正确的经营决策。

4.3.2 物流园区规划的政策分析

物流园区的建设和发展离不开政府的指导和大力支持,尤其是在政策的制定上要有具体措施,特别是如何给物流企业提供宽松的经营环境。

1. 政府在物流园区规划中的作用

(1)总体规划和统筹协调的作用。一般来说,应选择交通便利,连接海运、陆运、空运的枢纽地区作为物流园区用地。同时,由于我国土地属于国有,城市的规划、交通污染又涉及民众,物流园区的选址必须符合城市的规划,否则便会造成混乱。政府还应做好协调有关部门(比如工商、税务、城市规划、交通市政、银行、保险等部门)。

(2)政府支持的作用。物流园区是投资大、利润低的企业,投资回报期较长,必须得到政府土地批租、税收政策的支持才能维持运营。政府可以根据实际情况明确相应的产业政策,比如物流园区享受经济开发区待遇,在土地方面享受工业用地政策,在财税方面享受低息贷款政策,另外政府先期可以对物流园区进行必要的投资(市政配套、交通路网、信息平台搭建等)。如发达国家政府往往将土地以较低的价格卖给物流企业或企业集团,向物流企业提供低息或贴息贷款,解决建设资金问题,也有政府出资兴建物流园区的,待运营正常后通过股权划分转交给企业。

(3)制定和执行标准。从国家层面大力推广并实现物流设备的标准化、通用化、国际化,便于货物的换装和装卸保管工具的使用,使单证及数据的交换和计算机语言相统一。

(4)研究、制定物流园区和物流产业的发展战略。物流战略规划是政府在一定时期内实施物流战略的行动纲领,它明确了物流产业的发展目标、实施步骤和战略措施、资金保障等内容,是促进物流产业发展的有效措施。随着现代物流网络化经营的发展,物流园区在现代物流系统中的地位逐渐加强,我国政府应制定相应的物流园区发展战略,统筹各地的物流园区规划,并明确相应的产业政策,避免出现重复建设、浪费土地资源的现象。

2. 物流园区规划的相关政策分析

物流园区是城市物流系统的重要环节,具有中枢辐射的作用,可以有效提高城市物流服务水平。我国政府应加强对物流发展具有重要影响的管理部门和企业之间的协调,通过对既有不适应发展的政策进行调整,并制定有利于物流发展的政策及措施,促进我国现代物流业的发展。具体的政策制定可以考虑三个方面的问题:第一,支持物流园区开发建设(如土地政策、贷款优惠政策等);第二,激励物流企业入驻园区(如税收政策、土地政策、奖励带头开发企业的政策、融资和投资政策、工商和城管政策、行业准入政策等);第三,促进物流园区持续发展(产业调控和引导政策、自主经营政策、促进物流园区之间的公共信息平台建设相关政策等)。

4.3.3 物流园区规划的功能分析

1. 物流园区的功能分析

(1) 按经营方式确定功能

借鉴国外先进的物流园区建设管理经验,从物流园区的建设、经营管理角度出发,物流园区的功能一般包括以下内容。

① 物流综合服务。集中物流基础设施,提供各项物流服务,完成各种物流作业功能。具体包括三个方面:a. 具有综合各种物流方式的物流形态作用。可以全面处理进货、验货、储存、处理订单、分拣、包装、装卸、流通加工、配送等作业方式及不同作业方式之间转换。b. 第三方物流服务。借助专业优势和信息优势,为各类企业提供配送、加工和其他服务及物流方案设计、库存管理、实物配送、搬运装卸、包装加工等一系列物流服务。c. 城市配送服务。对社会消费物流实现全面的高效配送。

② 集中仓储。建立现代化的仓储设施,利用科学的仓库管理方法,实现高效低成本的仓储。因此,园区所在地的工商业用户可以充分利用园区仓储设施,在减少投资的同时进一步降低物流成本。

③ 物流信息服务。利用园区自身的信息平台同社会公用信息网及大型企业内网进行联网,使园区成为信息汇集地,并实现高效处理信息功能的目标。同时利用现代化的通信技术,提高物流系统管理效率。

④ 多式联运。枢纽型物流园区不仅能起到运输枢纽的作用,还能发挥其作为物流网络节点的优势,有效开展多式联运。多式联运是提高物流效率的重要手段。

⑤ 辅助服务。可通过政府管理部门、行业管理部门和配套服务企业,如工商、税务、运输管理、金融、保险、海关、维修企业等部门单位的入驻,为物流行业提供全方位配套服务。

⑥ 车辆停放。可以为外地车辆集中停放、城市车辆临时停放、园区自身车辆停放提供场地。

(2) 按实现的物流环节确定功能

从理论上说,物流园区作为物流体系中高级的网络节点应具备与配送中心等低级的物流节点相同的物流环节功能。从这种意义上讲,物流园区的功能研究可以从其完成的物流活动各环节功能的角度展开,并由此对物流园区的类型及功能进行定位。这些基本物流功能如下:

① 货物运输。物流园区内集中了各类物流基础设施,首先是物流园区具备运输枢纽的功能,可以依托已建立的运输网络,组织园区内的专业物流企业和各类运输经营者为客户选择满足其需要的运输方式;然后组织与管理运输网络的运输作业,在规定的时间内将客户的商品运抵目的地,并达到安全、迅速、价廉的要求。

② 储存。物流园区拥有大量的仓储场地与设施,不仅可以满足客户的储存需要,还可以通过仓储环节确保市场分销活动的展开,同时尽可能降低库存,减少储存成本。因此,物流园区内需要配备高效率的分拣、传送、储存、拣选设备以支持包括堆存、保管、保养、维护等物流活动。

③装运搬卸。为了加快商品在物流园区的中转速度,物流园区内应该配备专业化的装卸搬运机械,以提高装卸搬运作业效率,减少作业过程对商品造成的损毁。包括对输送、保管、包装、流通加工等物流活动进行衔接活动以及在保管等活动中为进行检验、维护、保养所进行的装卸活动。

④分类包装。每一环节的物流活动都与包装材料、包装容器、包装标准等的选择及管理密切相关。商品包装除具有销售功能,还具有保护商品的功能。如在园区内对销售包装进行组合、拼配、加固,形成适于物流和配送的组合包装。

⑤流通加工。流通加工是指某些原料或产成品在从供应领域向生产领域,或从生产领域向消费领域流动的过程中,根据需要施加包装、切割、计量、分拣、拴标签、组装等简单作业的总称,其目的是有效利用资源、方便用户、提高物流效率和促进销售。流通加工的形式包括实现流通的加工、衔接产需的加工、除去杂质的加工和提高效益的加工等。

⑥配送。配送是在合理区域范围内,根据用户要求,对物品进行拣选、加工、包装、分割、组配等作业,并按时送达指定地点的物流活动。配送是连接了物流其他功能的物流服务形式,这种服务形式扩大了物流系统的价值增值部分。配送体现了配货和送货的有机结合,是最终完成社会物流并最终实现资源配置的活动。

⑦物流信息处理。物流园区的建设基于现代物流发展对物流链管理信息化、计算机化、网络化的要求。因此,物流园区通过园区内信息平台的建立,利用各种固定通信、移动通信技术及电子信息技术的支持,对在各个物流环节的各种物流作业中产生的物流信息进行实时采集、分析和传递,向客户提供各种作业明细信息及咨询服务,并进行与上述各项活动有关的计划、预测、动态的情报及有关的费用情报、生产情报和市场情报活动、财务情报活动的管理,以保证其可靠性和及时性。

(3)物流园区的其他增值性功能

①结算功能。结算功能是物流园区功能的一种延伸,不仅仅是物流费用的结算,还包括在从事代理、配送的情况下,物流园区替货主与收货人结算货款等。

②需求预测功能。现代物流的供应链管理一体化要求物流园区要经常根据出库量和市场销售情况,预测市场对商品的需求。这样可在提高供应链上各环节物流效率的同时,实现供应链上各部门的最佳经营效益。

③物流系统设计咨询功能。物流园区由于集中了专业物流设施、现代化信息技术和专业化物流人才,因此具备专业物流系统设计咨询功能,可以为不同的服务对象提供他们需要的物流系统设计。这是一项增加价值、增加物流园区竞争力的服务。

2. 物流园区功能定位

物流园区所能提供的服务与园区内物流企业的性质密不可分,其主要功能包括储存、装卸、包装、配载、流通加工、运输方的转换及信息服务。不同的物流园区由于所处地区的地理位置及物流特性不同,在功能定位上也有不同的要求。物流园区的功能定位应适应地区的物流服务模式的实现。因此,根据上述物流服务模式,可将物流园区的功能定位于四种类型,见表4-1。

表 4-1　　　　　　　　　　　　　　物流园区类型划分

类型	说明
国际货运枢纽型	主要是指与港口、陆路口岸相结合，以集装箱运输为主、设有海关通道的大型中转枢纽
时效性区域运送型	类型一：主要是满足跨区域的长途干线运输和城市配送体系之间的转换枢纽
	类型二：多式联运转换枢纽
市域配送型	主要是满足多品种、多批次、少批量的配送运输要求，提供快速、准时、高速服务质量的货运枢纽
综合型	兼有上述三种类型特征

物流园区具有物流组织与管理及经济开发等功能，物流过程所需要的存储、运输、装卸、加工、包装、信息处理、分拨、配送等功能，都可以在物流园区实现。不同的物流园区，其功能配置不同，承担的物流业务也不同，应根据物流园区的作用、物流特征、地理位置等因素，合理规划园区内的各种物流作业。不同类型物流园区的服务功能见表4-2。

表 4-2　　　　　　　　　　　　不同类型物流园区的服务功能

类型	存储	配载	运输方式	包装	拼装	组装加工	信息服务	报关三检	保险金融
国际货运枢纽型	■	■	■	□	■	□	■	■	☆
时效性区域运送型	■	■	■	□	■	■	■	○	☆
市域配送型	■	■	□	■	■	■	■	○	☆

注：■基本服务功能；□可选服务功能；☆增强型服务功能；○不需要。

不同的物流园区由于功能定位上的不同要求，其设施构成也有较大的差异。综合型的物流园区必须具备开展综合物流服务所需的各项硬件设施，其他物流园区在此基础上可根据实际情况进行取舍。

4.4　物流园区的选址分析与评价

小资料

辽宁省农产品物流园区选址

1. 选址原则

（1）经济性原则。与农产品物流园区选址相关的两大主要费用为物流流通运输费用和建设费用。农产品物流园区选址对未来建设辅助设施与交通运输费用有着决定性作用，故在农产品物流园区选址时需对物流园区运行费用实施综合考量。

(2) 协调性原则。农产品物流园区选址需以国内农产品物流网络作为依托,实现在科技水平、物流作业能力及地域分布等方面的协调性;另外,为实现可持续性发展,农产品物流园区选址需将社会效益充分考虑在内。

(3) 适应性原则。农产品物流园区选址需适应经济发展趋势、农产品物流业发展相关的方针政策,并能够适应农产品资源的分布与需求关系、未来城市规划等。

(4) 交通便利性原则。物流流通系统对交通运输业的根本需求即货畅其流,作为社会经济流通体系内关键节点的农产品物流园区,在选址布局时同样需要对附近地区的交通情况进行考量。可将大型机场、公路车站、铁路枢纽及港口等交通便利地区作为主要依托,同时依托良好的交通信息网络和交通基本设施,将各个运输节点之间货物的转运问题高效解决,达到有效衔接农产品物流园区中不同运输方式的目的,实现灵活分配并构建多层次、高效率、一体化的农产品物流运输网络。

(5) 环保原则。农产品物流园区选址需满足循环经济和低碳经济的发展所需。因农产品的特点为易腐性高、价值低、规格统一性弱等,在选取农产品物流园区地址时,需将人文环境和自然环境等各种因素考虑在内,同时需对农产品实施冷藏与保鲜等特殊处理,将农产品运输中形成的废弃物污染和损耗尽可能降低,提升运输工具的节能环保性,防止污染附近地区的空气、景观及植被等,对城市的生态建设、农产品物流园区的环境及社会效益起到维护作用。

(6) 战略性原则。农产品物流园区选址需具备长远与全局的战略规划,不仅应对当前的需求进行考量,同时应对物流园区及附近地区经济的长期发展予以考量。当前中国物流业的发展逐步迈入转型阶段,农产品物流园区的建设由以往的配送中心型逐渐转变为现代综合科技型,因此需在全局性及制订长久战略规划的原则下实施农产品物流园区选址。

2. 选址影响因素

在分析辽宁省农产品物流园区选址原则与影响因素的基础上,对其选址的各个影响因素实施综合考量后,将影响选址的主要因素选取出,包括自然因素、社会因素及基础设施因素,以现有理论与农产品物流的特殊性为依据,归纳总结此类主要影响因素,详见表4-3。

表 4-3　　辽宁省农产品物流园区选址主要影响因素归纳

影响因素		评价指标	选址需求
社会因素	物流费用	物流费用关键构成部分：运输费用	因农产品价格基数低且数量庞大，故对于农产品价格具有较大影响的因素即物流费用，应选取与需求地接近的地址
	经营环境	产业优惠政策	物流业为劳动密集型产业，如何吸引更多高素质劳动者为选址所需重点考虑的内容
	环保要求	协调发展政治、经济与环境	基于对冷藏与保鲜需求的考量，需设立冷库等，应选距离市中心较远的地址降低干扰
	服务水平	需尽量满足用户的物流需求	农产品的易变质与易腐烂特点对配送的时效性提出较高要求，为尽量避免农产品价格与质量损失，农产品物流需重点关注服务水平
自然因素	地质条件	土质耐压且坚硬	装载与转运是物流园区的主要功能之一，需具备坚硬耐压的土质，承受大吨位货车的频繁出入
	地形条件	规则且易规划	方便大型货车进出
	气象条件	一年中的风力、平均湿度、降雨量及其他季节温度等因素	对于生物特性较高的农产品来说，湿度应适中，风力过高地区易使水分流失降低新鲜度，湿度过高地区易导致腐烂
基础设施因素	公共设施情况	通信、供水、供电、供气及供热	农产品物流园区需建立冷库设施，以保障电力供应
	交通条件	是否与交通主干道、铁路及港口等靠近	配送是农产品物流园区的重点功能，故为创造农产品多时间价值，需选取交通便利地区提升农产品的送达速度

(资料来源：李宁.辽宁省农产品物流园区选址研究[J].河北北方学院学报：自然科学版，2022,38(1)：53-59)

4.4.1　物流园区选址的影响因素分析

1. 影响物流园区选址的自然因素

(1) 气象条件

物流园区选址过程中，主要考虑的气象条件有温度、风力、降水、无霜期、冻土深度、年平均蒸发量等指标。如选址时要避开风口。

(2) 地质条件

物流园区内集中储存着大规模的商品，所以周转总量巨大，同时载重吨位较大的干线运输车辆的频繁进出园区，都对园区的地质条件提出较高要求，故物流园区选址要求土壤要有足够的承载力。

(3) 水文条件

物流园区选址需要远离容易泛滥的河川流域与地下水上溢的区域，要认真考察近年的水文资料，地下水位不能过高，洪泛区、内涝区、故河道、干河道等区域禁止选择。

(4)地形条件

物流园区应该选择地势较高、地形平坦之处,且应具有适当的面积与较为规则的形状。完全平坦的地形是首选,其次是选择稍有坡度起伏的地形,对于山区陡坡地区则应完全避开。在外形上可以选择长方形,不宜选择狭长或不规则形状。

2. 影响物流园区选址的社会因素

(1)优惠的物流产业政策

物流园区所在地区的优惠物流产业政策对物流企业的经济效益有着重要的影响;政府建设物流园区的目的是整合物流资源,减轻城市交通压力,促进地区物流合理化;而企业则主要着眼于自身利益,因此必须使企业"有利可图"。优惠的物流产业政策是政府"搭好台"的基础,这样企业才能来"唱好戏"。

(2)商品特性

经营的商品特征对物流园区的选址分布也会产生重要影响。如生产型物流园区的选址应与产业结构、产品结构、工业布局紧密结合进行考虑。

(3)物流费用

物流费用是物流园区选址的重要考虑因素之一,大多数物流园区选择接近物流服务需求地,例如接近大中型工业、商业区,以便缩短运输距离,降低运费等物流费用。

(4)服务水平

在现代物流过程中,能否实现准时运送是物流园区服务水平高低的重要指标,因此,在物流园区选址时,应保证客户可在任何时候向物流园区提出物流需求,都能获得快速满意的服务。

3. 影响物流园区选址的基础设施因素

(1)交通条件

物流园区必须具备方便的交通运输条件,最好靠近交通枢纽进行布局,如紧邻港口、交通主干道枢纽、铁路编组站或机场,有两种以上的运输方式相连接。

(2)公共设施情况

物流园区的所在地要求城市的道路、通信等公共设施齐备,有充足的供电、水、热、燃气的能力,且场区周围要有污水、废物处理能力。

4. 其他因素

(1)国土资源利用

物流园区选址应贯彻节约用地、充分利用国土资源的原则。物流园区一般占地面积较大,周围还需留有足够的发展空间,为此,地价的高低对布局规划有重要的影响。此外,物流园区的布局还要兼顾区域和城市用地的其他要求。

(2)环境保护

物流园区选址需要考虑保护自然环境与人文环境等因素,尽可能降低对城市生活的干扰,对于大型转运枢纽,应适当设置在远离城市中心区的地方,使得大城市交通环境状况不受影响,城市的生态建设得到维持和增进。

(3)周边状况

由于物流园区是火灾重点防护单位,不宜设在易散发火种的作业区(如木材加工区域)附近,亦不宜选在居民住宅区附近。

4.4.2 物流园区选址的评价

以上几方面是从总体上对物流园区的选址进行的分析,为了增强选址的客观性,还可以通过相应定量指标进行选址评价分析。

1. 从干线运输网络对园区选址进行评价

物流园区作为干线运输与支持运输的重要转运节点,其选址受干线运输网络布局的影响最为直接,也最为明显。干线运输网络承担着大规模的货物集运,其网络的货物通行能力与发达程度直接决定着物流园区的货物吞吐能力与运输生产的效率。干线运输网络通过采用货运通道的相关指标来衡量。所谓货运通道是指连接主要物流节点(包括物流园区和重要交通枢纽)的货运干线。其主要评价指标包括:

(1)自然密度

货运通道的自然密度是指单位面积内所拥有的货运通道长度。

$$T=\frac{D}{A} \tag{4-1}$$

其中:T——货运通道网的自然密度;

D——货运通道网的总自然里程(km);

A——所在区域国土面积(km^2)。

(2)连接度

连接度反映了节点间的连接密度和形态。

$$C=\frac{D}{\sqrt{AN}} \tag{4-2}$$

其中:C——连接度;

D——节点间主要连接公路的里程(km);

N——节点个数。

由于货运通道主要以对外货运交通和区域内物流园区之间的货运交通为服务对象,因此,节点仅包括物流园区和重要的对外交通枢纽。当连接度等于1.0时为树形连接;连接度等于2.0时为格子形连接;连接度等于3.22时为正三角形连接;连接度等于3.41时为格子加对角线连接。

(3)货运通道的可达性

货运通道的可达性是指从任一节点出发,通过货运通道到达另一节点的难易程度,用平均出行时间或平均出行距离表示。

$$D=\frac{\sum_{j=1}^{M}\sum_{i=1}^{M}D_{ij}}{M^2-M} \tag{4-3}$$

其中:D_{ij}——货运通道网中 i、j 节点间的最短出行距离;

D——货运通道网络平均出行距离;

M——节点个数。

2. 从支线配送网络对物流园区选址进行评价

支线配送网络是物流园区向城市内部进行商品配送的重要物理通道,是实现物流园区对城市经济发展重要功能的物流通道支持。便利、发达的配送网络有助于消除规模化货物向终端消费市场高效转运的"最后一公里"瓶颈。

(1) 配送道路体系的准时配送覆盖率

由于交通管制的要求和不同的道路情况,配送道路体系常常无法满足准时配送的要求。配送道路体系的准时配送覆盖率是指能够满足准时配送要求的路段总长度占整个配送道路体系的比例。

$$C = 1 - \frac{\sum_{i=1}^{m} D_i}{\sum_{j=1}^{n} D_j} \tag{4-4}$$

其中:C——24 小时准时配送覆盖率;

m——服务范围内限制货运车辆通行的路段数;

D_i——限制货运车辆通行的路段长度;

n——服务范围内路段总数;

D_j——路段长度。

(2) 配送道路体系覆盖范围

如果配送道路体系覆盖范围太广,会增加运输成本;配送道路体系覆盖范围过小,又难以达到集约化运输的目的。一般来讲,市域配送车辆每次集配运行距离平均应该在 20 km 左右,配送业务操作时间平均在 4 小时以内,因此,市域配送道路体系的平均覆盖半径以 6~10 km 为佳。

$$D = \sum_{i=1}^{m} D_i \times R_i \tag{4-5}$$

其中:D——平均覆盖半径;

D_i——第 i 个货物集配区与物流园区的距离;

R_i——第 i 个货物集配区分担的货运量比例。

4.5 物流园区总体规划

> **小资料**
>
> **北京首发物流园区规划**
>
> 北京首发物流枢纽有限公司(简称北京首发)是市政府独资成立的现代化国有大型公益性企业,主要负责北京市高速公路的建设、运营、筹融资和相关产业开发,总资产 300 多亿元,现共有子、分公司二十余家。
>
> 区位:北京首发物流枢纽区位规划如图 4-2 所示。

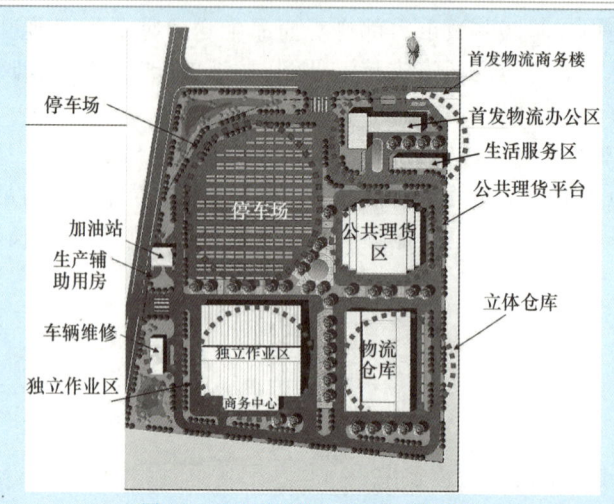

图 4-2　北京首发物流枢纽规划效果图

建设方案：①房山闫村丰台王佐物流基地：铁路—公路货运枢纽型物流园区，主要依托京广铁路、京石高速路、107 国道和城市六环路。②通州马驹桥物流基地：公路—海运国际货运枢纽型物流园区，主要依托天津港、京津塘高速路和城市六环路。③顺义天竺物流基地：航空—公路货运枢纽型物流园区，主要依托首都机场、101 国道和城市六环路。④十八里店北京物流港：陆上口岸，主要依托京津塘高速路、四环路、五环路和京沈高速路。

枢纽定位：北京地区现代物流基础设施体系的领跑者，创造集道路、枢纽、信息及相关服务于一体的公路运输基础服务平台，实现公铁联运的、全国骨干网络中的华北区域枢纽。

提供的服务：为制造业、零售及分销业提供物流服务和一系列的仓储配送增值服务。

实施计划：现拥有车辆 20 辆 1041 车辆，计划 3~5 年内拥有 1 000 辆市内配送车辆；由交通运输部牵头，3~5 年内形成对发干线车辆、提供到达地区域分拨物流服务信息系统。

（资料来源：杨扬.物流系统规划与设计.2 版.北京：电子工业出版社，2020.）

4.5.1　物流园区用地规模

物流园区是多个物流企业和配送中心的集聚地，一般以仓储、运输、加工等用地为主，同时还包括一定的与之配套的信息咨询、维修综合服务等设施用地。物流企业是物流园区的使用者。市场需求的大小直接决定了物流园区的规模，所以物流园区建设过程实质上可以理解为一种市场行为，政府在其中主要承担了基础设施的建设职能，并发挥着需求引导作用。在确定物流园区规模时，可以依据"优先配置土地资源，分期开发，滚动调整"的策略，以分期建设和滚动调整土地资源，满足变化的市场需求。具体规模可参照国外的相关资料对照确定。

1. 国外物流园区用地规模

日本是较早建立物流园区的国家,自 1965 年至今已建成 20 个大规模的物流园区,平均占地约 $0.74\ km^2$。东京是日本物流最繁忙的城市,也是城市用地最珍贵的城市,其物流园区的建设和营运指标见表 4-4。日本东京物流园区是以缓解城市交通压力为主要目的而兴建的,以城市物流配送为主,所以园区面积普遍较小。

表 4-4　　　　　　　　　　　东京物流园区建设和营运指标

物流园区	占地面积/km^2	日均物流量/(t/d)	每 1 000 t 占地面积/km^2
Adachi	0.33	8 335	0.040
Habashi	0.31	7 262	0.043
Keihin	0.63	10 150	0.062
Koshigaya	0.49	7 964	0.062

韩国于 1995—1996 年分别在富谷和梁山建立了两个物流园区,占地都是 $0.33\ km^2$;荷兰统计的 14 个物流园区,平均占地 $0.49\ km^2$;比利时的 Cargovil 物流园区占地 $0.75\ km^2$;英国的物流园区的规模则小得多,1988 年建设的第一个物流园区占地不到 $0.01\ km^2$;德国物流园区更多带有交通运输枢纽的性质,一般占地规模较大,见表 4-5。一般来说,国外物流园区用地多为 $0.07\sim1.00\ km^2$。不同的地理位置、服务范围、货物种类以及政府的指导思想会产生不同规模的物流园区。

表 4-5　　　　　　　　　　　德国部分物流园区用地情况汇总表

编号	物流园区名称	占地面积/km^2	生产使用面积/m^2	兼有的交通运输方式	仓库总面积/m^2
1	Bremen	2.0	1 200 000	公、铁、水、空	330 000
2	Wustermark	2.02	840 000	同上	
3	Wolfburg	0.02	350 000	同上	
4	Weil am Rhein	0.26	60 000	同上	3 000
5	Trier	0.64	360 000	同上	15 000
6	Thuringen	3.4	100 000	同上	
7	Salzgitter	0.11	100 000	同上	
8	Rostock	1.5	450 000	同上	
9	Rheine	0.76	240 000	同上	35 000
10	Osnabruck	0.420	420 000	同上	
11	Numberg	2.55	256 000	同上	406 000
12	Magdeburg	3.07	1 350 000	公、铁、水	
13	Leipzig	0.96	282 000	公、铁、空	126 000

(续表)

编号	物流园区名称	占地面积/km²	生产使用面积/m²	兼有的交通运输方式	仓库总面积/m²
14	Koblenz	0.7	120 000	公、铁、水	
15	Hannover	0.36	240 000	公、铁、空	
16	Grossbeeren	2.6	684 000	公、铁、空	
17	Gottingen	0.12	100 000	公、铁	
18	Glauchau	1.72	599 144	公、铁、空	
19	Emscher	0.23		公铁水	
20	Freienbrink	1.49	580 000	公、铁、空	
21	Frankfurt	1.22	582 000	公、铁	
22	Emsland	0.48		公、铁、水	35 000
23	Dresden	0.39	80 000	公、铁、水、空	31 000
24	Augsburg	1.12		公、铁、空	

2. 国内物流园区用地规模

由于物流园区在经济开发、促进多种运输方式整合、改善城市环境等方面的作用明显，我国政府及企业近几年不约而同地将其作为推动地区、区域和城市物流发展的重点工程，给予大力的支持。目前基本形成了从南到北、从东到西的物流园区建设发展局面，特别是以深圳、广州为代表的珠江三角洲地区以及上海、北京、青岛、武汉、长沙等经济发达地区，城市的物流园区建设步伐更快。

深圳带头规划了平湖、盐田港等物流园区；广州也规划了东、西、南、北四大物流园区。上海规划了外高桥、浦东、西北三大物流园区；北京市已于2001年制定了《北京地区"十五"期间物流系统发展规划研究》，规划在北京西南和东南方向上建设两个大型物流园区。表4-6是我国部分物流园区用地情况汇总表。

表4-6　　　　　　　　　我国部分物流园区用地情况汇总表

编号	物流园区	占地面积/km²	兼有的交通运输方式
1	上海外高桥保税物流园区	1.03	铁、公、水、空
2	上海浦东物流园区	0.2	空、公、铁
3	上海西北物流园区	2.63	公、轨
4	北京空港物流园区	6.2	空、公
5	天津港散货物流园区	12	铁、公、水
6	天津空港国际物流园区	0.95	铁、公、水、空
7	南京龙潭物流园区	7.58	水、公、铁

(续表)

编号	物流园区	占地面积/ km²	兼有的交通运输方式
8	深圳平湖物流园区	8	公、铁、水
9	深圳笋岗—清水河物流园区	2.37	公、水、空
10	深圳西部港区物流园区	0.4	公、铁、水
11	深圳盐田港区物流园区	0.5	公、铁、水
12	深圳机场航空物流园区	1.16	公、空

从用地规模看,高效率、低库存的现代物流对物流园区用地规模要求不高,物流园区一般用地小于工业园区,但因具体服务范围、服务产品类型不同。物流园区的规模和等级序列并无严格统一的标准。配送型物流园区通常占地规模较小,货运枢纽型物流园区占地规模较大,而国外物流园区的占地规模大多在 1 km² 以内。在物流园区的具体建设规模上,一方面要借鉴国外经验;另一方面要结合本国、本地区实际,综合考虑空间服务范围、货物需求量、运输距离与成本、规模效益、用地紧张与宽松等多方面因素。一般而言,每 1000 t 日作业量应考虑用地为 $0.04 \sim 0.08$ km²。

3. 物流园区用地比率

不同的物流园区由于所处地理位置及物流特性的差异,在功能定位上具有不同的要求,因此根据功能定位所决定的设施构成也有较大的差异。这种差异会引起不同物流园区之间用地比率的不同。根据圣昆延(St Quintin)论文资料,国外物流园区的建筑覆盖率一般为 $40\% \sim 50\%$,其中仓储设施面积占物流园区建筑面积的 85% 以上,其余为信息、汽车维修、旅馆、餐饮等配套服务设施。

4. 物流园区用地规模计算

决定物流园区规模的设施主要包括企业办公楼、停车场、集装箱堆场、各类仓库、园区交通线路、绿化带等。其中停车场,集装箱处理区,物流仓储、流通加工区等可按照相应的设计规范或标准确定规模。

(1)停车场面积

可参考城市交通规划中有关停车场规划的方法。若物流园区停车场停放车辆车型复杂,不宜使用停车场规划的方法计算面积时,可采用如下方法:

$$T = k \times S \times N \tag{4-6}$$

式中:T——停车场面积;

k——单位车辆系数($k=2 \sim 3$);

S——单车投影面积(m²),根据选取主要车型的投影面积来确定;

N——停车场容量,通过调查及预测的方法结合物流园区作业量获得。

(2)集装箱处理区面积

集装箱处理区面积主要包括拆装箱库面积、集装箱堆场面积、装卸作业场面积和集装箱库站面积等。

集装箱堆场(包括空、重箱堆放)的堆高 H 可以根据箱型确定。集装箱尺寸一定,预测集装箱运输量已知时,可按下式计算堆场面积 S：

$$S = Q/H \times L \times B \tag{4-7}$$

式中：Q——集装箱运输量；

L——集装箱的箱长；

B——集装箱的箱宽。

(3)物流仓储、流通加工区面积

物流仓储、流通加工区是物流园区的主要功能区。由于我国物流园区内较少采用高架立体仓库,这部分面积占用在很大程度上决定了物流园区的大小,一般为总占地面积的30%～40%,主要进行货物的入库受理、存储、保管、流通加工、出库配送等作业,所需设施主要包括各类库房(收货区、收货暂存区、存储区、流通加工区、发货区等)等。

①各类仓库面积计算。

由于物流园区处理的货物品类多、特性各异,无法采用现行的货物配送中心的分类和计算方法来确定具体规模。因此可以根据货物的密度、保存期限、仓库的利用率等因素计算仓库的需求面积：

$$C = \frac{Q \times \alpha \times \beta}{m \times n} \tag{4-8}$$

式中：C——仓库需求面积；

Q——日货物处理量；

α——货物平均存储天数；

β——每吨货物平均占用面积；

m——仓库利用系数；

n——仓库空间利用系数。

由于仓库需求面积仅为仓库内部的使用面积,还应该将其在方案设计后根据所采取的建筑工程方案得到的数据转换为仓库库房的占地面积。

②仓库装卸站台面积。

仓库装卸站台面积与仓库的建筑形式有密切关系,但也可以在具体仓库建筑方案确定后得出：

$$Z = K \times Y \times (H+1) \tag{4-9}$$

式中：Z——仓库装卸站台面积；

K——装卸车位宽度(一般 $K = 4.00 \text{ m}^2$)；

Y——站台深度；

H——装卸车位数,根据仓库货物进出频率、装卸时间等确定。

③货物装卸场面积

货物装卸场面积包括车辆停放区和调车、通道区两部分,计算时可参照停车场面积计算方法。

(4)接货、发货、分拣作业面积

在作业量一定的情况下,作业效率越高,在单位时间内需要的作业面积也就越少。接货、发货、分拣作业的面积 S 可以采用下式计算:

$$S=[(Q\times T)/H]\times s \tag{4-10}$$

式中:Q——一个工作日的平均作业量;
T——完成一次作业的时间;
H——一个工作日的时间;
s——货物的平均单位面积。

(5)园区内线路、绿化面积

①线路面积

物流园区铁路专用线用地、铁路装卸场用地等计算可参考有关铁路场站设计标准。

进入物流园区内的车流量大、车型复杂,为保证园区内有良好的交通秩序,应采用单向行驶、分门出入的原则。园区内主要干道可按企业内部道路标准设计为双向四车道或六车道,最小转弯半径不小于15 m,次干道设计为双车道,辅助道路为单车道,每个车道宽3.50 m,单侧净空0.5 m。物流园区道路面积一般占总面积的12%~15%。

$$S=\sum_{i=1,2,4,6}L_i(n_i\times 3.50+1.00) \tag{4-11}$$

式中:S——道路总面积;
n_i——车道数(i=1,2,4,6);
L_i——i 条车道道路长度。

②绿化面积

根据国家规定,园区内绿化覆盖面积要达到总占地面积的30%,考虑应利用上述占地面积间的空余地带进行绿化(如道路两旁、广场、建筑物周边等)外,还至少有15%的地带应专设为绿化用地。

(6)其他建筑面积

企业商务用房面积可根据对拟进入物流园区企业的调查分析得到。其他辅助生产和生活辅助设施的规模则可根据服务的不同功能区的规模得到,即洗车、车辆维修等根据停车场规模确定;机械维修、集装箱清洗消毒可根据仓库总量和集装箱运输量计算得到等。

(7)发展预留用地

考虑物流园区发展过程中的不可预见因素影响,一般应预留3%~5%的空地,近期可以作为绿化或其他简易建筑用地。

4.5.2 物流园区总体布局规划

物流园区包含多种基本业务功能,各种功能的组合形成多种功能分区,如仓储区、加工区、综合服务区、转运区、展示区等。各功能分区要妥善布局,确保园区内物料流动合理便捷、场地分配、设施设备布局易于管理。一般来说,物流园区功能布局规划流程如图4-3所示。物流园区功能布局可采用理查德·缪瑟所创立的"系统布置设计"和"搬运系统分析"的方法分析和设计,保证其合理性。

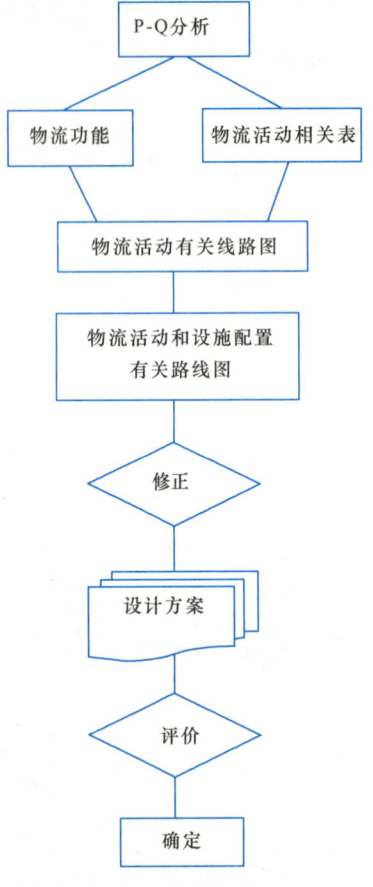

图 4-3　物流园区功能布局规划流程

1. 物流园区总体布局规划的目的和原则

总体布局规划决定了物流园区各功能分区的合理布局,对园区的运营效益、作业效率等可产生先天性、长远性的影响。为了有效地利用空间、设备、人员和能源,最大限度地减少物料搬运、简化作业流程、缩短生产周期,力求投资最低,同时为职工提供方便、舒适、安全和卫生的工作环境,在预定的区域内合理地布置好各功能块的相对位置是非常重要的。通常在物流园区功能布局规划的过程中应遵循以下原则。

(1)近距离原则。在条件允许的情况下,使货物在园区内流动的距离最短。以最少的运输与搬运量,使货物以最快的速度到达用户的手中,并满足客户的要求。如:深圳机场航空物流园区规划中就考虑到将货站与货运村(货运代理人进行理货、打板、加工等的场所)组合在一个大型的连体楼内,以方便货运代理进行进出港货物的理货、打板、加工、储存、交接运货物、转运及地面代理运输等活动。这样既方便了货运代理人,又提高了整个物流园区的效率和园区整体运作的有序性。

(2)设施布置优化原则。在园区规划设计时,应尽量使彼此之间货物流量较大的设施就近布置,而物流量较小的设施与设备可布置得远一些。同时应尽量避免货物运输的迂回和倒流。因此必须将迂回和倒流减少到最低程度,使物流园区的设施布局达到整体最优。

(3)系统优化原则。物流园区不仅要重视作业流程的优化,还要重视设施规模和布局的优化;既要解决各物流环节的机械化、省力化和标准化,又要解决物流园区的整体化、合理化和系统化;既要降低成本,又要使用户满意,提高服务水平,增强竞争力,达到物流园区整个运作的最优化。

(4)柔性化原则。随着社会经济的发展,货流量及货物的种类也会发生变化,因此,物流园区设施的规划及布局应该留有发展的空间和适应于变化的设计,物流园区建设必须留有发展的空间。

(5)满足工艺、生产和管理要求的原则。物流园区的设施布局首先要满足货物的工艺流程要求。要有利于货畅其流,有利于生产和管理,有利于各环节的协调配合,使物流园区的整体功能得到充分的发挥并获得较好的经济效益。

2. 物流园区总功能分区

物流园区有物流组织、管理及经济开发等功能。物流过程所需要的存储、运输、装卸、加工、包装、信息处理、分拨、配送等功能,都可以在物流园区实现。根据各个功能可以形成多种功能分区。一般来说,物流园区由以下几个功能分区组成。

(1)仓储区

仓储区主要用于货物的暂时存放,提供仓储服务,是物流园区的重要功能之一。仓储服务可细分为以下所列各项。

①堆场。主要办理长、大、散货物的中转、存储业务,重点发展集装箱堆场。

②特殊商品仓库。主要处理有特殊要求的货物存储、中转业务,如防腐保鲜货物、保价保值物品、化工危险物品、保税物品等。

③配送仓库。经过倒装、分类、流通加工和情报处理等作业后,按照众多客户的订货要求备齐货物,暂存在配送仓库,存放时间较短。

④普通仓库。处理除上述几类货物之外的绝大部分普通货物(如百货日用品、一般包装食品、文化办公用品等)存储、中转业务。

(2)转运区

转运区主要是将分散、小批量的货物集中起来以便将大批量到达货分散处理,以满足小批量需求。因此,转运区多位于运输线交叉点上,以转运为主,物流在转运区停滞时间较短。

(3)配送中心

配送中心是从供货方接收多品种大批量的货物,进行倒装、分类、保管、流通加工和情报处理等作业,然后按照众多客户的订货要求备齐货物,以令人满意的服务水平进行配送物流的中转枢纽。其主要业务包括以下几个方面:

①接收种类繁多、数量众多的货物;

②对货物的数量、质量进行检验;

③按发货的先后顺序进行整理、加工和保管,保管工作要适合客户单独订货的要求,并力求存货水平最低;

④接到发货通知后,经过拣选,按客户的要求,把各类货物备齐、包装,并按不同的配送区域安排配送路径、装车顺序,对货物进行分类和发送,并于商品的运输途中对商品进行追踪与控制,及意外状况处理。

(4)行政区

行政区也称作行政管理服务区,为入园企业提供各项服务,包括政策推行、招商引资、信息发布、税收、海关、边检、口岸、项目审批、后勤等一系列服务。

(5)交易展示区

交易展示区提供展台展厅等服务,是产品展览、交易区,特别是为一些新品种提供展示服务。

(6)综合服务区

综合服务区是指提供货物中转、货物配载、货物分拨配送、货物装卸、车辆维修、停车场、加油加气、商业、餐饮、银行、保险等综合服务的区域。不同的物流园区会根据不同的设施条件和功能定位,设置不同的功能分区。如南京龙潭物流园区紧邻龙潭港一期(集装箱专用码头),故在规划中增加了集装箱辅助作业区;天津空港物流园区根据航空运输量小、品类多的特点,单独设计了物流分拨区。

3. 物流园区功能分区布局

在功能分区布局规划中,各功能分区及设施之间的联系包括物流、人际、工作事务、行政事务等活动。当物料移动是工艺过程的主要部分时,物流分析就是布置设计的核心,尤其当物料大而笨重或数量较多,或当运输或搬运费用比加工、储存或检验费用更高时。所以,在物流园区的功能布局中,应考虑各功能分区之间以及各功能分区与交通基础设施之间的物流关系。在初步布局后,根据约束条件(比如危险品仓库对风向的要求;大型仓库、堆场对水文地质条件的要求等)进行调整。

假设某物流园区主要运输方式为港口和公路,每日进、出园区货流量均为 1 000 t,各分区物流量如图 4-4 所示,则各功能分区与港口、公路之间的实际物流量如图 4-5 所示。各作业单位面积见表 4-7。

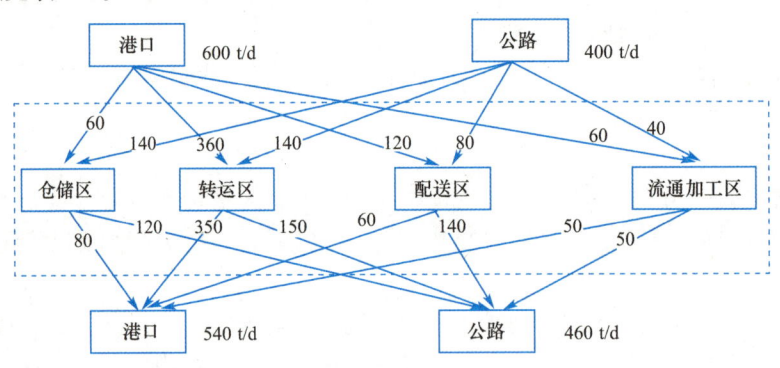

图 4-4 物流园区各分区物流量

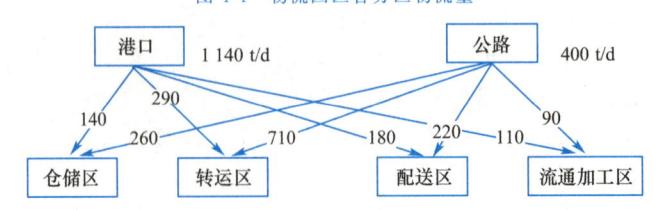

图 4-5 实际物流量

表 4-7　　　　　　　　　　　各作业单位面积

作业单位代码	作业单位名称	每日作业量(t)	单位面积作业量(t/m²)	设施面积(m²)
V	仓储区	400	0.5	2000

(续表)

作业单位代码	作业单位名称	每日作业量(t)	单位面积作业量(t/m²)	设施面积(m²)
W	转运区	1 000	0.2	5 000
X	配送区	400	0.2	2 000
Y	流通加工区	200	0.2	1 000
Z	综合管理区			1 000
	合计	2 000		11 000

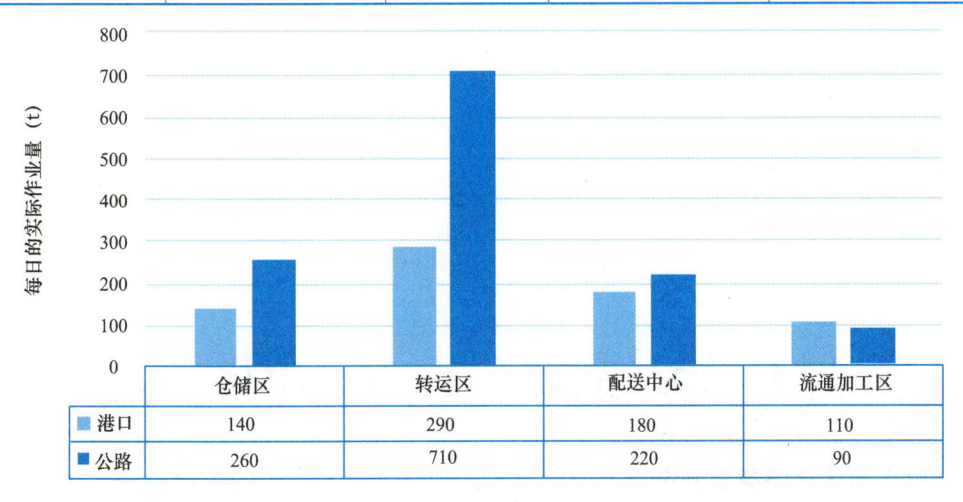

	仓储区	转运区	配送中心	流通加工区
港口	140	290	180	110
公路	260	710	220	90

图 4-6　各功能分区与不同交通方式的物流量

根据图 4-6 可以初步得到物流园区功能布局示意图(图 4-7)。

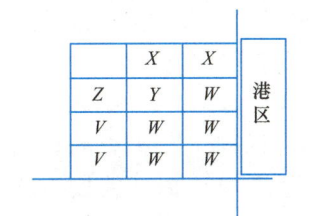

	X	X	
Z	Y	W	港区
V	W	W	
V	W	W	

图 4-7　物流园区各功能布局示意图

4.5.3　物流园区内部路网系统规划

物流园区的内部路网是物流园区建设的骨架，是将物流园区内不同功能区域连接在一起，并实现物流园区与外部交通系统对接的重要基础设施，其布局对物流园区的整体空间布局有较大影响。

1. 内部路网布局的原则

(1) 与上位规划相协调

要与城市总体规划的道路系统规划相一致、相协调，并与物流园区空间布局相协调。路网分割用地的规模及形态应满足功能布局对用地的要求。路网布置应有利于各功能区间的相互联系。

(2)满足交通需求

物流园区内部路网布局应结构清晰、等级明确。主要道路的走向、等级要根据交通需求等因素确定。路网布局不仅要使园区内形成完整协调的道路系统,还要使园区与外部交通有紧密的联系,以保证物流安全、顺畅。

(3)满足景观需求

路网的布局应充分结合绿地、水体、地貌特征等。园区内的建筑、道路、绿化有利于形成自然、协调的景观。道路的走向以及道路沿线的建筑形态和空间构成要素等是形成道路景观的重要方面。另外,还可以设置过街楼、人行天桥等跨越道路上空,适当使用"空中步行体系",可以合理疏导人流,避免大量的人流交叉,形成园区的立体结构。

(4)满足配套需求

物流园区内部路网要结合市政基础设施布局,要注意配套齐全,还要考虑地下管线的布局需要,如电力、电讯、给水、雨水、污水、燃气、供热等应该在地下敷设,各种设施之间要相互协调,便于其功能的充分发挥,尽量减少这些基础设施对园区正常运作的干扰。路网布局还应满足消防、救护、抗灾等特殊需要。

(5)预留发展空间

随着物流园区的发展,交通量急剧增长所带来的交通压力是必然存在的。在物流园区路网布局时要充分考虑物流园区的发展态势,尤其要认真分析物流园区对交通量的吸引作用。

2. 物流园区道路类型划分

在物流园区道路交通规划中应根据道路的分工、在园区中的地位以及其所担负的交通功能将园区内道路划分为主干道、次干道、支路三大类。

(1)主干道,连接物流园区的主要出入口,联系园区的主要功能分区,具有较大的通行能力,构成了园区内部的货运通道,承担了物流园区的主要货运交通。换句话说,主要道路就是构成物流园区骨架的交通干道。

(2)次干道,连接园区次要出入口的道路,或连接园区内交通运输繁忙的主要道路。分担园区主要道路的货运流量,也是功能分区内部的核心道路,衔接功能区内部的各组成部分,亦联系相邻的功能分区。

(3)支路,包含引道和搬运通道。引道是指物流园区内的仓库、堆场以及生活配套设施等建筑物出入口与主要道路或次要道路相连接的道路;搬运通道是指物流作业区内用于搬运货物的通道。支路直接与两侧建筑物出入口相连,也可以作为消防道路以及功能分区的内部道路。支路的规划建设应在物流园区内各功能分区确定后,再根据入驻企业的具体要求进行。

由于物流园区交通的基本组成为货运交通,交通构成中以大中型货运车辆为主,所以在进行道路断面选择时应主要采用机非分行的断面形式,如三幅路、四幅路,以减少机动车与非机动车的相互干扰,保护行人及非机动车辆的安全出行。三种不同功能的园区内部道路面积建设规划可按以下方法进行。

主要道路可按企业内部道路标准设计为双向 4 车道(特大型可设 6 车道),最小转弯半径不小于 15 m,次要道路设计为双车道,辅助道路为单车道,每车道宽 3.5 m,单侧净空 0.5 m。

3. 物流园区路网布局形式

物流园区主要道路的形态大多为直线型，根据地形的不同也会出现折线型、曲线型两种。直线型的道路使人视线集中，达到的地点明确，若有对景则更能增色不少；折线型和曲线型的道路景观是逐渐展开的，步移景异，变化较多。园区根据功能分区、空间布局形式的差异以及道路线形的不同形成多种道路网布置形式，总结起来有如下三种：

(1) 尽头式

尽头式布局是指受运输要求或园区地形条件的限制，道路没有纵横贯通，只到某个地点就终止，如图4-8所示。

图 4-8 尽头式路网布局

尽头式布局的优点是对场地地形适应性强，园区内道路总长度短，一般适用于运量较少、货流较为分散的物流园区。

尽头式布局的缺点是园区内相互间运输联系不便，灵活性较差，需单独设置回车场或转向设施。

(2) 环状式

环状式布局是指根据物流园区功能区的布局，主要道路围绕各功能分区布置，大多平行于主要建筑物、构筑物，形成纵横贯通的道路网，如图4-9所示。

图 4-9 环状式路网布局

这种布局形式的优点是使物流园区各部分间的相互联系更加便捷，可以更好地组织货流与人流，更有利于功能分区、交通运输、消防及工程技术管线的敷设，是采用较多的道路网布局形式。

环状式布局形式的缺点是园区道路用地规模较大，总长度长，对园区地形条件要求较高。

环状式布局一般适用于交通运输流量较大（如综合服务型物流园区）、地形条件较好的物流园区。

(3) 混合式

混合式布局形式是指在物流园区内同时采用环状式和尽头式两种道路网布局形式，如图4-10所示。

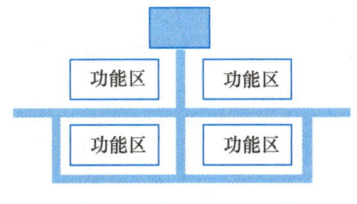

图 4-10 混合式路网布局

这种布置形式具有尽头式和环状式的优点,既满足了生产、运输的要求,保障了人流、货流的通畅、安全,又能较好地适应园区地形,节约用地,并减少土石方工程量,是一种较为灵活的布局形式。

4. 物流园区停车场布置

停车场在物流园区中占据着一定的比重,而且分布较密。在物流园区的空间布局中,不仅要路网布局合理,停车设施的布局也应给予充分考虑。停车设施布局主要包括停车方式、场地位置、车位数量、车位类型等方面的设计与选择,并兼顾其他影响停车设施布置的因素,如停车设施地面结构、绿化、照明、排水等。

(1)停车设施布局原则

物流园区停车设施应遵循以下布局原则:

①重点要素优先确定原则

停车设施布局的重点要素是停车位的数量和位置的选择,这两个要素主要是由路段内的交通量及构成内容决定的。交通量及构成内容的预测要充分考虑物流园区远景的发展变化,避免设计与未来发展相脱节。

②集中与分类布局原则

同一类型停车场尽量集中一处,避免设置诸多分散的小停车场,以提高停车场综合利用率;为提高服务水平,应将服务大中型车与小型车的停车场分开设置;小型车的停车场布置在距餐饮、娱乐等配套设施较近的位置;大中型车的停车场围绕物流作业区布置。

③停车流线明确原则

停车设施的设计必须明确车辆在停车场内的交通路线,尽量采取单向行驶方式,避免互相交叉;停车场内宜用标牌标明区域,并用标线指明行驶路线,各停车位以标线划分,并给予编号,以便于驾驶员停放、寻找车辆,提高车辆驶入与驶出停车场的效率,保证交通顺畅。

④集约利用土地原则

在满足物流园区各项功能使用需求的前提下,停车场的设置尽可能地节约土地资源,保证城市用地的集约利用。

⑤可持续发展原则

在物流园区停车设施布局时应以市场需求为导向,满足物流园区内部的实际停车需求,且在指标控制及土地兼容性方面尽可能地留有余地,以适应市场的弹性发展需求。

(2)停车场的面积规划

停车场的规划面积公式如下:

$$T = k \times S \times N \tag{4-12}$$

其中:

T——停车场的规划面积;

k——单位车辆系数(k取值为2～3);

S——单车投影面积,根据选取主要车型的投影面积来确定;

N——停车场容量,即期望的最大停车数。

5. 其他区域的建设规划

(1) 园区绿化面积规划

物流园区的地面设计中,为满足功能要求,硬质铺地居多,造成该地区地面反射热量偏大,进而影响该地区的局部气候。为了保证地区良好的投资和工作环境,应保证一定的绿化面积。根据国家规定,园区内绿化覆盖面积要达到总占地面积的30%,考虑利用空余地带进行绿化(如道路两旁、广场、建筑物周边等)外,还至少有15%的地带应专设为绿化用地。

(2) 交易区面积规划

在物流园区中一般会专门划出交易区域供园区内的货主进行交易协商,查看样品使用。通常采用的方式是一个货主划定一块小区域的方式,所以物流园区交易区的面积主要不是决定于交易量,而是决定于销售者的数量。

$$S_T = Q_t \times S_t \tag{4-13}$$

其中:

S_T——为交易区面积;

S_t——单位销售者使用面积;

Q_t——销售者数量。

(3) 其他建筑面积规划

企业商务用房根据对拟进入物流园区企业的调查分析得到。其他辅助生产和生活辅助设施的规划可根据服务的不同功能区的规模得到。如洗车、车辆维修等根据停车场规模得到;机械维修、集装箱清洗消毒可根据仓库总量和集装箱运输量计算得到。

(4) 开展预留用地规划

考虑物流园区发展过程中的不可预见因素,一般应预留3%~5%的空地,近期可作为绿化或其他简易建筑用地。

案例分析 宁波空港物流园区规划和建设

1. 项目背景和园区远景

宁波空港物流园区是《宁波市现代物流发展规划》的重点项目,开发规模2 000多亩,是宁波"一主六副"物流规划的重要一环。它的建设和发展为把宁波建设成为浙江省的综合物流中心城市、长三角南翼的国际物流中心枢纽起到重要作用。

空港物流园区的建设目标为具有航空口岸功能,保税物流与非保税物流相结合,国际物流、国内物流和区域物流相结合,市域配送和国际货运相结合的航空物流中心、公路运输枢纽、多式联运节点、第三方物流企业的聚集区,具有较强的可持续发展能力的浙江省重要的综合物流园区。

2. 园区建设的作用和意义

缩短与金华、温州、台州等货源充足的浙西南地区和江西、福建的距离,吸引海、空货源,扩大宁波口岸的服务腹地面积;通过杭甬高速公路、宁波市绕城高速公路和杭州湾大桥等方便地连接绍兴、杭州、嘉兴、湖州、上海和江苏的苏锡等地区;通过绕城高速公路、疏港高速和甬舟高速连接起空港物流园区和宁波舟山港区,便于"海空联动";为世界物流100强和全国物流100强等高端物流企业的入驻创造良好的软硬件运作平台,为宁波经济发展打造良好的物流综合平台。

作为宁波城西南综合物流基地,推动宁波城市服务业的发展,优化产业结构;提高该地区的国际进出口配套能力和多式转运能力,带动该地区的产业发展步入良性循环;为宁波实施"两港齐飞"战略创造条件。

3. 园区功能规划

(1)航空口岸和航空货站区

该区建有航空货物报关、三检等作业流程的航空通关中心,并设定进出口海关监管区,为航空货物提供监管仓储、出口拼装、查验等服务。建设集暂存、分拣、信息反馈及航空公司地面代理为一体的航空快件中心。航空货站区由国际货区和国内货区组成,为进出货站的货物提供安检、计重、打板装箱/拆板拆箱、货物存放、吨控、装卸飞机、分拨等服务。

(2)保税物流中心(B型)

保税物流中心(B型)建有仓库区,提供货物在保税物流中心(B型)内暂存的业务,解决出口退税问题。中心内设立的简单加工区,提供简单的保税加工服务(如产品测试、分拣、包装与再包装、分类标注等)。另外,保税物流中心(B型)还可为生产型企业提供高效的保税物流配送服务,帮助企业真正实现JIT(准时制生产方式)生产和零库存。随着国际航线的扩大,可进行多式联运、国际中转业务。

(3)多式联运中转区

该区域以实现多式联运功能为主,包括堆场、转运作业区和停车场等。可实现与北仑港、宁波各个汽车场站,以及周边临近机场之间的海、陆、空货物相互快速转运,形成优势互补;也可为在物流园区内开展多式联运的物流企业提供便利的口岸条件。

(4)第三方物流服务区

①城市和区域快速配送区。该区域主要提供城市消费品配送服务,货物特点是品种多、批次多、批量小等,企业运用专门配送车辆开展市域配送。

②仓储服务区。主要吸引物流企业和周边工业园区企业,为客户提供商业和生产性配送、仓储等服务。

(5)国际贸易与展示区

以纺织业、电子产业和零配件制造业等相关优势产业为基础,在园区内设置国际贸易与展示区,有助于优势产业的集聚发展和中小企业扩大市场、整合资源。

(6)会展仓储配送中心

设置会展仓储配送中心,通过其双向传递作用,保障会展物流链条的通畅。其运营须满足货种多、规格各异、小批量多批次、时间集中度高、周期性不强、应急状况频繁、配送目的地单一等会展物流的要求。

(7)强大的物流信息服务功能

作为浙江省交通物流公共信息系统和宁波网上运输市场的重要组成部分,宁波空港物流园区信息平台首先满足入驻空港物流园区企业的物流信息化需求,整合物流信息资源;其次加强园区企业与省市二级物流信息系统和电子口岸的信息共享与数据交换;最后加强与区外企业、国内外其他物流园区的信息交换与共享,形成物流协同平台,扩大空港物流园区的影响。

(8)综合配套服务区

该区域主要设置物流园区管理服务机构,如园区管委会、国际国内货代、各专业项目公司、银行、保险、邮政服务、商业网点、餐饮、商务住宿和休闲设施等。实现物流信息服务、综合配套服务、物流咨询与培训功能及完善配套的中心管理服务功能。同时,还设有加油站、汽修管理和停车场等辅助设施。

4. 项目选址及交通区位

项目一期选址于宁波望春工业园区内、宁波栎社国际机场的北侧,南新塘河以北、杉立路以南、杉杉路以东、聚才路以西,地块南侧与鄞州区大道毗邻。项目二期及三期选址于鄞州区古林镇,毗邻望春工业园,东临宁波栎社国际机场,北靠鄞州区大道,甬金高速鄞州连接线从西侧经过,规划中东西向的轻轨及机场路西进线从地块中间穿过。宁波空港物流中心与宁波栎社国际机场可实现无缝连接,并靠近鄞州区大道、甬金高速公路、宁波绕城高速公路、杭甬高速公路,通过宁波绕城高速可畅达宁波周边高速公路及进港道路。项目选址距离宁波市中心约5公里,距离北仑港约45公里,交通条件十分便利。

5. 园区建设计划

园区建设将根据市场需求和供地条件,进行分期开发建设。园区初步规划总用地面积约2143亩,分为三期建设,总投资约50亿元,所需资金由企业自筹解决,建设周期为2006年至2015年。

(1) 一期建设(2006—2009年)。空港物流园区一期(约247亩),投资为2.7亿元,工程已于2006年动工,2008年试运行,2009年全面投入使用。区内建有九个钢结构仓库,总计10万平方米库区面积;一栋建筑面积为1.2万平方米的物流商务楼,提供口岸单位办公、入驻企业办公生活配套;专用的查验仓和查验场地;近1万平方米的停车场和完善的安保设施。空港物流园区一期定位:以宁波市及周边经济发展为依托,吸纳国内外著名的物流企业,建成综合型的第三方物流企业区;以宁波市商业经济为依托,以重点公路零担运输企业为目标对象,建成宁波市重要的省级货运集散区。

(2) 二期建设(2009—2012年)。空港物流园区二期(约860亩)依托信息技术与现代物流技术,成为集国内国际货代、货运、仓储、分拨、配送等服务于一体的航空物流和港口物流于一体的综合物流服务基地,长三角地区重要的保税物流中心(B型)。主要建设空港货运村、空港保税物流中心、3PL(第三方物流)货运仓储区、多式联运区和综合配套区。

(3) 三期建设(2012—2015年)。空港物流园区三期(约1036亩)为国内货运代理企业、专业物流企业提供国内货物进出港交接、理货、仓储、分拨、安检、打板服务的华东地区重要的国内航空货运中心;依托航空运输的优势,为国际国内快件进行分拣、分拨、整理、配送、运输等业务的快件中心;依托便利的交通,辐射周边城市,为海运、空运、陆运等不同运输方式提供分拨、中转服务的多式联运配送区;依托航空运输的高科技产品和高附加值产品的流通加工中心;以及适度发展临空工业和临空服务业。

(资料来源:文档资料库.宁波空港物流园区规划和建设概述[EB/OL]).

问题　1. 宁波建设空港物流园区的战略意义是什么?
2. 空港物流园区的功能规划应包括哪些内容?为什么?
3. 空港物流园区的选址应注意哪些问题?
4. 基于空港物流园的服务功能可以开发哪些临空产业?
5. 保税物流业务在宁波空港物流园区的战略规划中占有怎样的地位和作用?

思考题

1. 物流园区的科学选址原则包括哪些内容?
2. 四种基本物流园区在初创期、成长期和成熟期的赢利模式有何区别?
3. 常见的物流园区发展模式有哪些?
4. 政府在物流园区的开发建设中一般扮演何种角色?
5. 物流园区内部路网布局的形式有哪些?每种布局形式的优缺点是什么?

计算题

1. 某物流园区内拟规划一条长 12 m 的双向 6 车道主干道,4 条长 8 m 的双向两车道次主干道,6 条长 6 m 的单向辅助车道。问该园区通道面积应规划多大?

2. 某区域面积 108 km²,该区域内共有 1 个物流园区,3 个主要交通枢纽,连接这些物流节点的主要货运通道总里程为 48 km,求该区域内货运通道网的自然密度。

3. 某区域面积 68 km²,该区域内共有 1 个物流园区,2 个主要交通枢纽,这些物流节点间的最短连接路径见表 4-8(单位:km):

表 4-8　　　　各物流节点间的最短连接路径

节点 i \ 节点 j	物流园区 A	交通枢纽 B	交通枢纽 C
物流园区 A		5	9
交通枢纽 B			7
交通枢纽 C			

求:该区域内的货运通道可达性。

4. 在某物流园区的周边有如下物流节点,其与园区距离及分担的货运量比例见表 4-9。

表 4-9　　　　各物流节点与园区距离及分担的货运量比例

物流节点	与园区距离	分担的物流量
高科技工业园	5 km	20%
中山商圈	8 km	35%
商贸批发中心	10 km	30%
服装制造城	12	15%

求:该物流园区的平均覆盖半径是多少?

第 5 章

物流配送中心布局规划

知识目标 >>>

1. 理解和掌握配送的含义及配送在物流中的地位。
2. 熟悉配送中心的作业流程。
3. 熟悉配送中心各个区域的划分、内部区域布局规划步骤、方法和原则。
4. 掌握配送中心相关设备选择的原则及考虑的因素。

能力目标 >>>

1. 能够运用内部区域布局规划方法对配送中心进行布局规划。
2. 能够运用所学知识对物流配送中心的配送流程进行分析。
3. 能够运用所学知识分析物流配送中心内部布局及相关设备的合理性并提出建议。

导入案例

澳德巴克斯公司日本物流中心

5.1 物流配送中心概述

5.1.1 配送的概述

1. 配送的含义

配送是指根据用户的要求,在经济合理的区域范围内,对物品进行拣选、加工、包装、分割、组配等作业,并将配好的货物送交收货人的过程。

配送有商品组配和送货两大基本职能,通过对美国及日本等较早开展配送活动的国家进行分析,可以总结出配送的如下几个特点。

(1)配送具有送货的职能,但与送货概念有着不同的含义。配送不是一般概念的送货,也不是生产企业推销产品时直接从事的销售性送货,而是从物流据点至用户的一种特殊送货形式。它具有固定的形态,有确定组织、确定渠道,具有一套装备和管理力量、技术力量,有一套制度的体制形式。

(2)配送与输送及运输概念也存在着区别。配送不是单纯的运输或输送,而是运输与其他活动共同构成的有机体。配送中所包含的那一部分运输活动在整个输送过程中处于"二次输送""支线输送""末端输送"的位置,其起止点是物流据点至用户,这也是不同于一般输送的特点。

(3)配送和运送、发放、投送概念不同。区别在于配送是在全面配货基础上,充分按用户的要求进行的运送。因此,除了各种"运""送"活动外,还要从事大量分货、配货、配装等工作,是"配"和"送"的有机结合形式。

2. 配送的形式

配送是物流中一种特殊的、综合的活动形式,将商流与物流紧密结合,包含了商流活动和物流活动,也包含了物流中若干功能要素的一种形式。

(1)按配送商品的种类和数量划分

①少品种大批量配送。这种配送适用于需要量较大的商品,单独一种或少数品种就可以达到较大运输量,可实行整车运输。需要量较大的商品往往不需要再与其他商品进行搭配,可由专业性很强的公司配送。此种配送形式主要适用于大宗货物,如煤炭等。

②多品种少批量配送。按用户要求,将所需的各种商品(每种商品需要量不大)配备齐全,凑成整车后由配送中心送达用户手中。日用商品的配送多采用这种方式。多品种、少批量配送适应了现代消费多样化、需求多样化的新观念。

(2)按配送时间及数量划分

①定时配送。按规定的时间间隔进行配送,配送品种和数量可根据用户的要求有所不同。

②定量配送。按规定的批量进行配送,但不严格确定时间,只是规定在一个指定的时间范围内配送。这种配送计划性强,备货工作简单,配送成本较低。

③定时定量配送。按规定的准确时间和固定的配送数量进行配送。

④即时配送。既不预先确定配送数量,也不预先确定配送时间及配送路线,而是按用户要求的时间、数量进行实时配送。

(3)按配送的组织形式划分

①集中配送。由专门从事配送业务的配送中心对多个用户开展配送业务。集中配送的品种多、数量大,一次可同时对同一线路中几家用户进行配送,其配送的经济效益明显,是配送的主要形式。

②共同配送。几个配送中心联合起来,共同制订计划,共同对某一地区用户进行配送,具体执行时共同使用配送车辆,称共同配送。

③分散配送。由商业零售网点对小量、零星商品或临时需要的商品进行的配送业务。这种配送适合于近距离、多品种、少批量商品的配送。

④加工配送。在配送中心进行必要的加工,实现流通加工和配送一体化,使加工更有计划性,配送服务更趋完善。

(4)按配送的职能形式划分

①销售配送。批发企业建立的配送中心多开展这项业务。批发企业通过配送中心把商品批发给各零售商店的同时,也可与生产企业联合。生产企业可委托配送中心储存商品,按厂家指定的时间、地点进行配送。若生产厂家是外地的,则可以采取代理的方式,促进厂家的商品销售,还可以为零售商店提供代存代供配送服务。

②供应配送。供应配送是大型企业集团或连锁店中心为自己的零售店所开展的配送业务。通过自己的配送中心或与消费品配送中心联合进行配送,零售店与供方变为同一所有者,减少了许多手续,缓和了许多业务矛盾,各零售店在订货、退货、增加经营品种上也得到更多的便利。

③销售与供应相结合的配送。配送中心与生产厂家及企业集团签订合同,负责一些生产厂家的销售配送,又负责一些企业集团的供应配送。配送中心具有上连生产企业的销售配送、下连用户的供应配送两种职能,实现配送中心与生产企业及用户的联合。

④代存代供配送。用户将属于自己的商品委托配送中心代存、代供,有时还委托代订,然后组织配送。这种配送在实施前不发生商品所有权的转移,配送中心只是用户的代理人,商品在配送前后都属于用户所有。配送中心仅从代存、代理中获取收益。

3. 配送的作用

配送在整个物流过程中,从重要性角度讲应与运输、保管、装卸、流通加工、包装和情报并列,形成物流的基本功能之一。配送在物流过程中的存在具有重要的意义和作用,表现如下:

(1)完善了输送及整个物流系统

物流过程中,干线运输实现了低成本的长距离的大量运输,但是,在所有的干线运输之后,往往都要辅以支线或小搬运,这与干线运输有着不同的特点,如要求灵活性、适应性、服务性,使得运力利用不合理、成本过高等问题难以解决,成了物流过程的一个薄弱环节。采用配送方式,从范围来讲将支线运输及小搬运统一起来,使输送过程得以优化和完善。

(2)提高了末端物流的效益

采用配送方式,通过增大经济批量来达到以较经济的方式进货,又通过将各种商品用户集中在一起进行一次发货,代替分别向不同用户小批量发货来达到以较经济的方式发货使末端物流经济效益提高。

(3)通过集中库存使企业实现低库存或零库存

实现了高水平的配送之后,尤其是采取准时配送方式之后,生产企业可以完全依靠配送中心的准时配送而不需保持自己的库存。或者,生产企业只需保持少量保险储备而不必留有经常储备,这就可以实现生产企业多年追求的"零库存",将他们从库存的包袱中解脱出来,同时解放出大量储备资金,从而改善企业的财务状况。

(4)简化事务,方便用户

采用配送方式,用户只需向一处订购,就可订购到以往需要去许多地方才能订到的货物,只需组织对一个配送单位的接货便可代替以往的高频率接货,因此通过配送,能大大减轻用户工作量和负担,也节省了事务开支。

(5)提高供应保证程度

配送中心可以实现比任何单位企业更大的储备量,因而对每个企业而言,通过配送中心的配送活动,能进一步降低中断供应、影响生产的风险,使用户免去短缺之忧虑。

5.1.2 配送中心的概念、必要性与基本类型

1. 配送中心的概念

配送中心是从供应者手中接收多种大量的货物进行倒装、分类、保管、流通加工和情报处理等作业,然后按照众多需要者的订货要求备齐货物,以令人满意的服务水平进行配送的设施。配送中心是一种末端物流的节点设施,通过有效地组织配货和送货,使资源的最终配置得以完成,也是一种以社会分工为基础的、综合性、完善化和现代化的送货单元。货物在从其生产地至批发、零售网点并最终销售给消费者的流动过程中,一般要在配送中心进行一定的分类、保管和流通加工等处理,配送中心已成为连接生产和零售的一种纽带。

批发商或零售商在对他们的库存项目进行分析时会发现,他们所经营的商品如果只储存在生产这些商品的工厂中,则需要很长时间才能将商品送到用户手中,而且往往运送不及时。为了解决这一问题,他们通过自己营建配送中心或寻求社会上的配送中心来负责所需商品的存储和配送,这种方式不但节省了物流费用,而且提高了服务水平。自己营建配送中心费用高,建设周期长,但易于管理、服务水平高,适用于配送商品种类多、数量大的用户;利用社会上的配送中心具有投资少、运营周期短等优点,但与自己营建配送中心相比,更不易于管理,服务水平不高。

2. 配送中心的必要性

产品的生产和消费并不同时同步发生,为了克服这种产品生产与消费在时间上的差异,配送中心是必要的。例如,新鲜的水果和蔬菜,它们的生产季节很短,因此必须储存起来,以保证一年四季都可以销售,这就需要配送中心的存储功能。每一个零售商在不同城市可能有很多的分店,而且供应商也分布在不同的城市,需要利用配送中心接收供应商的商品,在配送中心内进行分类、信息处理,然后按时配送给各个分店,这就需要配送中心的流通加工和配送功能。

配送中心的建立是社会化大生产发展的必然要求。社会化大生产的发展要求生产企业和零售网点必须从流通物流中彻底解放出来,专心致力于生产与销售,配送中心正是为了解决这个问题而发展起来的。图5-1显示的是配送中心产生前后物流过程的区别,配送中心的产生带来了物流组织形式的巨大变革,扩大了社会物流能力,提高了社会物流效率,并且推动了生产与流通向着社会化、专业化和现代化方向发展。

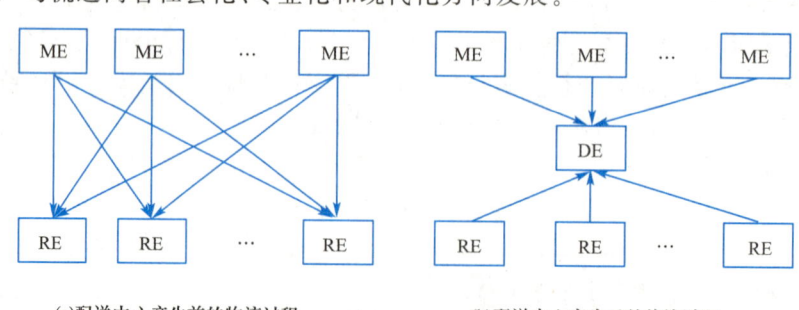

(a) 配送中心产生前的物流过程　　　(b) 配送中心产生后的物流过程

图 5-1　配送中心产生前后物流过程

注:ME——制造商实体;RE——零售/批发商实体;DE——配送中心实体

由于配送中心所配送的货物不同,而且流通方式也各不相同,所以设置配送中心的必要性也是多种多样的。综合起来配送中心的必要性有以下几点。

(1)为了调整大量生产和大量消费的时间而进行的保管。

(2)为了调整生产和消费波动而进行的保管。

(3)为了以经济的方式运输批量发货和进货而进行的存储。

3. 配送中心的基本类型

对配送中心的适当划分,是深化及细化配送中心的必然。这里对在实际运转中的配送中心进行分类。

(1)专业配送中心

专业配送中心大体上有两个含义:一是配送对象、配送技术属于某一专业范畴,在某一专业范畴有一定的综合性,可以综合这一专业的多种物资进行配送,例如多数制造业的销售配送中心。我国目前在石家庄、上海等地建的配送中心大多采用这一形式。专业配送中心第二个含义是以配送为专业化职能、基本不从事经营的服务型配送中心,如《国外物资管理》杂志介绍的"蒙克斯帕配送中心"。

(2)柔性配送中心

在某种程度上和第二种专业配送中心对立的配送中心,这种配送中心不向固定化、专业化方向发展,而向能随时变化,对用户要求有很强适应性,不固定供需关系,不断向发展配送用户和改变配送用户的方向发展。

(3)供应配送中心

专门为某个或某些用户(例如联营商店、联合公司)组织供应的配送中心。例如,为大型连锁超级市场组织供应的配送中心;代替零件加工厂送货的零件配送中心,使零件加工厂对装配厂的供应合理化;我国上海地区六家造船厂的钢板配送中心,也属于供应型配送中心。

(4)销售配送中心

以销售经营为目的,以配送为手段的配送中心。销售配送中心大体有三种类型:第一种是生产企业为自身产品直接销售给消费者而建立的配送中心;第二种是流通企业作为自身经营的一种方式而建立的配送中心,以扩大销售(我国目前拟建的配送中心大多属于这种类型);第三种是流通企业和生产企业联合的协作性配送中心。从国外和我国的发展趋向分析来看,未来的方向发展都以销售配送中心为主。

(5)城市配送中心

它是指以城市范围为配送范围的配送中心。由于城市范围一般处于汽车运输的经济里程,这种配送中心可直接配送到最终用户,且采用汽车进行配送。所以,这种配送中心往往和零售经营相结合,由于运距短,反应能力强,因而从事多品种、少批量、多用户的配送较有优势。

(6)区域配送中心

它是指以较强的辐射能力和库存准备,向省(州)际、全国乃至国际范围的用户配送的配送中心。这种配送中心配送规模较大,一般而言,用户数也较多,配送批量也较大,而且往往是配送给下一级的城市配送中心,也配送给营业所、商店、批发商和企业用户,虽然也从事零星的散户配送,但不是主体形式。

(7)储存型配送中心

它是指有很强储存功能的配送中心。一般来讲,在买方市场下,企业成品销售需要有较大库存支持,这就要求配送中心拥有较强的储存功能;在卖方市场下,企业原材料、零部件供应需要有较大库存支持,也要求配送中心拥有较强的储存功能。大范围配送的配送中心,需要有较大库存,也可能是储存型配送中心。

(8)流通型配送中心

它是指基本上没有长期储存功能,仅以暂存或随进随出方式进行配货、送货的配送中心。这种配送中心的典型方式是大量货物整进并按一定批量零出,多采用大型分货机,进货时直接进入分货机传送带,分送到各用户货位或直接分送到配送汽车上,货物在配送中心仅做少许停滞。

5.1.3 配送中心的作业流程

配送中心要提供将货物送到客户指定地点过程中的终端服务,它将供应商运送过来的货物进行储存,通过装卸搬运、订单处理等环节,再配送给客户。具体的作业有进货作业、订单处理、拣货作业、配送作业等。其作业流程如图 5-2 所示。

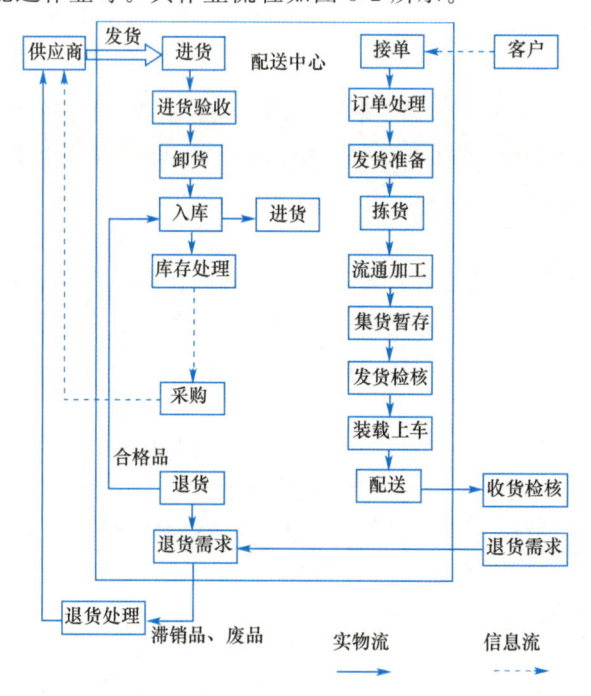

图 5-2 配送中心作业流程

进货作业是对供应商送达的货物进行验收并入库储存的过程,这一过程是保证配送作业顺利进行的第一步,如果没有足够的库存量,配送中心便不能及时将货物配送给客户。进货作业流程如图 5-3 所示。

图 5-3 进货作业流程

订单处理就是对客户订单进行搜集整理、确认订单和仓库存货情况并进行单据处理的作业过程,订单处理直接关系到客户服务水平、客户满意程度和配送中心后续作业水平。其作业流程如图 5-4 所示。

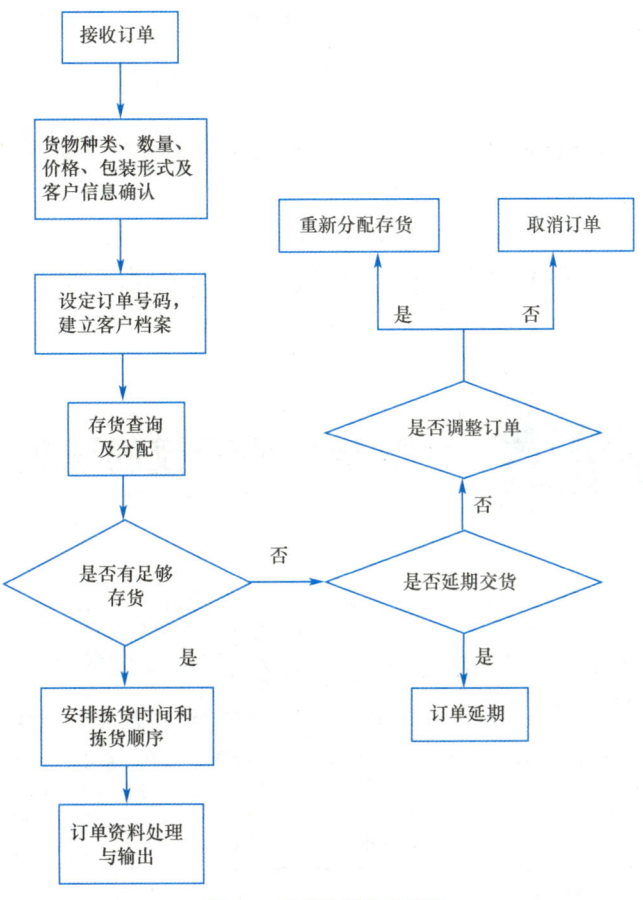

图 5-4 订单处理作业流程

补货作业是为了保持一定的安全库存,保证及时为客户供货的作业过程,其流程如图 5-5 所示。

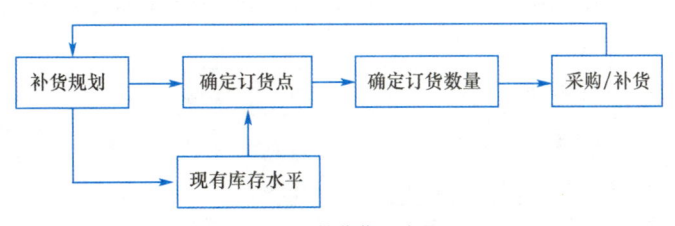

图 5-5 补货作业流程

配送作业是将从仓库拣取出来的货物进行检货与配货,将货物进行包装和配载,并按照客户指定的时间送到指定地点的作业过程,其流程如图 5-6 所示。

图 5-6 配送作业

除了以上作业,还有装卸搬运、流通加工和退货处理等作业。配送中心要完成以上工作

和实现其具有的功能,需借助相应的设施设备。这些设备主要有以下几种:

(1)储存设备。储存设备主要有货架和托盘,用以储存货物。不同类型的仓库应配有不同类型的货架,如重力式货架、旋转货架、立体货架等。

(2)搬运设备。搬运设备用来完成对货物的短距离移动,主要有搬运车、叉车、货物输送带、垂直升降机等。

(3)拣货设备。拣货设备用来完成将货物从货架取出存至货物暂存区的工作,主要有拣货车辆、载人升降机、拣货传送带、自动分拣机等。

(4)计算机信息设备。随着科学技术的发展,信息技术在配送中心得到了越来越广泛的应用,特别是在配送中心的自动化仓库中。配送中心常见的信息设备主要有计算机设备、网络设备、电子标签、射频设备、终端读取设备等。

5.2 配送中心规模的确定

> **小资料**
>
> ### 西日本物流中心
>
> 西日本物流中心的整个系统最大的特点是以 30 m 高的大型立体自动仓库为储存设备的核心,根据商品及其物流特性设置了六种拣货和出货系统。西日本物流中心概要见表 5-2。
>
> 表 5-2 西日本物流中心概要
>
> | | | |
> |---|---|---|
> | 建筑概要 | 占地面积/m^2 | 23 368 |
> | | 建筑面积/m^2 | 12 230 |
> | | 室内面积总和/m^2 | 30 765 |
> | | 建筑构造 | 钢骨结构 3 层,高度 AS/RS 楼 30.80 m,货物处理楼 17.55 m |
> | | 货物电梯 | 2 台 3.5t |
> | | 站台登车桥 | 油压重量级型 2 台 |
> | | 地面承重 | 1 层 1t/m^2,2~3 层 0.6t/m^2 |
> | 滑块式分拣机 | 输送能力/(箱/h) | 3 600 |
> | | 行走速度/(m/min) | 110 |
> | | 分拣出口 | 13 个出口(含未扫描和未能处理数量出口) |
> | | 附带功能 | 自动测定体积 |

(续表)

自动仓库系统	出入库能力	400p/h(入库或再入库是 200p/h,出库 200p/h)
	货架规模	12 列×34 货位×17 层=96p=6 840p
	货物尺寸	高托盘 1 200 mm(W)×1200 mm(L)×1 650 mm(H) (含 p 厚度)4 392p 低托盘 1 200 mm(W)×1200 mm(L)×1 000 mm(H) (含 p 厚度)2p
	货物重量	最大 100kg/p,平均 600kg/p
	堆垛机	双叉车 6 台 行走速度 3~160 m/min 升降速度 3~63(80) m/min 叉爪速度 5~71.5(50) m/min 注:()内是无负荷时
	货物处理设备	1 层环状 STV 轨道输送系统 16 台
	拣选台	工作台 9 个
分流数字拣货	进、发货数量/(箱/h)	1 400~1 700
	搬送物	托盘或转载单元
	拣货台	工作台 51 个
	显示位数	4 位
	分支能力/(箱/h)	850
	附带设备	充填用窄幅输送带分拣机 3 000 箱/h 硬纸箱制箱机 850 箱/h/台,3 台 折叠箱打开机 700 箱/h/台,2 台
周边设备	拣货台车	带触摸屏终端 17 台
	简易数字拣货机	显示器 432 个
	空硬纸箱处理机	处理能力 2 400 箱/h
	叉车	配重式 4 台 前置式 7 台 电动式 1 台(蓄电池式)
	体积测量器	2 台
	信息处理设备	富士通 DS/90

(资料来源:物流配送中心规划与运作管理)

配送中心规模主要是指配送中心内部各作业区域及其相关设施的规模,它是配送中心规划设计决策中最为重要的因素之一。设施规模一旦确定,将在设计年限(一般是 10 年或更长)内成为配送中心运营发展的约束条件。一般来说,设施的内部布局相对容易调整,但要改变整体规模就相对较为困难。若设施规模的设计小于实际需要,则会造成货物频繁倒库或租用其他设施而引起搬运成本增加;若设施规模的设计过大,则会导致配送中心空间利用率降低,空间占用成本增加,同时富余的空间也会增加搬运的距离,导致搬运成本增加。

在规划过程中,配送中心的规模确定还会受到城市总体规划、土地征用等因素的影响。因此,通过一定方法或理论确定设施的位置后,综合考虑多方面影响因素,合理确定配送中心设施规模,对企业而言具有重要的意义。

5.2.1 影响配送中心规模的因素

1. 市场需求

配送中心本身就是一个服务性场所,它的任务就是更好地满足市场的需求,而市场需求主要由两部分组成。一部分是目前已经呈现出的物流配送需求量;另一部分是潜在的未来可能会产生的物流需求量。一般而言,未来物流需求量会受到企业、地方和整个社会经济发展的影响,具有很大的未知性。但也可以根据过去的数据和一定的经济预期增长量等大致预测出来。我们这里所指的市场需求主要是目前的物流配送需求量,是决策配送中心规模的主要因素。

2. 物流运作成本

另一个影响配送中心规模大小的重要因素就是配送中心内部运作过程中可能产生的各项物流成本。

(1)采购成本,指企业向外部供应商发出采购订单的成本及订单处理过程中发生的相关费用,包括购买成本、处理订货的差旅费、邮资、文书等支出。

(2)库存持有成本。库存持有成本是指为保持库存而发生的成本。这种成本可分为两部分:一部分是固定成本,它和库存数量的多少无关,如配送中心的折旧、中心职工的固定工资等;另一部分是变动成本,它和库存的数量有关,主要包括资金占用成本、存储空间成本、库存服务成本和库存风险成本。

(3)土地、设施及建造成本。

3. 资金

配送中心不是根据市场需求想建多大都行,而是需要根据企业自身的资金实力和所能融到的资金数额来进行决策的,因而它也是决策模型中主要的限制条件。由于配送中心初期投入资本是相当大的,对企业运营和资金周转状况会产生一定的影响,因此,企业需要根据未来的发展状况和自身的经济实力对配送中心的建设规模做出最有利的选择。

4. 服务水平定位

配送中心是一种服务性场所,其提供的产品就是服务。显然,合理决策配送中心规模大小的一个很重要指标就是它的服务能力。一般而言,配送中心总规模与服务能力是正相关的,服务水平高的配送中心,其规模较大。

5.2.2 配送中心总体规模的确定方法

在分析影响配送中心规模的因素后,就可以确定其规模了。目前,国内外主要采用类比法确定配送中心的规模,包括横向对比法、交通运输规划法。

横向对比法是根据企业自身发展战略,类比国内外配送中心的规模得到本企业的规模,较少考虑宏观因素的影响;交通运输规划法主要从宏观角度确定配送中心的规模,但由于配送中心与传统的货运站存在本质的区别,所以此方法的缺陷是对配送中心的业务特点考虑不充分。所以,采用类比法确定配送中心规模误差较大。应该通过计算方法确定配送中心规模。

确定配送中心规模的主要依据是满足客户配送需求量。一般考虑配送中心的配送供给能力等于客户的配送需求。从配送供需平衡的角度出发,研究影响配送中心规模的宏观因素与微观因素之间的关系,建立配送中心规模的确定模型。根据供需平衡原理建立配送中心规模的确定模型如图 5-7 所示。

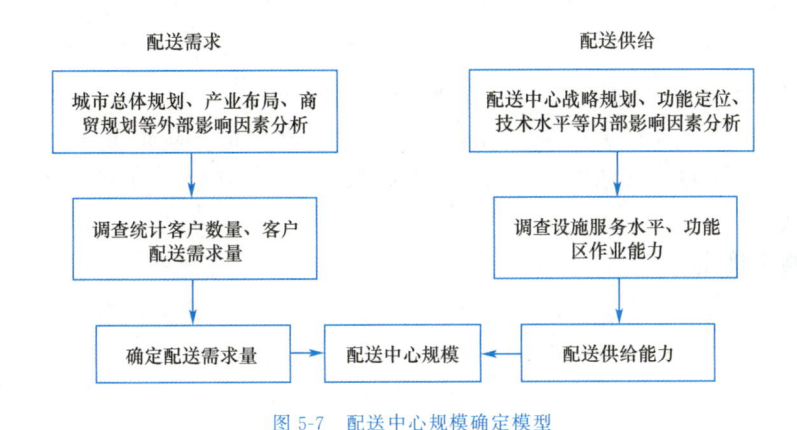

图 5-7 配送中心规模确定模型

1. 配送需求分析

配送中心主要为其所在地周边经济发展提供物流配送服务,大致可分为两类:一是为生产企业提供原材料及零部件;二是为商贸流通企业提供销售商品和为大用户提供消费品配送。

配送需求量是经过配送中心的相关作业后由配送中心送达客户的物流量。它是确定配送中心规模的主要依据。配送需求量的大小取决于配送中心所在地的客户数量及客户的配送需求量,配送需求量计算方法如下:

$$R = \alpha \times \sum_{i=1}^{n} M_i \quad i = 1, 2, \cdots, n \tag{5-1}$$

式中:R——配送总需求量;

M_i——第 i 个客户的配送需求量;

α——调整系数;

n——有配送需求的客户数量。

配送需求量 R 是配送中心所在地用户的配送总需求量;调整系数 $\alpha = 1 \sim 1.3$,用以调整配送需求量;配送需求量 M_i 是第 i 个客户的配送需求量,其单位可以分别用吨/天、个/天、台/天、万元/天(货值)等表示;客户数量是配送中心所在地需要配送服务的客户数。

2. 配送供给分析

配送供给能力由其占地规模及生产组织水平、作业效率、硬件设备条件等因素决定。随着管理信息技术的发展,物流管理与技术的信息化程度越来越高。配送中心总体设施与技术水平直接反映了配送服务供给的规模和服务质量。假设配送中心机械化水平及生产组织水平一定,则可以认为配送中心供给能力与占地规模成正比。配送中心的供给能力可以用如下公式计算:

$$P = f \times k \times \lambda \times s \tag{5-2}$$

式中:P——配送中心供给能力;
f——弹性系数;
k——关键功能区单位面积作业能力;
λ——关键功能区占配送中心总面积的比例;
s——配送中心总占地面积。

配送中心供给能力 P 是配送中心在一定时间内可以提供的配送量,对不同类别的配送物品来说,其单位可以分别用吨/天、个/天、万元/天(货值)等表示;弹性系数 $f=1\sim1.3$,用以调整配送中心的配送供给能力;k 是配送中心关键功能区的单位面积作业能力,其单位可以是吨/(天·m²)、个/(天·m²)、万元/(天·m²)等。关键功能区是指全部订单的配送作业流程必须经过的作业区。配送中心总占地面积是配送中心各作业功能区的全部占地面积,单位通常用 m² 表示。

3. 占地规模确定

配送中心的占地规模应该满足规划年内所服务客户的配送需求总量的要求。配送中心占地规模合理的条件是供给满足需求。即

$$P = \beta \times R \tag{5-3}$$

式中:β——所规划配送中心占周边配送需求总量的比例。
所以,根据式(5-1)至式(5-3)得

$$f \times k \times \lambda \times s = \alpha \times \beta \sum_{i=1}^{n} M_i \quad i=1,2,\cdots,n$$

即

$$s = \frac{\alpha \times \beta \sum_{i=1}^{n} M_i}{f \times k \times \lambda} \tag{5-4}$$

式中:s——配送中心总占地面积;
α——调整系数;
β——所规划配送中心占周边配送需求总量的比例;
M_i——第 i 个客户的配送需求量;
n——有配送需求的客户数量。
f——弹性系数;
k——关键功能区单位面积作业能力;
λ——关键功能区占配送中心总面积的比例。

显然,若 α、β、M_i、n、f、k、λ 已知,便可通过式(5-4)得到配送中心占地面积 s。

所规划的配送中心占周边配送需求总量的比例 β 可经过调查由客户的实际需求确定,若该区域有 m 个配送中心,则 $\sum_{i=1}^{m}=1$,其中,β_i 为第 i 个配送中心所分担的配送需求量比例。

配送中心关键功能区单位面积作业能力 k 取决于配送中心的组织管理水平及设施设备的利用水平。通过调查各类不同发展阶段的配送中心,结合企业战略发展规划及管理水平、机械化水平确定。我国配送中心建设发展的时间较短,数据收集存在一定难度,根据已有参考数据,k 值一般在 1~5 吨/(天·m²)。如果管理水平和现代化水平较高,土地资源紧缺,k 应取大值;反之则应取小值。

基于供需平衡思想,通过分析配送需求与供给两方面因素有效地控制配送中心的占地规模,使之既能够保证提供必需的配送供给能力,又可以有效地提高土地利用率。经过上述分析,运用基于供需平衡理论的方法确定配送中心占地规模具有较强的科学性和可操作性。

5.2.3　配送中心进出货区规模的确定

1. 车位数规划

车位数的规划,指在现有装卸水平条件下,并综合考虑未来的需求变化,确保所有货物按时装卸所需的车位数。

月台车位数通常可按以下公式计算:

$$m = \frac{\mu \sum N_i t_i}{T} \tag{5-5}$$

式中:m——月台车位数;
　　　μ——进(出)货峰值系数;
　　　i——进(出)货车种类数;
　　　N_i——第 i 类进(出)货车台数;
　　　t_i——第 i 类进(出)货装卸货时间;
　　　T——进(出)货时间。

在这里,我们需要注意进(出)货时间的确定。通常配送中心的进(出)货时间可分为两种形式:一种是配送中心每天的进(出)货时间分为一个或几个时间段;另一种是进(出)货时间无明显间隔,连续进货。对于第一种情况,我们可以根据各时间段的进(出)货车台数、吨位及各货车的装卸货时间分别求出所需的车位数,取最大值为最终所规划的车位数;对于第二种情况,我们可以对进(出)货高峰时期重点分析,满足此阶段所需的车位数,即为最终所规划的值。

2. 进出货区面积计算

$$A = m \times K \times L \tag{5-6}$$

式中:A——进(出)货面积;
　　　m——进(出)货车位数;
　　　K——每个车位宽度(一般取 $K=4\text{m}$);
　　　L——站台宽度(一般取 $L=3.5\text{m}$)。

5.2.4　配送中心仓储区规模的确定

1. 仓储区储运量规划

要确定仓储区的储运量,需要收集各类商品的年储运量及工作天数等基础资料,然后根据仓储区进出货的频率进行分析,进而确定出仓储区的储运量。

计算公式如下:

$$M = \sum M_i = \sum \lambda_i = \sum \lambda_i (N_i f_i) \tag{5-7}$$

其中:

$$N_i = \frac{H_i}{T_i} \tag{5-8}$$

式中:M——仓储区储运量;

i——商品品项数;

M_i——第 i 类商品的储运量;

N_i——第 i 类商品平均发货日的储运量;

H_i——第 i 类货物的年发货量;

T_i——第 i 类货物的年发货天数;

f_i——第 i 类商品的厂商送货频率(送货间隔天数);

λ_i——第 i 类商品的仓容量放宽比,用以适应高峰时期的高运转需求。一般取放宽比为 1.1~1.2。

为了简化计算,可以将货物按送货频率进行 A、B、C 分类,不同的货物群可设定不同的送货频率,计算各个货物群所需要的储运量,再予以求和,即可得到总的储运量。

在计算中需要注意以下几点:

(1) 年发货天数的计算可采用两种基准:一是年工作天数;二是按各种商品的实际发货天数为单位,若有足够的信息反映各种商品的实际发货天数,则以此计算平均储运需求量,较接近真实状况。

(2) 确定放宽比时,如果配送中心商品进出货有周期性或季节性的明显趋势,则需研究整个仓储营运政策是否需涵盖最大需求,或者可经由采购或接单流程的改善来达到需求平衡的目的,以避免放宽比过高,增加仓储空间,造成投资浪费。

(3) 当部分商品发货天数很小并集中于少数几天出货时,易造成储运量计算偏高,从而导致储运空间闲置或库存积压的后果。因此建议对平均发货天数的发货量进行 ABC 分析,再与实际年发货量进行交叉分析。对于年发货量小但是单日发货量大者,基本上不适用上述估计法,可将其归纳为少量机动类商品,以弹性储位进行规划,当订单需求发生时再订货,以避免平时库存积压。

2. 仓储区面积计算

根据仓储区的储运量,可知日常存货的数量。除此之外,在进行仓储区作业面积规划时,还必须事先了解货物的尺寸、堆放方式、托盘尺寸、货架储位空间和通道宽度等。采用不同的储存方式,货物所需要的仓储作业面积是不一样的,通常配送中心货物的储存方式有地面堆码、使用托盘货架、轻型货架和自动化仓库等多种方式。

在要求不精确的情况下,可以用下面的公式来确定仓储区储存面积:

$$B = \sum M_i / \omega_i \tag{5-9}$$

式中：B——仓储区储存面积；

M_i——第 i 类货物平均储运量；

ω_i——第 i 类货物在该区域的面积利用系数。

ω_i 的值取决于货品的类型、存放方式以及所采用的作业设备等，应根据经验和具体条件确定。

5.2.5 配送中心拣货区规模的确定

1. 拣货区储运量规划

配送中心拣货区储运量的计算，与仓储区储运量的计算方法类似，但是应注意的是，仓储区的容量要维持一定期间（供应商送货期间）内的出货量需求，因此对进出货的特性和处理量均须加以考虑。而拣货区则以单日出货商品所需的拣货作业空间为主，故以品项数及作业面积为主要考虑因素。一般拣货区的规划不应包含当日所有的出货量，在拣货区商品不足时则由仓储区进行补货。

进行拣货区储运量规划时，须掌握以下三类数据：

(1) H_i——第 i 类商品的年发货量；

(2) T_i——第 i 类商品的年发货天数；

(3) N_i——第 i 类商品的日均发货量。

$$N_i = \frac{H_i}{T_i} \tag{5-10}$$

式中：i——商品品项数。

之后，可以将各类商品的 H_i、T_i、N_i 三项因素综合考虑，进行组合交叉分析与综合判断，以便更有效地掌握商品发货特性。

进行 ABC 组合交叉分析时，可以先对各类商品的 H_i 及 N_i 进行 ABC 分析，并分成不同类别的商品群。然后将发货天数按高、中、低进行等级分类，与已划分的商品群进行组合交叉分析，依其发货特性的不同做适当的归并后形成不同类别的拣货区。根据各拣货区的特性，分别确定其存量水平，将各种商品的品项数乘以相应拣货区存量水平，便可得到拣货区储运量的初估值。

2. 拣货区作业面积计算

拣货作业是配送中心内最费时的工作，因此拣货区作业面积规划的好坏必将影响整个配送中心的效率。按照拣货作业量、出货频率以及商品特性，拣货区的规划模式可分为三类，见表 5-3。

表 5-3　　　　　　　　　　　拣货区规划模式

拣货区规划模式	作业方式	拣货量	出货频率	使用范围
拣货区与仓储区分区规划	由仓储区补货至拣货区	中	高	零散出货 拆箱拣货
拣货区与仓储区同区分层规划	由上层仓储区补货至下层拣货区	大	中	整箱出货

(续表)

拣货区规划模式	作业方式	拣货量	出货频率	使用范围
拣货区与仓储区合并规划	直接在储位上进行拣货	小	低	少量零星出货

根据不同的规划模式,我们可以分别分析其所需的作业面积。

(1)拣货区与仓储区分区规划

在这种规划方式下,仓储区与拣货区不是使用同一个货架,需要通过补货作业把商品由仓储区送到拣货区,再从拣选货架上拣取商品。通常采用流动货架,适合于内包装或单品出货的商品。采用这种方式,拣货区作业面积的计算需要综合考虑商品品项数、拣货区的储运量、商品特性、货架尺寸及通道宽度等因素。

(2)拣货区与仓储区同区分层规划

通常在这种规划方式下,仓储区和拣货区共用托盘货架,一般是托盘货架的第一层为拣货区,其余层为仓储区,当拣货结束后再由仓储区向拣货区补货。

采用这种方式,拣货区作业面积的大小取决于商品品项数以及仓储区的库存量所需的托盘数。

单层存货所需的托盘个数 P' 为:

$$P' = \lambda' \sum \frac{M'_i}{N'_i(L'-1)} \tag{5-11}$$

式中:M'_i——第 i 类商品库存总量;

N'_i——每层托盘堆放第 i 类商品数量;

L'——托盘货架层数;

i——商品品项数;

λ'——放宽比。由于实际库存以托盘为单位,不足一个托盘的商品品项仍按一个托盘来估计,因此库存所需空间应适当放大,一般取 $\lambda'=1.3$。

那么,拣货区所需占用的托盘数量为商品品项数与单层存货所需的托盘数中的较大值,即 $\mathrm{MAX}(i, P')$。

再根据托盘和货架的规格、尺寸以及通道的宽度,即可求出拣货区作业面积。

(3)拣货区与仓储区合并规划

这种规划具体有以下三种形式。

①两面开放式货架:货架的正面和背面呈开放状态,两面可以直接存放或拣取商品;或者从一面存入,另一面取出,如流动货架。

②单面开放式货架:商品的入库和出库在同一侧进行。在作业中,要将入库和拣选出库的时间错开,以免造成作业冲突。

③积层式货架:通常下层为大型货架,采用整箱拣货模式,上层为轻量小型货架,采用单品拣货模式。

采用这类拣货方式,由于仓储区和拣货区合并在一起,因此不能单独计算拣货区作业面积,而是在进行仓储区作业面积规划时,根据储运量,结合通道宽度、拣货设备等因素一并考虑。

5.3 配送中心内部布局规划

> **小资料**
>
> **凯蒂服饰**
>
> 凯蒂服饰公司每天会向与其合作的分散在全国各地的 127 家零售商发货,为提高效率,其分拣、配送业务全部外包给了河北快运公司。因此,河北快运公司也专门为此在北京马驹桥的物流园区建立了一个配送中心。这是河北快运首次涉及的服装配送业务。配送中心用于凯蒂服饰公司的仓储分拣作业,并提供相应送货的服务。配送中心仓库面积由原来的 3 000m^2,提高到目前的 4 800m^2。仓库总共两层。
>
> 配送中心规划总体目标:针对过去配送中心的问题,以及凯蒂服饰公司未来的销售需求对配送中心提出的新要求。河北快运公司对配送中心提出了改进的设想,总体目标是在不扩充仓库面积的前提下,对仓库进行改进从而使其存储能力和分拣能力满足凯蒂服饰公司对配送业务量的需求,并解决当前配送中心存在的各种日益突出的问题。
>
> 面对凯蒂服饰公司销售量的日益增长,河北快运公司对未来 5 年配送中心的存储货物量、规格、品种、数量等进行了预测,以应对未来凯蒂服饰对配送中心的要求,满足其物流需求,才与这样一个大客户建立了长期合作。配送中心根据当前存储服装数量、品种、规格等数据及公司对未来 5 年这些数据的预测和要求,主要进行了以下几方面的规划。
>
> (1)配送中心功能区规划,包括配送中心作业流程规划、配送中心主要作业内容规划等。
>
> (2)仓库内部规划与设计,包括库房内部布置、库房内通道设计、仓库布局方案等。
>
> (3)物流技术及设备规划与设计,包括储位管理技术、条形码自动识别技术、货架、托盘、叉车、自动分拣系统等。
>
> (4)配送中心信息系统,包括仓库管理系统 WMS、公司内部信息共享系统等。
>
> (资料来源:青鸟英谷教育科技股份有限公司,青岛农业大学.物流配送中心规划与运作管理.2版.西安:西安电子科技大学出版社,2022.)

物流配送中心内部的布局规划,首先应在其经营策略与物流功能定位的基础上,分析内部需求,合理设置作业区域,并明确各区域应具备的物流功能及能力。只有在区域设置明确以后才能利用规划方法进行总体布局规划。

物流配送中心内部布局规划主要满足内部作业流程和功能的需要,在场地平面和空间大小的约束下,合理规划和布局各个作业区的位置及面积,以实现配送中心高效率运营。

5.3.1 配送中心内部区域的设置规划分析

物流配送中心区域布局的规划分析,是建立在配送中心流程分析、作业功能分析、作业能力分析和作业区之间能力平衡分析基础上的。

1. 流程分析

在进行配送中心布局规划前,必须先确定主要的物流活动及其程序。在物流配送中心中,有关进出货、仓储、订单拣取、配送作业等活动,是物流配送中心里的主要活动,部分物流配送中心企业还需处理流通加工、贴标、包装等作业,而当退货发生时也需处理退货品的分类、保管及退回等作业。可以将配送中心商品实体的流动通过图形的方式形象地展现出来。

在确定商品的实体流程后,进而对物流中心的流程进行分析。流程分析内容是物品储运单位的转换与否及如何根据作业特性进行作业分类。物品储运单位可依据储运物品为托盘、箱、内包装盒或单品等特性来进行分类。一个物流配送中心中可能仅有一种或包含各类型储运单位的出货形态;作业特性的分类则包括操作、搬运、检验、暂存、储存等,其中在配送中心的操作以上货、卸货、拣取、补货作业为主。

物流配送中心作业流程分析可利用作业流程分析图来进行,逐步将操作、搬运、检验、暂存、储存保管等不同性质的工作加以分类,并将各作业阶段的储运单位及作业数量加以整理统计,并标出该作业所在区域,即可得知各项物流作业的物流量大小及分布。分析表格可参考表5-4。

表5-4　　　　　　　　　　　配送中心作业流程分析表

项次	作业程序	作业性质	储运单位	作业数量	作业内容说明	作业所在区域
1						
2						
…						
n−1						
n						

经由各项作业流程的基本分析后,即可进行作业流程的合理化分析,找出作业中不合理及不必要的作业,如果能尽量标准化在配送中心中可能出现的计算单位,则可以提升实际配送中心的工作效率,减少重复堆码搬运、翻堆、暂存等作业。如果储运单位过多而不易规划,可将各作业单位予以归并及整合,避免内部作业过程中储运单位过多转换。透过单元负载化的观念,也可达到储运单位简化的目的,以托盘或储运箱为容器,将体积、外型差异较大的物品归并为相同标准的储运单位,如此可以简化配送中心内需处理的物品型式。在规划过程中,除了进货与出货作业受上、下游厂商需求及送货特性限制外,内部储运单位通常可由规划设计者决定,而实现企业使用容器的流通与标准化,则依赖于供应链中各个企业的协作配合。

2. 作业区域划分

经过对配送中心的流程分析后,即可确定配送中心的区域划分。下面我们以一般性配送中心为对象,分别描述配送中心的内部区域划分。

(1)指挥和管理系统

指挥和管理系统是配送中心的中枢神经。其职能：对外负责收集和汇总各种信息，包括用户订货信息和要货信息等，并做出相应的决策；对内负责协调、组织各种活动，指挥调度各类人员，共同完成配送任务。在配送中心的区域设置中，可以选择集中设置在某一区域内，也可以分布在其他工作区中。

(2)作业区

因配送中心的类型及规模大小不同，作业区的构成及其面积大小也不尽相同。一般配送中心中，作业区包括以下几个部分：

①接货验收区

在该作业区中，工作人员必须完成卸货、清点、检验、分类、入库等操作。因货物在接货验收区中停留的时间不长，并且处于流动的状态，因此该区的面积相对不大。需要的设施有铁路或公路专用线、卸货台和验货场区。

②储存区

储存区主要提供商品的储存保管和养护作业。由于储存的货物需要在该区停留一段相对较长的时间，并且占据一定的面积，因此储存区所分配的面积比较大，大体占据整个配送中心作业区约一半的面积。储存区是存储货物的场所，一般都建有专用仓库，甚至现代化的立体仓库，并且配置各种各样的设施设备，包括各种货架、叉车和吊车等起重设备。在区域规划中，一般将储存区规划在仅靠接货的地方，也有的设置在加工区的后面。

③理货区

理货区是工作人员进行拣货和配货的作业场所。拣货和理货工作是配送中心作业流程中的重要作业，其效率高低不仅直接影响下道工序的正常操作，而且直接影响整个配送活动的运行质量及其效益。由此，理货区是配送中心的重点作业区。一般说来，理货区面积大小依据作业量的多少而决定。分拣货物数量较多、配送工作较大的配送中心，其理货区的面积较大。在理货区中为配合分拣和配货的工作，也配置了许多专用设备和设施，包括手推卸货车、重力式货架和回转式货架、升降机、传送装置、自动分拣设施等。

④配装区

有些分拣出来并配备好的货物暂时不能装车发送时，需要集中在某一场所等待统一发送，这种放置和处理待发货的场地就是配装区。因为配装区内货物停留时间不长，所以货位所占面积不大。配装作业的内容是发放货物、组配货物和安排车辆等，与此相对应要配置的设施和设备有计算工具、小型装卸机械和运输工具。

⑤发运区

在该场所中，工作人员完成将准备好的货物装入外运车辆等作业。从布局和结构上看，发运区和收货区类似，也是由运输货物的线路、接靠卸货车辆的站台、场地等组成。所不同的是，发运区位于整个作业流程的末端，而收货区位于作业流程的首端。在区域规划时，可以将发运区和收货区设置在配送中心两个不同的方向，也可以设置在同一方向，但必须要有明显的分区界线。

⑥加工区

有些配送中心需要从事加工作业，在区域结构上就要设置加工区，以完成分装、切裁、混装、刷唛、包装等流通加工作业。在加工区中，往往需要配备一些加工设备，如切割机、打包机、锯床等。因加工工艺的差别,各个配送中心的加工区所配备的设备也不完全相同。和储存区一样,加工区所占面积较大,尤其是煤炭、水泥、木材等生产资料加工区。

3. 作业区域能力规划

物流配送中心作业区域因其功能要求不同,其作业能力需求有所差异,进而会影响作业区域在配送中心的布局、面积及位置。仓储区是配送中心的核心作业区域,其作业能力是物流配送中心物流能力的具体体现,下面仅介绍仓储区的作业能力确定方法。

作业区域的容量是维持一定期间(厂商送货期间)内的出货量需求,因此对进出货的特性及出货量均需加以考虑。仓储区的储运能力计算可以在缺乏足够的分析信息时利用周转率来估计。如果能搜集产品的年储运量及工作天数,针对上游厂商商品送货频率进行分析,或进一步制定送货间隔天数的上限,则可以利用商品送货频率来估算仓储量的需求。

(1)利用周转率估计作业区域储存量

计算公式为

$$作业区域存储量 = (年仓储运转量/周转次数) \times 安全系数 \quad (5-12)$$

其中,年仓储运转量即年储运量,是将物流配送中心的各项进出产品依据单元负载单位换算成相同单位的储存总量,经合计各品项全年的总量后,可得到配送中心的年运转量。实际计算时如果产品物性差异很大(如干货与冷冻品)或基本储运单位不同(如箱出货与单品出货),可以分别加总计算。

周转次数可以采用预估的方式,制定配送中心仓储存量周转率目标。目前一般食品零售业年周转次数为 20~25 次,制造业为 12~15 次。

安全系数是估计仓储运转的变动弹性,其目的是满足高峰时期的高运转量。如果物流配送中心商品进出货有周期性或季节性的明显趋势时,则需探讨整个仓储营运策略是否需涵盖最大需求,或者可经由采购或接单流程的改善,来达到需求平准化的程度,以避免安全系数过高增加仓储空间过剩的投资浪费。

(2)利用商品送货频率估计作业区域存储量

计算公式为

$$作业区存储量 = (年仓储运转量/年出货天数) \times 送货频率 \times 安全系数 \quad (5-13)$$

其中,年仓储运转量与安全系数同上。年出货天数为工作天数,依据产品种类估计其年出货天数;送货频率可以根据产品类别不同来估计。

4. 作业需求能力平衡分析

作业需求能力平衡分析是依照作业流程的顺序,整理各环节的作业量大小,将物流配送中心内由进货到出货各阶段的物品动态特性、数量及单位表示出来。

进行作业需求能力平衡分析的原因是因为作业时序安排、批次作业的处理周期等因素,可能产生作业高峰及瓶颈,因此需调整需求量,以适应实际可能发生的高峰需求,而由于主要物流作业均具有程序性的关系,因此也需考虑前后作业的平衡性,以避免因需求能力规划不当而产生作业的瓶颈。

5.3.2 配送中心内部布局规划

配送中心内部布局规划主要是针对配送中心内部的作业区域进行空间区域的布局规划,产生作业区域的区块总体布置图,标出各作业区域的面积与界线。

1. 配送中心内部布局规划阶段

在物流配送中心的厂房区域布局规划模式中,基本上可区分为三个规划阶段。

(1)物流作业区的布局规划

物流作业区的布局规划是以物流作业为主,仅考虑物流相关作业区域的布局规划形式,由于物流配送中心内的基本作业形态大部分为流程式的作业,不同订单具有相同的作业程序,因此适合以生产线式的布局规划方法进行布局规划。若订单种类、物品特性或拣取方法有很大的差别,则可以将物流作业区域区分为数个不同形态的作业线,以分区处理订单内容,再经由集货作业予以合并,这样可以高效地处理不同性质的物流作业。

(2)厂房作业区的布局规划

除了物流作业以外,物流配送中心中仍包含其他管理辅助作业区域,各区域与物流作业区之间无直接流程性的关系,因此适合以关系型的布局模式作为厂房区布局的规划方法。可以采用两种方式进行布局规划。

第一种方式可将物流作业区视为一个整体,与其他各活动区进行相关布局规划,分析各区域间的活动关系,以决定各区域之间相邻与否。这种方式较为简便,可以减少相关分析阶段各区域间的复杂度,但是对于配置方位与长宽比例的限制则会增加。因此布局规划时要结合规划者的经验判断,进行适当的人工调整。

第二种方式可将物流作业区内各单一作业区分别独立出来,转化相互间的物料流程为活动关系的形式,与厂房内各区综合分析其活动相关性,来决定各区域的布局。

(3)厂区的布局规划

厂区范围内的相关区域,涉及厂区通道、停车场、对外出入大门及联外道路形式等。在进行厂区布局规划时需要预测未来可能的扩充方向及经营规模变动等因素,以保留适当的变动弹性。

本节将首先对作业区的布局规划进行介绍,然后再对辅助管理区的区域布局规划进行描述。

2. 配送中心内部布局规划的基本内容

配送中心内部布局的规划思想采用1961年理查德·缪瑟提出的SLP(系统化布局设计)原理。SLP是一种条理性很强、结合物流分析与作业单位关系密切程度分析、寻求合理布局的技术,不仅适合各种规模或种类的工厂的新建、扩建或改建中对设施或设备的布局和调整,也适合制造业中对办公室、实验室、仓库等的布局设计等。以下介绍的是基于SLP原理,对物流配送中心的布局规划的基本内容。

物流配送中心区域布置包括物流相关性分析、活动相关分析、作业空间布局规划、区域的配置、动线分析、实体限制的修正。

(1)物流相关性分析

物流相关性分析的目的是不直接考虑各作业单位的占地面积和几何形状,而是从作业

物流系统分析与设计

单位间相互关系密切程度出发,安排各作业单位之间的相对位置,关系密切等级高的作业单位之间距离近,等级低的距离远。

本部分主要对物流配送中心的物流路线和物流量进行分析。物流量分析是汇总各项物流作业活动从某区域至另一个区域的物料流量,制作从至表,见表5-5,作为分析各区域间物料流量大小的依据。

从至表用以表示建筑物之间、部门之间或机器之间的物流量、物料搬运总量等。表5-5表示某从至表,表上行和列的标题内,按同样顺序列出全部作业单位(建筑物、机器、部门等)。将物资在两个作业单位之间的移动(用字母表示物资,用数字表示搬运总量)填入两个作业单位行和相交的方格内。注意,从图表的左上角至右下角,画一条对角线,物料前进记在右上方,退回记在左下方。

表5-5　　　　　　　　　　　　作业单位的从至表

作业单位	作业单元1	作业单元2	作业单元3	作业单元4	作业单元5
作业单元1		AC13	BD3	C3	
作业单元2			C5	ABC4	
作业单元3		B3		B2	
作业单元4		A8			E4
作业单元5					

(2)活动相关分析

物流配送中心内除了与物流有关的功能区域外,还有许多与物流无关的管理或辅助性的功能区域。这些区域尽管本身没有物流活动,但却与其他区域有密切的业务关系,因此还需要对所有区域进行业务活动相关性分析,确定各区域之间的密切程度。

各作业区域间的活动关系可以概括如下。

①程序性的关系:因物料流、信息流而建立的关系。

②组织上的关系:部门组织上形成的关系。

③功能上的关系:区域间因功能需要形成的关系。

④环境上的关系:因操作环境、安全考虑上需保持的关系。

各区域之间存在着物流关系、非物流关系两种关系。物流关系可以用物流强度来表示两个作业单位之间的关系密切程度;非物流关系无法定量表示,只能通过定性分析加以区分。

可以将区域间的相关程度分为六个等级,见表5-6。

表5-6　　　　　　　　　　　　物流相关程度等级划分表

符号	含义	说明	比例(%)
A	绝对重要		2~5
E	特别重要		3~10
I	重要		5~15
O	一般重要		10~25
U	不重要		45~80

(续表)

符号	含义	说明	比例(%)
X	负的密切程度	不希望接近	酌情而定

评定相关程度通常可以从几个方面加以考虑：工作流程、作业性质、使用设备情况、使用场地情况、监督和管理、安全与卫生、联系频繁程度、噪声、振动、公用设施相同和文件信息往来情况等。

为了能清楚表明各作业单位之间的物流关系，我们将物流强度用物流关系图(图 5-8)表示。在这个图中不区分物料移动的起始与终止作业单位，在行与列的相交方格中填入行作业单位与列作业单位的物流强度等级。

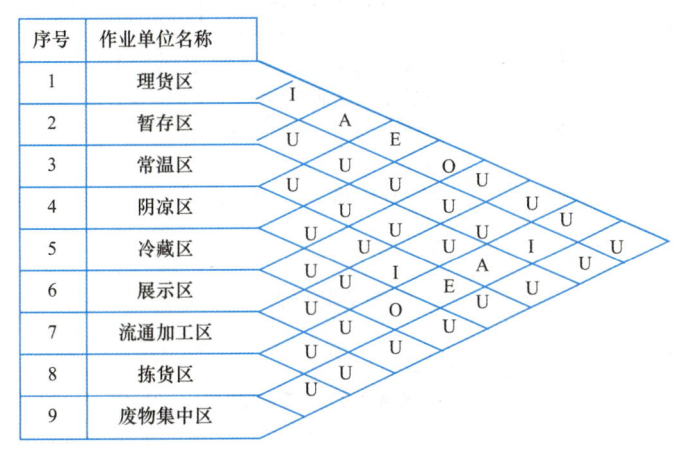

序号	作业单位名称
1	理货区
2	暂存区
3	常温区
4	阴凉区
5	冷藏区
6	展示区
7	流通加工区
8	拣货区
9	废物集中区

图 5-8　物流相互关系图

(3)作业空间布局规划

作业空间的需求规划在整个物流配送中心的规划设计中具有重要影响，是营运成本与空间投资效益的关键，如何在有效率使用中使物流作业空间发挥最大效益是要点。作业空间布局规划需针对作业流量、作业活动特性、设备型式、建筑物特性、成本与效率等因素加以分析，以决定适合的作业空间大小及长、宽、高度比例。而由于相关物流仓储设备具有整数单位的特性，在面积的估算下，通常需要进行部分的调整，可能增加设备及作业量的需求，或者修改部分设备的规格。但是在区域布局规划的阶段，相关的设计参数均为参考值，需在详细布局时以明确的设备规格尺寸资料来修正面积需求及配置方案。

在物流设备与外围设施规划选用完成后，再决定各项设备的基本形式与数量，由此可完成各作业区域的设备需求表，并提出区域内相关设施的概略配置图。而配合各区活动关系的分析后，则可进一步估计各区域的需求面积。部门区域性质不同，其空间计算的标准也不同，应合理设置安全系数，以求得较合理的部门面积分配。

作业空间布局规划中，除了预估需求设备的基本使用面积，另外还需要估计操作、活动、物料暂存作业空间需求、预留通道占用比例、估计面积的安全系数等，其比例的制定可视作业形态、对象体积、厂房建筑本体的占用面积等因素加以考虑。单一区域面积估计完成后，另需依照设备型式决定该面积的长宽比例，以避免面积大小符合但是长宽比不适，使得该面积的使用不可行。最后加总各区域的需求面积后，仍需考虑厂区扩充及其他弹性运用的需求面积。至于整体面积的最终需求，仍需配合长宽比例的调整进行估算。

作业空间布局规划的程序参见图 5-9 所示。

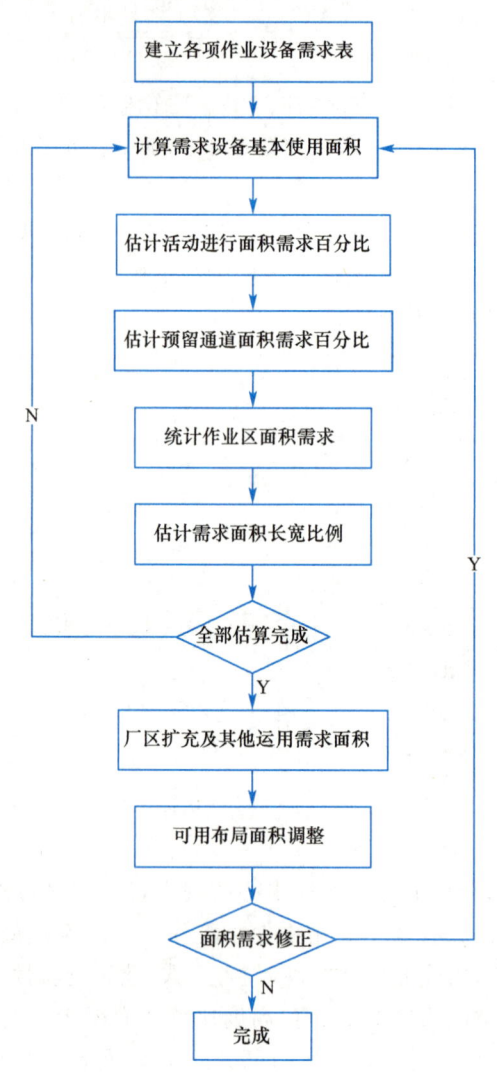

```
建立各项作业设备需求表
        ↓
计算需求设备基本使用面积 ←───┐
        ↓                    │
估计活动进行面积需求百分比     │
        ↓                    │
估计预留通道面积需求百分比     │
        ↓                    │
统计作业区面积需求             │
        ↓                    │
估计需求面积长宽比例           │
        ↓                    │
    全部估算完成 ──N──────────┘
        │Y
厂区扩充及其他运用需求面积
        ↓
可用布局面积调整
        ↓
    面积需求修正 ──Y──────────→(回到计算需求设备基本使用面积)
        │N
       完成
```

图 5-9 作业空间规划的程序

(4) 区域的配置

区域配置逻辑包括两种型式。一是内围式程序，先决定厂区面积的大小与长宽比例，然后在此范围内配置各相关作业区域。二是外张式程序，先配置各作业区域的相邻关系，然后形成可行的面积组合形式，再确定外部厂区的面积范围，并进行各区域面积的局部调整，以完成各区域面积的配置。

区域的配置方法主要有流程式布置法和相关性布置法。在规划区域布局时应按各作业区域性质决定其配置程序。

① 流程式布置法

流程式布置法是将物流移动路线作为布置的主要依据，适用于物流作业区域的布置。流程式布置法通常在以模板进行配置时考虑区域间物流动线的形式，所以作为配置过程的参考。

②相关性布置法

相关性布置法根据各区域的活动相关表进行区域布置,适用于整个厂区或辅助性区域的布置。在布局时为减少关系密切的区域间经历的距离时间太长,应该尽量保证关系密切区域接近。物流中心区域布局可以采用模板配置法,也可采用计算机辅助布置。

区域配置的整个过程可以参照图 5-10 所示。该流程图以流程配置法为例说明区域配置的步骤。

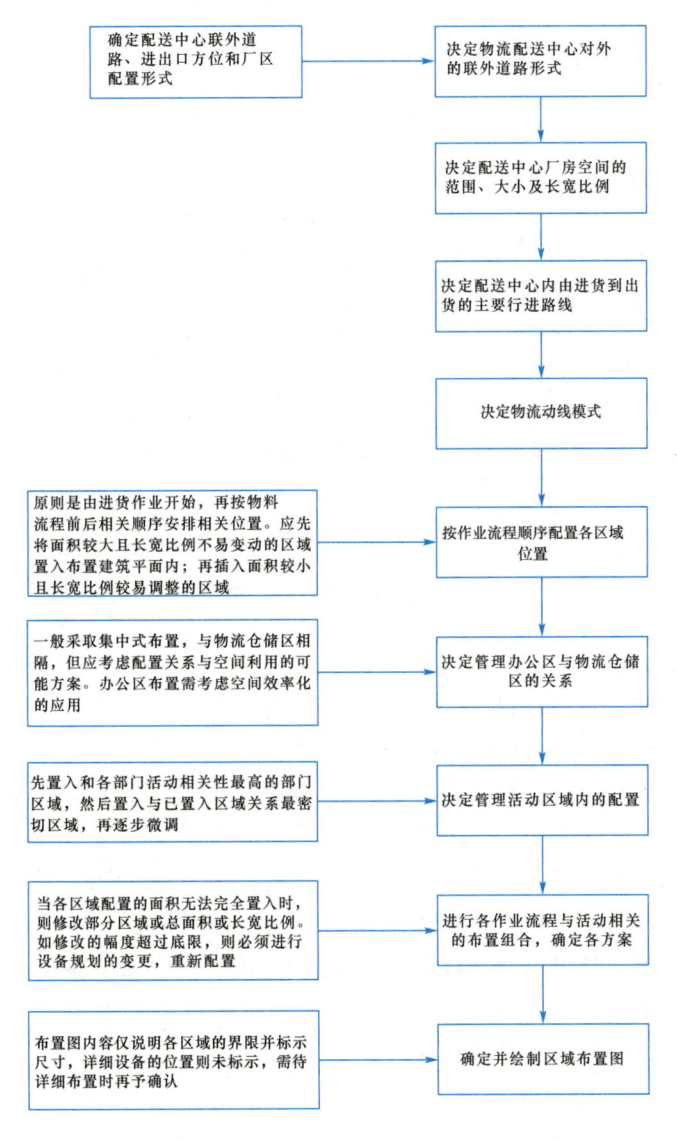

```
                    ┌─────────────────────┐      ┌─────────────────────┐
                    │ 确定配送中心联外道   │      │ 决定物流配送中心对外 │
                    │ 路、进出口方位和厂区 │─────▶│ 的联外道路形式       │
                    │ 配置形式             │      │                     │
                    └─────────────────────┘      └──────────┬──────────┘
                                                            ▼
                                                 ┌─────────────────────┐
                                                 │ 决定配送中心厂房空间的│
                                                 │ 范围、大小及长宽比例 │
                                                 └──────────┬──────────┘
                                                            ▼
                                                 ┌─────────────────────┐
                                                 │ 决定配送中心内由进货到出│
                                                 │ 货的主要行进路线     │
                                                 └──────────┬──────────┘
                                                            ▼
                                                 ┌─────────────────────┐
                                                 │ 决定物流动线模式     │
                                                 └──────────┬──────────┘
                                                            ▼
 ┌──────────────────────────┐                    ┌─────────────────────┐
 │ 原则是由进货作业开始,再按物料│                    │ 按作业流程顺序配置各区域│
 │ 流程前后相关顺序安排相关位置。应先│──────────────▶│ 位置                 │
 │ 将面积较大且长宽比例不易变动的区域│                    │                     │
 │ 置入布置建筑平面内;再插入面积较小│                    │                     │
 │ 且长宽比例较易调整的区域      │                    │                     │
 └──────────────────────────┘                    └──────────┬──────────┘
                                                            ▼
 ┌──────────────────────────┐                    ┌─────────────────────┐
 │ 一般采取集中式布置,与物流仓储区相│                    │ 决定管理办公区与物流仓储│
 │ 隔,但应考虑配置关系与空间利用的可│──────────────▶│ 区的关系            │
 │ 能方案。办公区布置需考虑空间效率化│                    │                     │
 │ 的应用                   │                    │                     │
 └──────────────────────────┘                    └──────────┬──────────┘
                                                            ▼
 ┌──────────────────────────┐                    ┌─────────────────────┐
 │ 先置入和各部门活动相关性最高的部门│                    │ 决定管理活动区域内的配置│
 │ 区域,然后置入与已置入区域关系最密│──────────────▶│                     │
 │ 切区域,再逐步微调        │                    │                     │
 └──────────────────────────┘                    └──────────┬──────────┘
                                                            ▼
 ┌──────────────────────────┐                    ┌─────────────────────┐
 │ 当各区域配置的面积无法完全置入时,│                    │ 进行各作业流程与活动相关│
 │ 则修改部分区域或总面积或长宽比例。│──────────────▶│ 的布置组合,确定各方案│
 │ 如修改的幅度超过底限,则必须进行│                    │                     │
 │ 设备规划的变更,重新配置  │                    │                     │
 └──────────────────────────┘                    └──────────┬──────────┘
                                                            ▼
 ┌──────────────────────────┐                    ┌─────────────────────┐
 │ 布置图内容仅说明各区域的界限并标示│                    │ 确定并绘制区域布置图│
 │ 尺寸,详细设备的位置则未标示,需待│──────────────▶│                     │
 │ 详细布置时再予确认        │                    │                     │
 └──────────────────────────┘                    └─────────────────────┘
```

图 5-10 区域配置的步骤

(5)动线分析

区域布置阶段,各项设备的详细规格并未订出,但是在进行物流动线的分析过程中,仍需按设备规划与选用的形式进行概略性的配置规划,标示各项设施的预定位置及物流动线的形式,逐一分析各区域间及区域内的物流动线是否顺畅,确认有无改进的必要。

动线分析的过程如图 5-11 所示。

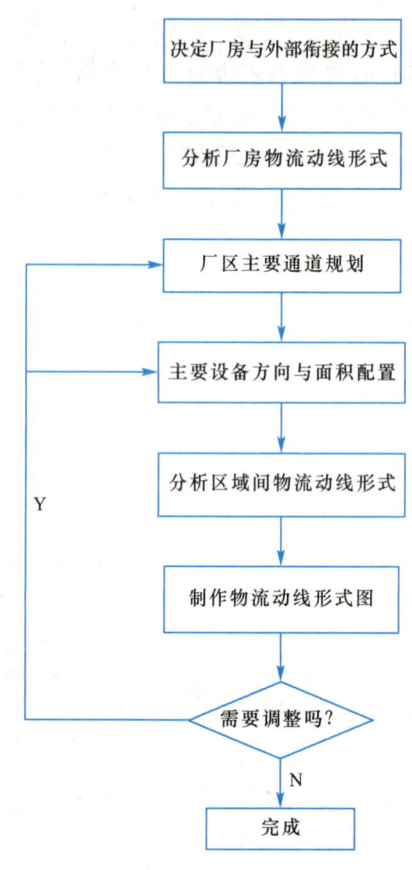

```
           ┌─────────────────────┐
           │ 决定厂房与外部衔接的方式 │
           └──────────┬──────────┘
                      ↓
           ┌─────────────────────┐
           │  分析厂房物流动线形式  │
           └──────────┬──────────┘
                      ↓
           ┌─────────────────────┐
       ┌──→│    厂区主要通道规划    │
       │   └──────────┬──────────┘
       │              ↓
       │   ┌─────────────────────┐
       │   │  主要设备方向与面积配置 │
       │   └──────────┬──────────┘
       │              ↓
       Y   ┌─────────────────────┐
       │   │ 分析区域间物流动线形式 │
       │   └──────────┬──────────┘
       │              ↓
       │   ┌─────────────────────┐
       │   │   制作物流动线形式图   │
       │   └──────────┬──────────┘
       │              ↓
       │         ╱ 需要调整吗？╲
       └────────╱              ╲
                ╲              ╱
                 ╲_____╱
                      │ N
                      ↓
                  ┌──────┐
                  │ 完成 │
                  └──────┘
```

图 5-11　移动路线分析的过程

(6)实体限制的修正

经以上各阶段的规划分析,厂房区域布置规划已接近完成,但是仍有一些限制条件必须加以考虑,进行必要的修正与调整。这些因素如下：

①厂房与土地面积比例。确认厂房建蔽率、容积率、绿地与环境保护空间的比例及限制等因素是否符合。

②厂房建筑的特性。有无特定建筑物造型、长宽比例、柱位、跨距、梁高等限制或需求。

③法规限制。需考虑土地建筑法规、环保卫生安全相关法令、劳动基准法等因素。

④交通出入限制。如果已有预订的厂区方案时,需考虑有无交通出入口及所在地形区位的特殊限制等因素。

⑤其他,如经费预算限制、策略配合因素等。

3.配送中心辅助作业区域设施布局规划

在规划阶段需对各辅助作业区所需设施空间进行初步的估计,并在区域布置时进一步调整。配送中心内因作业形态的差异,空间需求的计算原则及考虑因素不尽相同,以下就配送中心通道、进出货区等辅助作业区域进行说明。

(1)通道空间的布局规划

通道虽不直接属于任一作业区域,但是通道的合理设置与宽度设计是影响物流效率的关键。一般作业区域布局规划必须首先划定通道的位置,而后分配各作业区域。通道的设计应能方便货物的存取、装卸设备的进出及必要的服务区间。

①通道的类型

配送中心内部的通道一般包含下列几种。

工作通道：物流仓储作业及出入厂房作业的通道。又包括主通道及辅助通道。主通道通常连接厂房的进出门口至各作业区域，道路也最宽；辅助通道为连接主通道至各作业区域内的通道，通常垂直或平行于主通道。

人行通道：只适用于员工进出特殊区域的场合，应维持最小数目。

电梯通道：提供出入电梯的通道，不应受任何通道阻碍。通常此通道宽度至少与电梯相同，距离主要工作通道3～4.5m。

其他各种性质的通道：公共设施、防火设备或紧急逃生所需的进出通道。

②通道布局规划考虑的因素

在规划通道位置及宽度时必须考虑的因素：通道形式；搬运设备的型式、尺寸、产能、回转半径；储存货品的尺寸；与进出口及装卸区的距离；储存货物的批量、尺寸；防火墙的位置；行列空间；服务区及设备的位置；地板承载能力；电梯及坡道位置。

③通道布局规划的原则

良好通道的布局规划的原则如下：

流量经济：让所有厂房通道的人、物移动都形成路径。

空间经济：通道通常需占据不少厂房空间，因此需谨慎地设计以发挥空间运用的效益。

设计的顺序：应先以主要通道配合出入厂门的位置进行设计，其次为出入部门及作业区间的通道设计，而后才是服务设施、参观走道等通道的设计。

大规模厂房的空间经济：在一个6m宽的厂房内仍须有一个宽1.5～2m的通道，占有效地板空间的25%～30%；而一个180m宽的厂房可能有3个宽3.6m的通道；只占所有空间的6%，即使再加上次要通道，也就占10%～12%。因此，大厂房在通道设计上可达到大规模空间经济性。

安全性：必须要求通道足够空旷，以适应危险时尽快逃生的目的。

楼层间的交通：电梯是通道的特例，其目的在于将主要通道的物品运至其他楼层，但又要避免阻碍到主要通道的交通。

④通道宽度和条数的规划

通道设计的宽度和条数，主要由搬运方法、车辆出入频度和作业路线等因素决定。由于建筑物内部通道的设置与建筑物设施的功能、效率、空间利用率等因素密切相关，所以应根据进出商品的品种和数量，以及所选定的设备的作业特点，决定通道的宽度和通道的条数。

以仓储库房内的通道设计为例，仓储库房内通道可分为运输通道（主通道）、作业通道（副通道）和检查通道。

运输通道供装卸运输设备在库内运行，其宽度主要取决于装卸运输设备的类型、外形尺寸和单元装载的大小。例如，铁路专用线入库，其通道宽不应小于4m；移动式起重机和汽车进库，其通道宽度应为3～4m；若库内安装桥式起重机，其运输通道宽度可压缩到1～5m。当库内利用叉车作业时，其运输通道宽度可通过公式计算求出。如果单元装载的宽度不太大时，可利用公式(5-14)进行计算，叉车工作的示意图如图5-12所示：

运输通道宽度＝叉车外侧转向半径＋货物至叉车驱动轴中心线的距离＋

单元装载货物的长度＋叉车转向轮滑行的操作余量　　　　　（5-14）

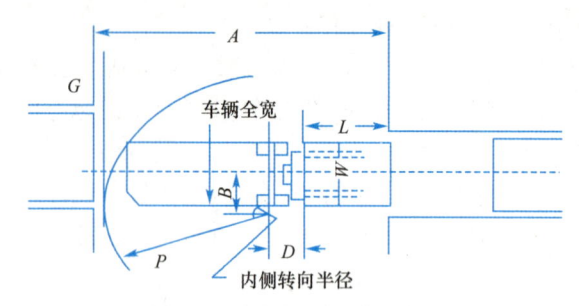

图 5-12　仓库中叉车工作示意图

作业通道是供作业人员存取搬运商品的行走通道,其宽度取决于作业方式和货物的大小。当通道内由人工存取货物时,其宽度可按下式计算：

作业通道的宽度＝作业人员身体的厚度＋货物的最大长度＋

2×作业人员活动余量　　　　　（5-15）

检查通道是供仓库人员检查库存商品时的行走通道,其宽度只要能使检查人员自由通过即可,一般为 0.5m 左右。

(2)进出货区的布局规划

①进出货平台的规划

货品在进货时可能需拆装、理货、检验或暂存以等待入库储存,同样的在出货前也需包装、检查或暂存以等待卡车装载配送,因此在进出货平台上需留空间以作为缓冲区。

另外,进出货平台常需衔接设备,以便平台与车辆的高度不同时能顺利装货及卸货,因而在进行进出货规划时,也需考虑到这些衔接设备的需求空间,需视衔接设备大小而定平台的实际尺寸。

同时为了使搬运车辆及人员能顺畅进出,在暂存区与衔接设备之间还需要规划出入通道,以避免动线受到货阻碍。而进出货暂存区的规划则须视每日进出货车辆数、进出货量及时段的分布来决定。

图 5-13 为进出口平台的规划平面图。

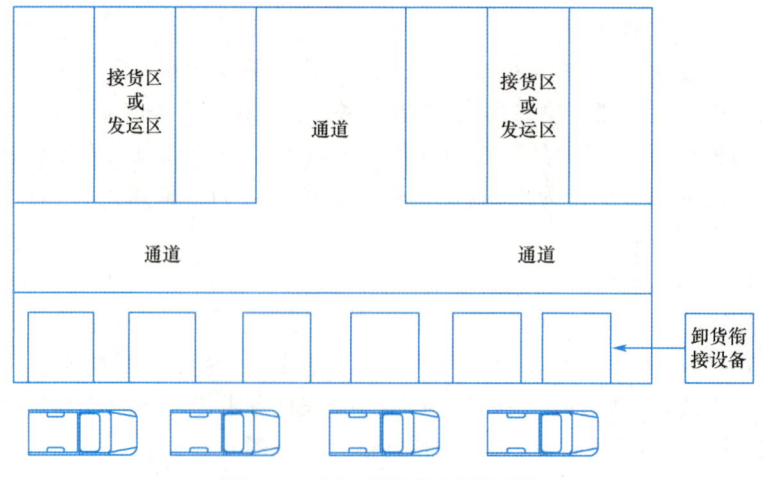

图 5-13　进出口平台的规划平面图

②进出货站台配置形式的规划

进出货站台的设计可根据公司作业性质及厂房形式来考虑,以仓库内物流的动线来决定进出货站台的安排方式。为使物料能顺畅地进出仓库,进货站台与出货站台的相对位置安排非常重要,很容易影响进出货的效率及品质。一般来说,两者间的布置方式有四种,如图 5-14 所示。

a. 进货及出货共享站台。此种设计可提高空间及设备使用率,但有时较难管理,尤其在进出货高峰时刻,容易造成进出货相互干扰的不良后果。所以,此种安排较适合进出货时间得以规划错开的仓库。

b. 进出货区分别使用站台,但两者相邻以便管理。此种安排设备仍可共享,但进货及出货作业空间分隔,可解决上一方式进出货互相干扰的困扰;但进出货空间不能弹性互用,使空间效益变低。此种方式的安排较适合厂房空间适中,且进出货容易互相干扰的仓库。

c. 进出货区分别使用站台,两者不相邻。此种站台安排方式,进出货作业等于完全独立的两部分,不仅空间分开,设备的使用也作划分,可使进出货更为迅速顺畅,但空间及设备的使用率较前者降低。对于厂房空间不足者不适宜。

d. 数个进货、出货站台。若厂房空间足够且货品进出频繁、复杂,则可规划多个站台,以适应及时进出货需求的管理方式。

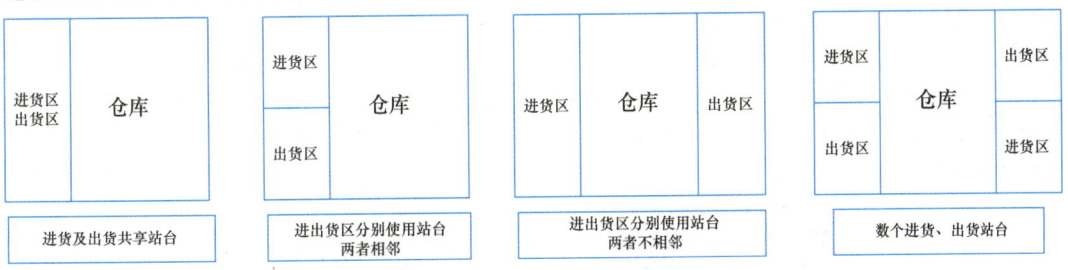

图 5-14 进出货站台的布置方式

③站台形式的设计

站台本身的设计形式一般分为两大类型:锯齿式(如图 5-15 所示)及直线式(如图 5-16 所示)。

图 5-15 锯齿式站台

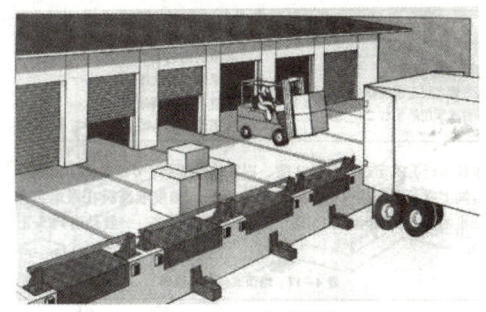

图 5-16 直线式站台

锯齿式站台的优点是车辆回旋纵深较浅,但其缺点为占用仓库内部空间较大。直线式站台的优点在于占用仓库内部空间较小,缺点是车辆回旋纵深较深,外部空间需求较大。

经营者在作决策时可考虑土地及建筑物的价格,如果土地价格与仓库的造价差距不大,以直线式为佳。进出货空间的设计除考虑效率及空间外,安全也是必要的考虑因素,尤其是车辆与站台之间的连接设计,以防止大风吹入仓库内部、雨水进入货柜或仓库,避免库内空调冷暖气外泄等灾害损失及能源浪费。

④进出货站台与厂区的配合

进出货站台与厂区的配合方式主要有内围式、齐平式、开放式三种。

内围式如图5-17所示,将展台围在厂房内,进出货车辆可直接开进厂房装卸货,此形式的设计针对上述因素最为安全,不怕风吹雨打,也不用担心冷暖气外泄。

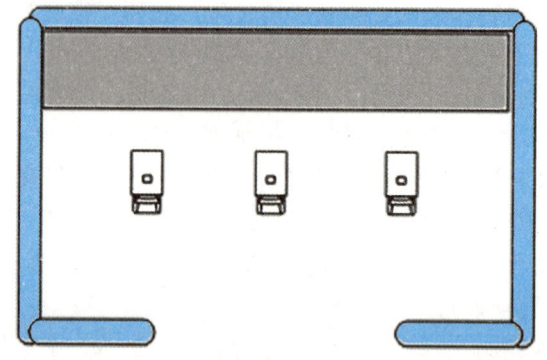

图 5-17 内围式

齐平式如图5-18所示,站台与仓库外缘刚好齐平,此形式虽没有上一种形式安全,但至少整个站台仍在仓库内受保护,能源浪费的情况较能避免。此形式因造价较为便宜,是目前最广为采用的形式之一。

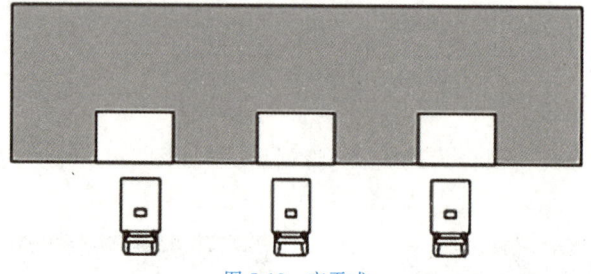

图 5-18 齐平式

开放式如图5-19所示,站台全部突出于厂房外的形式,此形式在站台上的货品等于完全不受遮掩保护,且库内冷暖气容易外泄。

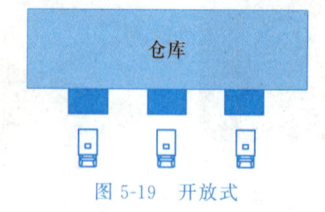

图 5-19 开放式

(3)仓储区的布局规划

仓储区主要用于配送中心货物的存放,因此在进行仓储区的布局规划时,要确保仓储持有库存和物料搬运的功能。其主要任务是在已经选定的建库地址上规划各项仓库设施设备等的实际方位和占地面积。

①仓储区布局规划应注意的问题

a. 仓区要与经营现场靠近,通道顺畅。

b. 每个货仓有相应的进仓门和出仓门,并有明确的标牌。

c. 货仓办公室尽可能设置在仓区附近,并有仓名标牌。

d. 测定安全存量、理想最低存量或定额存量,并有标示牌。

e. 按存储容器的规格、楼面载重承受能力和叠放的限制高度,将仓区划分为若干仓位,并用油漆或美纹胶在地面标明仓位名、通道和通道走向。

f. 仓区内要留有必要的废次品存放区、物料暂存区、待验区、发货区等。

g. 仓区设计必须将安全因素考虑在内,须明确规定消防器材所在位置、消防通道和消防门的位置及救生措施等。

h. 每个货仓的进门处,须张贴货仓平面图,标明该仓库所在的地理位置、周边环境、仓区、仓位、仓门、各类通道、门、窗和电梯等。

仓储区布局时,既要考虑到提高仓库平面和空间利用率,又要提高物品保管质量,方便进出库作业,从而降低物品的仓储处置成本。

②仓储区平面布局形式

平面布局是指对货区内的货垛、通道、垛间(架间)距、收发货区等进行合理的规划,并正确处理它们的相对位置。主要依据库存各类物品在仓库中的作业成本,按成本高低分为A、B、C类,A类物品作业量大约应占据作业最有利的货位,B类次之,C类再次之。

平面布局的形式有:

a. 横列式布局

货垛或货架的长度方向与仓库的侧墙互相垂直。如图5-20所示。

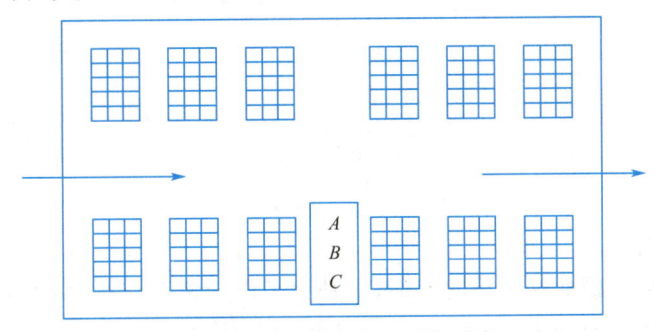

图5-20 仓储区的横列式布局形式

其主要优点:主通道长且宽,副通道短,整齐美观,便于存取查点,如果用于库房布局,还有利于通风和采光。

其主要缺点:主通道占用面积多,仓库面积利用率受到影响。

b. 纵列式布局

货垛或货架的长度方向与仓库侧墙平行。如图5-21所示。

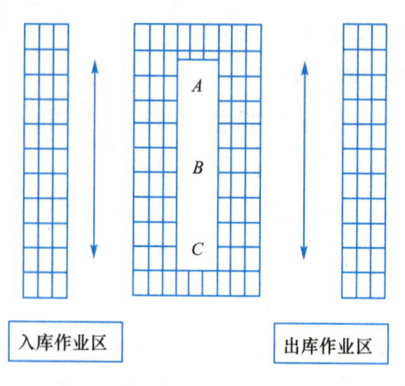

图 5-21 纵列式仓储区布局形式

其主要优点:可以根据库存物品在库时间的不同和进出频繁程度安排货位;在库时间短、进出频繁的物品放置在主通道两侧;在库时间长、进出不频繁的物品放置在里侧。

其主要缺点:存取物资不便,对通风采光不利。

c. 纵横式布局

在同一保管场所内,横列式布局和纵列式布局兼而有之,可以综合利用两种布局的优点。如图 5-22 所示。

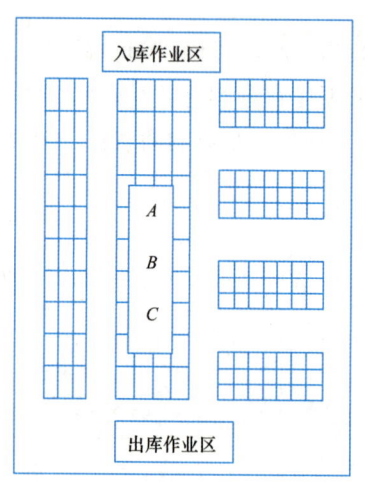

图 5-22 纵横式仓储区布局形式

d. 货垛倾斜式布局

货垛倾斜式布局是横列式布局的变形,它是为了便于叉车作业、缩小叉车的回转角度、提高装卸搬运作业效率而采用的布局方式。如图 5-23 所示。

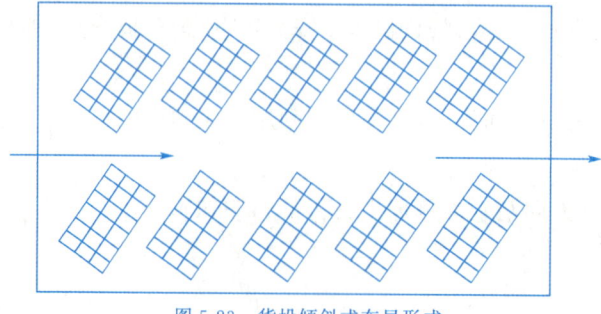

图 5-23 货垛倾斜式布局形式

其主要缺点:造成不少死角,仓库面积不能被充分利用。

e. 通道倾斜式布局

仓库的通道斜穿保管区,把仓库划分为具有不同作业特点的区域,如大量储存和少量储存的保管区等,以便进行综合利用。在这种布局形式下,仓库内形式复杂,货位和进出库路径较多。如图5-24所示。

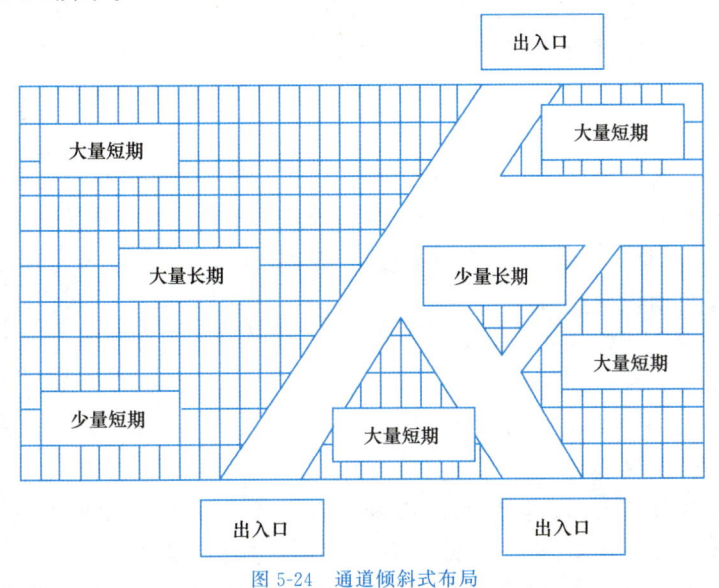

图 5-24　通道倾斜式布局

倾斜式设计方案只能在一定的条件下方可采用,有很大的局限性。它只适用于品种单一、批量大、用托盘单元装卸、就地码垛、使用叉车搬运的物资,在一般的综合仓库中不宜使用。

从普通材料仓库来看,主要采用垂直设计,而且以横列式布局为主。究竟采用哪种方式,要根据仓库的大小、库房的长宽比、货架的规格尺寸、堆码的方式、收发作业的方式和机械化程度等因素综合考虑。

5.4 配送中心设施及设备规划

> **小资料**
>
> **凯迪服饰配送中心物流设备技术规划**
>
> **1. 储位管理技术**
>
> 不合理的作业方式将直接导致服装过季而被退货。因此,利用储位管理技术对仓库货架及货物进行管理就显得非常重要。
>
> 按照配送中心作业性质,将存储区分为预备储区、保管储区、动管储区。

预备储区是进货作业和发货作业所使用的暂存区,主要工作是对货物进行标示、分类,不管进货和发货,均可依据需求情况,整齐地存放在储位上,管理时配合看板,采用目视和颜色管理相结合。

　　保管储区是配送中心最大且最主要的储区,用以对货物的存放保管。在一定的储放容量条件下,对储区货物的摆放方式、摆放位置等进行合理、有效的管理,可以充分利用仓库空间,提高库容利用率。保管区通道以及储区要以不同颜色标示,以确定某个品种货物在储区的摆放位置,并在显眼位置设有消防设施。

　　动管储区是用来拣货作业的区域。其特点是货物大多数在短期内将被拣取,货物在储位上流动频率很高。常采用货物标识(条形码技术)、位置指示及拣货设备(自动分拣系统)相结合的管理方法,以达到缩短时间、距离,以及降低拣错率的目的。

2. 条形码自动识别技术

　　每件进入储位的货品都是有条形码的,通过条形码阅读器设备读取后,可以迅速、正确地把商品信息自动输入计算机,达到自动登录、控制、传递的目的。采用条形码自动识别技术,可以大大提高入库作业、盘点工作和出库作业的准确性和作业效率。

3. 货架、托盘、叉车

　　仓库存箱区每天入库总箱数400箱,出库总箱数420箱,近200个规格,所以无法采用统一托盘。经过研究,决定购买灵活式托盘和流动式货架,对二者进行配套使用。灵活式托盘能在一定程度上解决多种规格货物箱上架的问题,流动式货架则是为了适应配送中心这种少量多样(规格)的配送方式。另外,流动货架大大减少了货物存储中存取货物的难度,大大加快了货物进出的速度,是在有限的资源下进行仓储改进设计的较优选择。

4. 自动分拣系统

　　目前的仓储业务应付起来都有些紧张,分拣速度也跟不上,预测未来的仓储业务量将会不断增加。公司决定建立自动分拣系统。自动分拣系统大体上由收货输送机、喂料输送机、分拣指令设定装置、合流装置、分拣输送机、分拣卸货道口、计算机控制器等七部分组成。建立自动分拣系统不仅能为公司节约时间、提高工作效率,还能节约人力资源,减少公司的工资支出,再把节省的资金投入公司的建设中去,以提高公司实力,给客户和自身带来经济效益。

(资料来源:胡彪,高延勇,孙萍.物流配送中心规划与经营.北京:电子工业出版社,2008)

　　配送中心设施及设备规划应根据系统的概念、运用系统分析的方法求得整体优化;以流动的观点作为设施设备规划的出发点,并贯穿在设施设备规划的始终;减少和消除不必要的作业流程,在时间上缩短作业周期,空间上减少面积,物料上减少停留、搬运和库存。这样才能保证投入的资金减少,生产成本最低。同时,配送中心设施及设备规划要考虑创造一个良好、舒适的工作环境。

　　配送中心内部设备主要包括物料搬运设备、仓储设备、分拣设备、加工设备等。这些设备是配送中心进行物流作业必不可少的工具。以下仅对物料搬运设备和仓储设备的选择进行介绍。

5.4.1 物料搬运设备的规划

物料搬运是指在同一场所范围内进行的,以改变物料的存放(支承)状态(狭义的装卸)和空间位置(狭义的搬运)为主要目的的活动,即对物料、产品、零部件或其他物品进行装卸、移动的活动。物料搬运在物流的各个环节中起着相互联结与转换、保证物流过程连续正常进行的作用。因此,物料搬运系统是否合理,直接影响配送中心生产效率的高低。

1. 物料搬运设备的类型

物料搬运因搬运对象的不同特点,可以选择不同类型的物料搬运设备。

(1)搬运车辆

搬运车辆是配送中心内应用最普遍的作业设备,搬运车辆的种类很多,包括手推车、托盘搬运车、电瓶搬运车、叉车和无人搬运车等。

(2)输送机械

输送机械是按照规定路线连续地或间歇地运送散料和成件物品的搬运机械。输送机常见类型有:带式输送机、斗式提升机、链式输送机、悬挂输送机、螺旋输送机、辊子输送机、气力输送机、震动输送机。按安装方式不同,输送机分为固定式和移动式。

(3)起重机械

起重机械是在采用输送机之前曾被广泛使用的具有代表性的一种搬运机械。起重机械是一种循环、简谐运动的装卸机械,主要用来垂直升降货物或兼作货物的水平移动,以满足货物的装卸、转载等作业要求。起重机械是一种将重物提升、降低或传输的装置,其特点是间歇动作、重复循环、短时载荷、升降运动。常见的起重机械有高架吊车、堆垛机。起重机械包括几种:

①简单起重机械

一般只作升降运动或一个直线方向的运动,只需要具备一个运动机构,而且大多数是手动的,如绞车、葫芦等。

②通用起重机械

除需要一个使物品升降的起升机构外,还需要有使物品做水平方向直线运动或旋转运动的机构。属于这类的起重机械主要包括:通用桥式起重机、门式起重机、固定旋转式起重机和行动旋转式起重机等。

③特种起重机械

特种起重机械是指具有两个以上机构的多动作起重机械,专用于某些专业性的工作,构造比较复杂,如冶金专用起重机、建筑专用起重机和港口专用起重机等。

(4)垂直搬运机械

垂直搬运机械是一种周期性间歇动作的机械,以重复短时的工作循环来升降和转移物品。每一个工作循环中,它的主要机构做一次正向和反向的运动。垂直搬运机械包括电梯、剪式升降台以及各种垂直提升机等。

2. 物料搬运设备的选型

(1)物料搬运设备的选择原则

为完成物料搬运工作,选择恰当的物料搬运设备,通常可以从以下几个方面考虑。

①从整个物料系统的角度出发,选取物料搬运设备

配送中心选择的物料搬运设备不仅仅局限于物流的某一个环节,而且要在整个配送中心运作系统的总目标下发挥作用,即使一辆单独的叉车或一台单独的输送机,也是整个物料搬运系统中的一个组成部分。

②购买时要进行多方案比较

不要依靠一家设备供应商去选择完成某项搬运工作设备与搬运方法,要想到可能会有更好、更低廉的设备与搬运方法。

③遵循简化原则,选用合适的规格型号

为了完成某种轻量级工作而购买价格昂贵的重量设备,或选用使用寿命不长的设备都是不恰当的。应尽可能采用标准设备,而不采用价格昂贵的非标准设备。同时,在增加投资前,要确定现有设备是否得到充分利用。

④选择设备应全方位考虑各种因素

设备的技术指标、物品的特点及运行成本、使用方便与否等都是在选择设备型号、品牌时要考虑的因素。

(2) 物料搬运设备的选择步骤

当解决物料搬运工作时,可以有多种设备方案供选择,我们应该充分考虑自己的实际搬运需求,选择恰当的物料搬运设备。选择步骤如下:

①确定目标及功能需求

根据配送中心的作业区域布局、作业流程特征、单元负载状况进行分析,确定搬运作业的功能目标。同时,必须详细了解搬运设备必须履行的功能、作业目标等。缺乏对设备作业需求的充分说明和设备应具备的最佳能力的描述,将会导致所选设备不匹配的后果。

②定义关键因素,确定备选设备

关键因素是严格满足物流作业需求的设备,任何不满足关键因素的设备都应不考虑选择。

③制订设备备选方案

对备选设备进行定性、定量分析,确定设备选择方案。首先确定设备的一般类型,然后再制定更详细的规格形式。

5.4.2 仓储设备的规划

在配送中心的物流系统中,仓储设备是重要基础设施,仓储是物流活动的基础要素。对仓储设备的规划要在满足需求的基础上,综合考虑各方因素而进行。

1. 仓储设备的类型

仓储机械设备主要指在仓库内部使用的机械及设备,主要包括仓储机械、辅助设备(如托盘等)和保管设备(如货架等)。有的仓库还配有分拣、计量及打捆包装设备等。

(1) 仓储机械

仓储机械包括装卸货物的机械、库内搬运转移场地的机械以及堆码机械等。这些机械可概括为四大类,即搬运车辆、输送机械、起重机械和升降设备等。

(2) 辅助设备

辅助设备主要指托盘及辅助装置,叉车属具以及吊具和索具等。托盘是集装单元化搬运的工具,是一种按一定尺寸制作的平台。它主要与叉车配合使用,构成托盘化作业。托盘辅助装置包括托盘框架、托盘吊具等。叉车属具是为了扩大叉车使用范围,提高叉车利用率和机械效率而设计的附属装置。

(3) 保管设备

仓库的主要保管设备是货架。

2. 仓储设备的选型

(1) 仓储设备选型原则

其主要原则有:充分利用仓库容量;便于存取货物;有利于提高搬运效率;有利于货物在仓库的快速流动等。

(2) 影响储存设备选择的因素

影响储存设备选择的因素众多,主要有仓储物品的特性、出入仓库物品的流量、存取货物的特性、搬运设备的特点以及厂房本身的构造特点如图 5-25 所示。

```
              仓储设备选择考虑
                  的因素
    ┌─────────┬─────────┬─────────┬─────────┐
 仓储物品    出入仓库物品   存取货物    搬运设备    厂房本身
  的特性       的流量      的特性     的特点     的构造特点
    │           │           │          │          │
 尺寸重量    先进先出     储存密度    配重式     可用高度
 储存单位    存取频率     选取性      跨立式     支柱位置
 品项                    储位管理    通道宽度    地面条件
 包装形式                储位数      提升高度    消防设施
 材质特性                            提升重量
                                     旋转半径
```

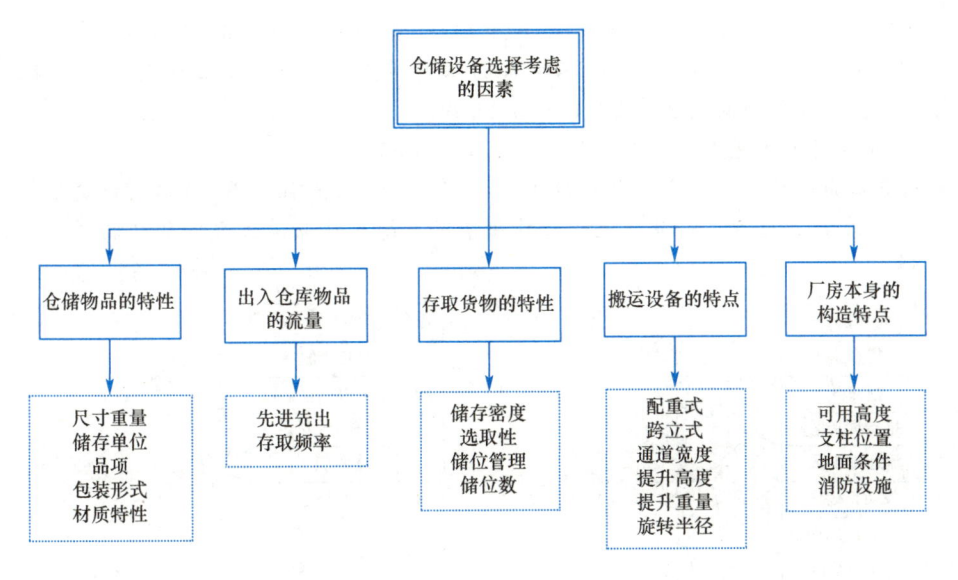

图 5-25 仓储设备选择考虑的因素

(3) 储存设备选型流程

① 存储需求分析

配送中心储存商品种类达数十万种,每种商品的发货量、储存方式、拣取单位和包装形式都不一样。为此,必须根据储存单位和拣取单位来区分商品,按出入库量大小进行分类,以便选择适当的储存设备,提高作业效率。

② 存储设备选型

存储设备选型是指根据需求分析,结合设备特点制订设备选取方案。

③ 方案评价

方案评价是指对所选方案做出定性、定量评价,选取优化方案。

案例分析　A 连锁超市生鲜品配送中心布局规划

A 连锁超市物流配送中心物流功能区和非物流功能区按照不同的功能划分为不同的区域，这些功能的区域主要有：收货查验区、存储区（包括冷冻区、冷藏区和低温区）、拣选理货区、流通加工区、发货待运区、设备存放和维修区、员工生活区、行政办公区。

1. A 连锁超市配送中心作业单位物流关系分析

各功能区的大概物流量：(1)由于冷藏品、肉类和其他生鲜品对温度的要求不同，因此在它们进入存储区时，根据储存温度进行大概划分。(2)每天有 20% 的生鲜品进入拣选理货区，即 0.64 吨/天。(3)每天有 5% 的生鲜品由拣选理货区进入流通加工区，有 10% 的生鲜品由存储区进入流通加工区，共计 0.512 吨/天。(4)每天由流通加工区进入发货待运区的有 15% 的生鲜品，有 70% 的生鲜品直接从存储区进入发货待运区，有 15% 的生鲜品由拣货理货区进入发货待运区，共计 2.56 吨/天。(5)在加工过程中产生的包装重量、废物量等忽略不计。通过对配送中心的作业流程分析和物流量分析，为使物流关系更好地表示出来，编制物流从至表（略）。

两个作业区域关联度用物流强度 A、E、I、O、U 五个等级来表示，其承担的物流量分别是 40%、30%、20%、10% 和 0%。根据对 A 连锁超市生鲜品配送中心作业单位物流量的分析可得出作业单位之间的物流关系，如图 5-26 所示。

2. A 连锁超市配送中心作业单位非物流关系分析

物流中心的非物流关系主要包括以下四种：管理关系、流程关系、工作的相关性、环境关系。根据对 A 连锁超市生鲜品配送中心作业情况可得出作业单位之间的非物流关系，如图 5-27 所示。

图 5-26　物流关系

图 5-27　非物流管理

图 5-28　作业单位综合关系

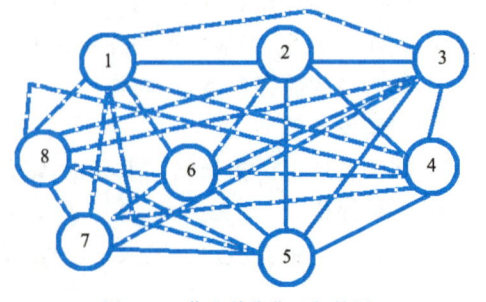

图 5-29　作业单位位置相关图

3. A 连锁超市配送中心作业单位综合关系分析

通过物流关系和非物流关系的确定,对作业单位间的密切程度进行量化,规定 $A=4$,$E=3,I=2,O=1,U=0,X=-1$,然后将物流关系和非物流关系按 $3:1$ 来计算加权值,最终确定作业单位综合关系(如图 5-28 所示)及位置相关图(如图 5-29 所示)。

4. A 连锁超市配送中心作业单位面积相关图

由作业单位间的位置相关图对各作业单位的面积进行估算。采用下面公式来估算该区域的面积。

$$单位作业面积 = \frac{每日物流量}{作业单位面积利用率}$$

采用的作业单位面积利用率数据参考行业内数据。A 连锁超市生鲜品配送中心的日配送量为 2.56 吨/日,现对各作业单位的占地面积进行估算,并由此绘制生鲜品配送中心平面布局方案,如图 5-30 所示。

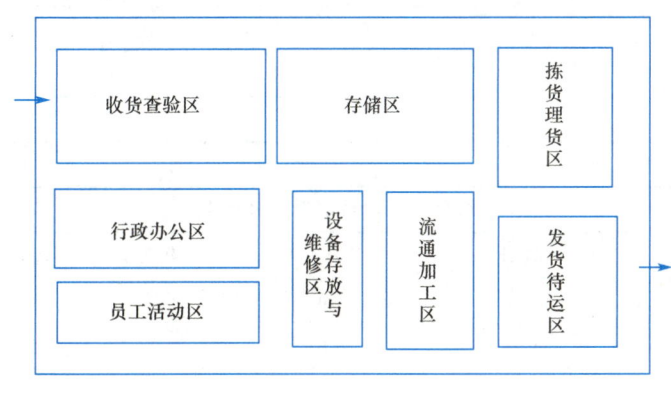

图 5-30 A 连锁超市生鲜品配送中心平面布局方案

问题 (1)描述 SLP 方法的几个核心步骤。

(2)说明如何将这些步骤应用于 A 连锁生鲜品超市配送中心布局设计中。

(3)在本例中,物流关系分析和非物流关系分析分别需要考虑哪些因素?

[资料来源:周珠.现代物流配送中心内部功能布局规划探析[J]. 中国储运,2022(1):133—135.]

思考题

1. 配送中心选址的影响因素有哪些?
2. 配送中心内部的合理布局应体现在哪些方面?
3. 配送中心设备与设施的选择应考虑哪些方面的因素?
4. 配送中心辅助作业区域应该如何规划?

即测即练

综合题

已知:某配送中心各作业部门的物流相关表及非物流作业单位相关表见表 5-7 至表 5-9,物流与非物流相互关系相对重要性的比值 $m:n=2:1$,对物流与非物流相关密切程度等级值:$A=4,E=3,I=2,O=1,U=0,X=-1$,综合相互关系等级划分标准已知,试建立作业单位综合相关表,并绘制各功能作业区域位置与面积相关图。

表 5-7　　　　　　　　　配送中心各功能区物流相关表

	收发区	理货区	加工区	保管区	拣选区
收发区		A	I	U	U
理货区			I	A	U
加工区				E	E
保管区					A
拣选区					

表 5-8　　　　　　　　非物流作业单位相关表及作业单位面积

	收发区	理货区	加工区	保管区	拣选区
收发区		A	I	U	U
理货区			I	A	U
加工区				E	E
保管区					A
拣选区					

表 5-9　　　　　　　　　综合相互关系等级划分标准

关系等级	总分	符号等级	作业单位对占总作业单位对比例(%)
绝对重要	11～12	A	1～10
特别重要	9～10	E	2～20
重要	6～8	I	3～30
一般	3～5	O	5～40
不重要	0～2	U	50～80
禁止		X	0～10

第 6 章

仓储及运输系统规划

知识目标 >>>

1. 了解普通仓库布置设计的含义、内容和影响因素。
2. 了解立体仓库的发展状况、组成和分类。
3. 了解立体仓库规划准备和设计阶段的相关工作。
4. 了解运输线路选择和交通运输枢纽规划的影响因素。

能力目标 >>>

1. 掌握仓库储存区域面积的计算方法。
2. 熟悉仓库通道宽度、柱子间距和仓库高度设计,掌握单元式立体仓库设计。
3. 熟悉立体仓库的物流模式、高架区布置和入出库输送机方式。
4. 掌握运输车辆配载优化方法,能灵活进行运输路线优化。

导入案例

连云港外贸冷库

6.1　普通仓库的布置规划与设计

6.1.1　仓库的布置规划设计概述

1. 仓库的布置规划设计的含义

普通仓库一般由物料储存区、验收分发作业区、管理区域及生活区域及辅助设施组成。仓库的布置规划就是在对上述区域的空间面积配置做出合理安排的同时,重点对仓库的储存区域的空间及技术要求、设备选择及作业通道宽度等进行规划设计。

2、普通仓库规划与设计的主要内容

（1）仓库的储存区域空间规划

储存货物的空间规划是普通仓库规划的核心。储存空间规划的合理与否直接关系到仓库的作业效率高低和储存能力强弱。储存空间规划的内容包括：仓储区域面积规划、柱子间隔规划、库房高度规划、通道宽度规划。

（2）仓库常用设备的选择

仓库常用设备选择列表见表6-1。

表6-1　　　　　　　　　　仓库常用设备选择列表

设备类型 \ 储存方法	堆存	托盘货架	驶入式货架	密集式货架	重力式货架	穿梭车用货架	高货架
普通起重机	√						
普通叉车	√	√	√	√	√	√	√
巷道堆垛叉车	√			√	√	√	√
桥式堆垛起重机	√	√	√				
巷道式堆垛起重机	√	√		√	√		√

6.1.2　仓库储存区域空间规划

储存区域空间是以保管为功能的空间。储存空间包括物理空间、潜在利用空间、作业空间和无用空间。进行储存空间规划时，首先需了解所有影响储存空间规划的要素，对其进行认真分析和考核。

1.储存区域空间规划的影响因素

（1）存储方式。一般存储方式有散放、堆码、货架储存三种。

（2）货品尺寸、数量。

（3）托盘尺寸、货架空间。

（4）使用的机械设备（型号/式样、尺寸、产能、回转半径）。

（5）通道宽度、位置及需求空间。

（6）库内柱距。

（7）建筑尺寸与形式。

（8）进出货及搬运位置。

（9）补货或服务设施的位置（防火墙、灭火器、排水口）。

（10）作业原则：动作经济原则，单元化负载，货品不落地原则，减少搬运次数及距离，空间利用原则等。

2.仓库储存区域面积的计算

仓库面积含储存区域面积和辅助设施面积两部分。储存区域面积指货架、料垛实际占用面积。辅助面积指验收、分类、分发作业场地、通道、办公室及生活间等需要的面积。这里主要介绍货物储存区域面积的计算。

(1) 荷重计算法

荷重计算法是一种常用的计算方法,是根据仓库有效面积上的单位面积承重能力来确定仓库面积的方法。

$$储存区域面积 = \frac{全年储存业务量}{单位有效面积平均承重能力(t/m^2)} \times \frac{物料平均储存天数(天)}{年有效工作日(天)} \times \frac{1}{储存区域面积利用率(\%)} \quad (6-1)$$

用公式符号表示为:$S = \dfrac{QT}{T_0 qX}$

S——储存区域面积(m^2); Q——全年物料入库量(t);
T——物料平均储备天数; q——单位有效面积的平均承重能力(t/m^2);
X——储存面积利用系数; T_0——年有效工作日数;

(2) 托盘尺寸计算法

若货物储存量较大,并以托盘为单位进行储存,则可先计算出存货实际占用面积,再考虑叉车存取作业所需通道面积,就可计算出储存区域的面积需求。

① 托盘平置堆码

假设托盘尺寸为 $P \times P$ 平方米,由货品尺寸及托盘尺寸算出每个托盘平均可码放 N 箱货品,若仓库平均存货量为 Q,则存货面积需求(D)为:

$$D = \frac{平均库存量}{平均每个托盘堆码货品量} \times 托盘尺寸 = \frac{Q}{N}PP \quad (6-2)$$

储存区域面积还需考虑叉车存取作业所需通道面积,若通道占全部面积的30%~35%,则储存区域面积为:

$$A = D/(1-35\%) \quad (6-3)$$

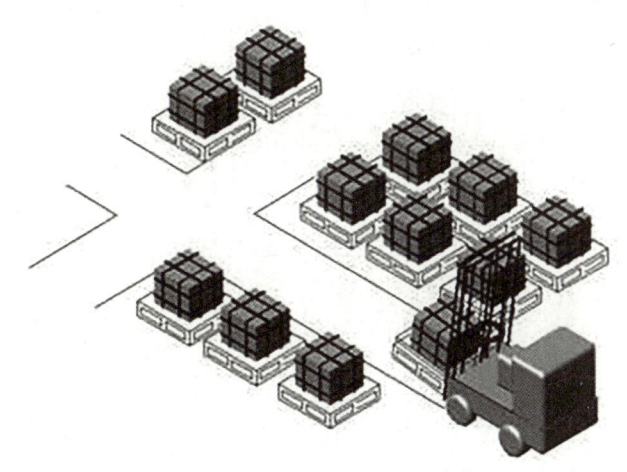

图 6-1 托盘平置堆放方式

② 托盘多层叠堆

假设托盘尺寸为 $P \times P \mathrm{m}^2$,由货品尺寸和托盘尺寸算出每个托盘平均可码放 N 箱货品,托盘在仓库内可堆码 L 层,若仓库平均存货量约为 Q,则存货面积需求 D 为:

$$D = \frac{平均库存量}{平均每托盘堆码货品箱数 \times 堆码层数} \times 托盘尺寸 = \frac{Q}{LN}PP \quad (6-4)$$

储存区域面积再需考虑叉车存取作业所需通道面积即可。

③托盘货架储存计算法

假设货架为 L 层,每个托盘占用一个货格,每个货格放入货物后的左右间隙尺寸为 P',前后间隙尺寸为 P'',每个托盘约可码放 N 箱,若公司平均存货量为 Q,存货需占的面积为 D,则存货面积 D 为:

$$每层所需托盘货位数 = \frac{平均库存量}{平均每个托盘堆码货品数 \times 货架层数} = \frac{Q}{LN} \quad (6-5)$$

$$D = 每层所需托盘货位数 \times 托盘货位尺寸 = \frac{Q}{LN} \times [(P+P')(P+P'')] \quad (6-6)$$

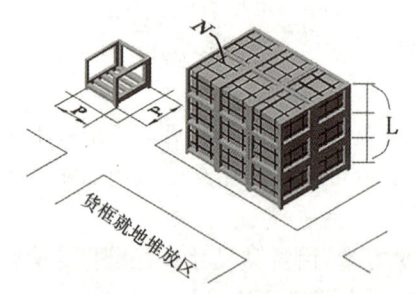

图 6-2 托盘货架储存方式

(3) 双货位货格仓库空间的计算

由于货架储存系统具有分区特性,每区由两排货架及存取通道组成。因此,基本托盘占地面积再加上存取通道空间,才是实际储存区域面积,其中存取通道空间需视叉车是否作直角存取或仅是通行而异。

而在各储存货架位内的空间计算,应以一个货格为计算基准,一般的货格通常可存放两个托盘。图 6-3 为储存区域面积的计算方法。

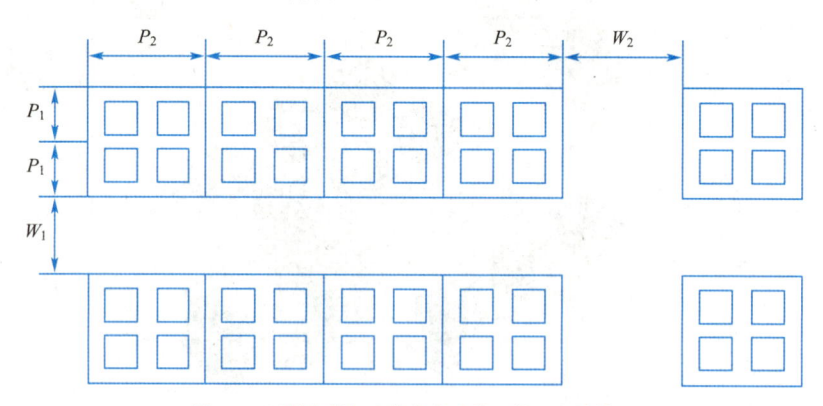

图 6-3 以托盘货架为储存方式的区域面积计算

符号说明如下:

P_1:货格宽度;P_2:货格长度;Z:每货架区的货格数(每格位含 2 个托盘空间)。

W_1:叉车直角存取的通道宽度;W_2:货架区侧向通道宽度;A:货架使用平面面积。

B:储区内货架总存面积;S:储存区总平面面积;L:货架层数;N:平均每个托盘码放货品箱数;D:存货所需的基本托盘地面空间。

则:货架使用平面面积 $A=(P_1\times 4)\times(P_2\times 5)$

货架使用总面积 $B=$ 货架使用平面面积×货架层数$=A\times L$

储存区总平面面积:

$$S=货架使用平面面积+叉车通道+侧通道=A+[W_1\times(5P_2+W_2)]+(2P_1\times 2\times W_2) \tag{6-7}$$

3. 仓库通道宽度设计

(1)影响通道位置及宽度的因素

作为储存保管作业区的通道,其设计应能提供货物快速存、取装卸设备进出便利和其他必需的服务区间。

影响通道位置及宽度的主要因素有:①通道型式;②搬运设备的型式、尺寸、回转半径;③储存货物的批量、尺寸;④进出作业的简易与便利;⑤行列空间及柱子间隔;⑥防火墙、服务区、设备、电梯、斜道位置;⑦地板负载能量。

(2)通道的类型

①工作通道是仓储作业和出入库房作业的主要通道,其中包括主要通道和辅助通道。主要通道连接库房的进出口和各作业区,道路最宽。辅助通道连接主要通道和各作业区内的通道,一般平行或垂直于主通道。

②员工进出特殊区的人行道。

③电梯通道是出入电梯的通道,距主通道约为 3~4.5 m。

④其他性质的通道是公共设施、防火设备或紧急逃生所需要的进出道路。

(3)通道设计要点

①通道设计顺序:先确定主要通道的位置及宽度,再依次规划服务设施通道和其他次要通道。

②主要通道一般沿库房长度方向;交叉通道沿宽度方向;其他为存货或验货提供物品进出的服务通道以及人员、消防、电梯等次要通道,应尽可能限制。

③通道的宽度:一般 6 m 宽的库房可以设一条宽 1.5~2m 的主通道,通常占有效地面面积的 20%~25%;一个 180m 宽的大型库房,可以设 3 条宽 3.6m 的通道,约占有效地面面积的 6%,再加上次要通道,共占有效地面面积的 10%~12%。所以,通常面积越大的库房,地面的利用率就越高。

④流量经济性,即让库房通道的人和物的移动形成路径。

⑤安全条件,通道必须随时保持畅通且具有足够的宽度,以应对各种危险情况发生。

此外,不同储区的布置,其通道空间比例也不一样。就一般配送中心的作业性质而言,采用中枢通道式。只要通道穿过库房中央,即可有效利用空间。

关于通道宽度设计,根据不同作业区域、人员或车辆行走速度、单位时间通行人数、搬运物品体积等因素而定。就人员行走通道为例,设人员通过速度为 $v(\text{km/h})$,单位时间(min)通过人数 n 人,两人前后最短距离为 $d(\text{m})$,平均每人身宽 $w(\text{m})$,则每人在通道上所占空间为 $d\times w(\text{m}^2)$。计算通道宽度 W 的公式如下:

$$W=d\times w\times \frac{n}{v} \tag{6-8}$$

库房通道宽度参考值见表6-2。

表6-2　　　　　　　　　　　库房通道宽度参考值

通道种类或用途	宽度	通道种类或用途	宽度
中枢主通道	3.5～6m	堆垛机(直角转弯)	2～2.5m(1.1 m×1.1 m 托盘)
辅助通道	3 m	堆垛机(直角堆叠)	3.5～4m(1.1 m×1.1 m 托盘)
人行通道	0.75～1m	伸臂式堆垛机 跨立式堆垛机 转柱式堆垛机	2～3 m
小型台车(人员可于周围走动)	车宽加 0.5～0.7m		
手动叉车	1.5～2.5m(视载重而定)		
堆垛机(直线单行道)	1.5～2m(1.1 m×1.1 m 托盘)	转叉窄道式堆垛机	1.6～2 m

4. 柱子间距设计

柱子的设计一般是以建筑物的楼层数、楼层高度、地板载重、地震之抵抗等条件来设计的。但以保管空间来讨论,其除了包括上述之基本建筑设计条件外,还须考虑一般建筑物内的保管效率及作业效率。影响柱间设计的因素主要有三个:

(1)进入仓库区内的货车数量及种类。不同的车型,其体积长度不同,要求的停靠空间不一样。

(2)保管区储存设备的种类及尺寸。保管区的空间设计应尽可能保证完整地安放设备,因此必须配合储存设备的规划来决定柱距。

(3)保管区出入口的影响。受自动输送机及叉车、吊车设备的限制,柱间距必须依据走道宽度及储存设备间距等尺寸来计算,如图6-4、图6-5所示。

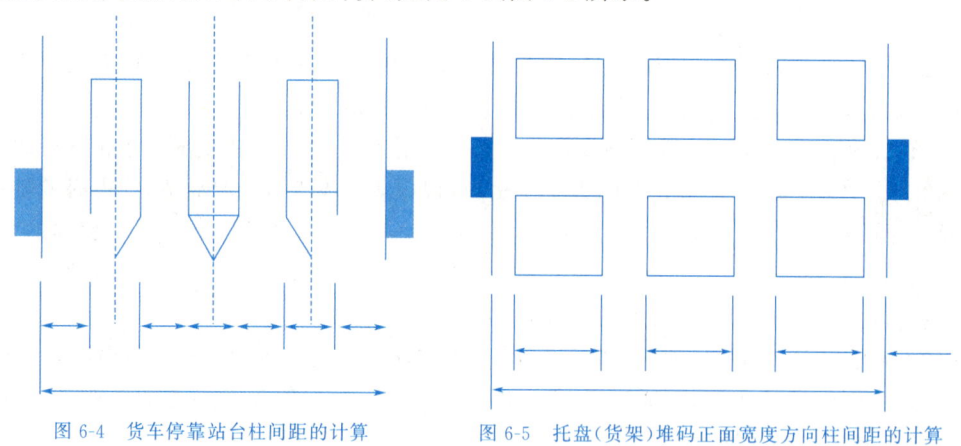

图6-4　货车停靠站台柱间距的计算　　　图6-5　托盘(货架)堆码正面宽度方向柱间距的计算

① 货车停靠站台柱间排列

$$W_i = W \times N + C_i \times (N-1) + 2C_g \tag{6-9}$$

式中:W_i——柱间距(内部尺寸);W——货车宽度;N——货车台数;C_i——货车的间隔;C_g——侧面余隙尺寸。

② 托盘堆码或货架正面宽度方向柱间排列

$$W_i = W_p \times N_p + C_p \times (N_p - 1) + 2C_o \tag{6-10}$$

式中:

W_i——柱间隔(内部尺寸);W_p——托盘(货架)宽度;N_p——托盘数。
C_p——托盘间的间隔;C_o——侧面余隙尺寸。

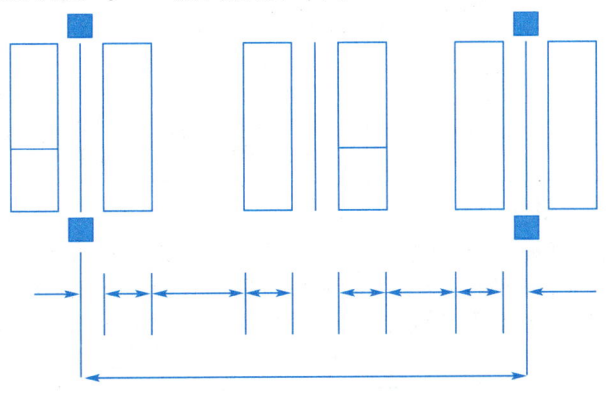

图 6-6　托盘(货架)纵深方向柱间距的计算

③托盘货架纵深方向柱间排列

$$W_C = (W_l + 2L_P + C_r) \times N \tag{6-11}$$

式中:W_c——柱间隔;L_p——托盘(货架)深度;W_l——通道宽度;
　　　C_r——托盘(货架)背面间隔;N——双排货架列数。

5. 仓库高度的设计

在储存空间中,库内梁下高度太低会影响空间利用率,太高又会增加管理费用和投资成本,而且货物堆码具有一定的高度极限,叉车的最大举升高度及货架高度也都有一定界限。从储存保管的角度来看,影响库内梁下高度的因素主要有四个方面:

(1)保管货物的型态和堆积高度。不同的货物型态,其堆码方式不同,堆码高度极限也不一样,耐叠压的坚硬货物与不耐叠压的货物对库房空间高度的要求不同。

(2)搬运设备的种类和型号。各类升降叉车、吊车、卡车等搬运设备具有不同的设计规格,例如,升降叉车的最大举升高度就直接影响到货物堆码的高度。

(3)储存保管设备的设计高度。各种货架等储物设施都有其基本架设高度,装设货架时达到基本架设高度,才能符合设备的技术性和经济性。

(4)梁下余隙的尺寸。为了消防、空调、采光等设施的安装,在库内梁下需要预留空间,而预留空间的大小对库房高度的利用率会产生影响。

6.1.3　仓库设备的选择

1. 选择储存设备考虑的因素

储存是仓储作业环节的核心,储存设备是最基本的物流设施。储存设备既可以存放和有效保护商品,又可以提高储存空间的利用率。在选择适用的储存设备时,最主要的依据是仓库的作业内容和运作方式;其次还必须综合考虑货物特性、物流量的大小、库房结构以及配套的搬运设备等因素。

选择储存设备考虑的具体因素见表 6-3。

表 6-3　　　　　　　　　选择储存设备考虑的具体因素

选择储存设备	商品特性	运作方式	出入库量	搬运设备	库房结构
	商品性质 体积 重量 包装形式	储位管理方式 储存密度 进出货方式	整进、整出 整进、零出 零进、整出 进出频率	类型 规格 特征 通道宽度	梁下高度 柱子位置 地面条件 防火设施

2. 储存设备配置的组合形式

仓库储存作业中的储存设备，主要是以单元负载的托盘储存方式为主，配合各种拣货方式的需要，另有容器及单品的储存设备。储存设备以储存单位分类，可大致分为托盘、容器、单品和其他四大类。每一类型因其设计结构不同，又可分为多种形式，其配置的组合形式如图 6-7 所示。

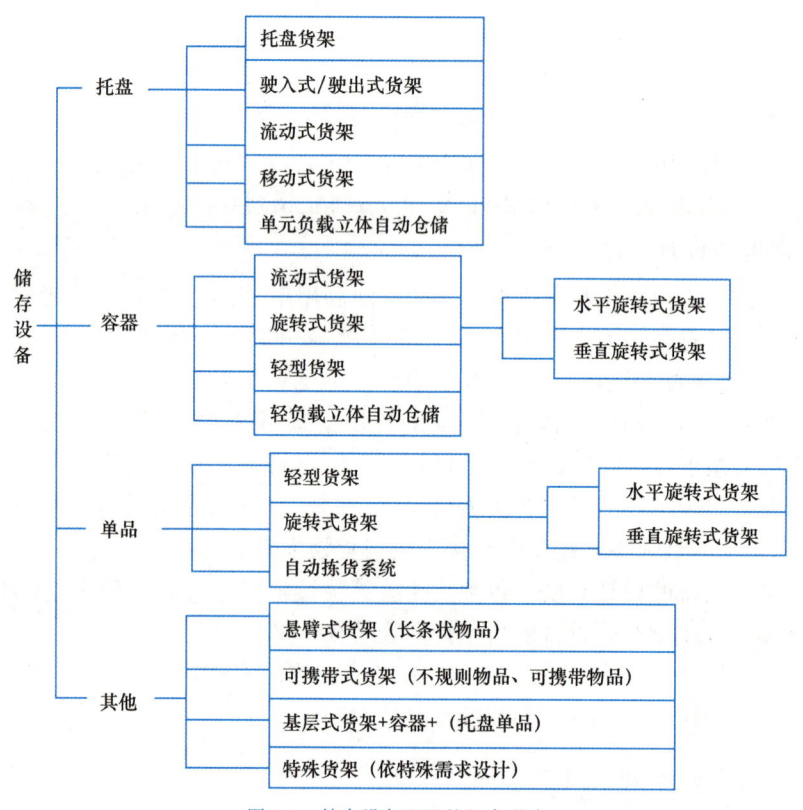

```
            ┌─ 托盘 ─┬─ 托盘货架
            │        ├─ 驶入式/驶出式货架
            │        ├─ 流动式货架
            │        ├─ 移动式货架
            │        └─ 单元负载立体自动仓储
            │
            │        ┌─ 流动式货架
            │        ├─ 旋转式货架 ─┬─ 水平旋转式货架
储存设备 ───┼─ 容器 ─┤              └─ 垂直旋转式货架
            │        ├─ 轻型货架
            │        └─ 轻负载立体自动仓储
            │
            │        ┌─ 轻型货架
            ├─ 单品 ─┼─ 旋转式货架 ─┬─ 水平旋转式货架
            │        │              └─ 垂直旋转式货架
            │        └─ 自动拣货系统
            │
            │        ┌─ 悬臂式货架（长条状物品）
            └─ 其他 ─┼─ 可携带式货架（不规则物品、可携带物品）
                     ├─ 基层式货架+容器+（托盘单品）
                     └─ 特殊货架（依特殊需求设计）
```

图 6-7　储存设备配置的组合形式

6.2　立体仓库的规划设计

6.2.1　立体仓库概述

1. 立体仓库的发展概况

立体仓库也称为自动化仓库或高架仓库，一般指采用几层、十几层乃至几十层高的货架贮存货物，并且用专门的仓储作业设备进行货物出库或入库作业的仓库。由于这类仓库能充分利用空间进行贮存,故形象地称之为立体仓库。

立体仓库的出现和发展是第二次世界大战以后生产发展的必然结果。早在20世纪50年代,美国就出现了使用桥式堆垛机的仓库,使货架间的通道大幅度减小,单位面积的储存量平均提高52%。此后,立体仓库在美国和西欧(德国、英国、瑞士、意大利)得到迅速发展。20世纪60年代中期以后,日本开始兴建立体仓库。我国对立体仓库及其专用设备的研究开始得并不晚,早在1963年就由北京起重运输机械研究所设计了第一台1.25t桥式堆垛机,由大连起重机厂完成试制。20世纪70年代中期,郑州纺织机械厂首次利用仓储技术,改建了一座立体仓库。这座仓库是利用原有锯齿形厂房改建而成的,用于存放模具。1977年,由北京起重运输机械研究所等单位研究制造出北京汽车制造厂自动化仓库,该库属于整体式结构,采用计算机进行控制和数据处理。

立体仓库在我国得到迅速发展,截至2023年10月,我国立体仓库(以自动化立体仓库为主)的数量在8 000~10 000座并保持年均10%以上的增速。这些仓库使用在机器制造业、电器制造业、化工企业、商业和储运业、军需部门等行业。立体仓库是现代物流技术的核心,我国生产力和经济的不断发展对立体仓库数量和质量的需求将会越来越大。

2. 立体仓库的基本组成

立体仓库的结构和种类很多,但其一般均由建筑物、货架、理货区、管理区、堆垛机械和配套机械等几部分组成。

3. 立体仓库的分类

立体仓库的种类是随着生产的不断发展和进步而变化的。物流系统的多样性,决定了立体仓库的多样性。通常有如下几种分类方法。

(1)按建筑形式分类

按建筑形式可分为整体式和分离式立体仓库两种。一般整体式高度在12 m以上,分离式高度在12 m以下,但也有15~20 m的。整体式立体仓库的货架与仓库建筑物构成一个不可分割的整体,货架不仅承受货物载荷,还要承受建筑物屋顶和墙侧壁的载荷。这种仓库结构重量轻、整体性好,对抗震也特别有利。分离式立体仓库的货架和建筑物是独立的,适用于利用原有建筑物作库房,或者在厂房和仓库内单建一个高货架的场合。由于这种仓库可以先建库房后立货架,所以施工安装比较灵活方便。

(2)按仓库高度分类

按仓库高度不同,立体仓库可以分为高层(>12 m)、中层(5~12 m)和低层(<5 m)立体仓库。

(3)按货架的形式分类

按库内货架形式的不同,立体仓库可以分为单元货格式货架仓库、贯通式货架仓库、旋转式货架仓库和移动式货架仓库。

通常,对于单元货格式立体仓库,有如下一些概念及术语。

货格:货架内储存货物的单元空间。

货位:货格内存放一个单元货物的位置。

排:宽度方向(B向)上货位数的单位。

列:长度方向(L向)上货位数的单位。

层:高度方向(H 向)上货位数的单位。

单元货格式立体货架布置如图 6-8 所示。

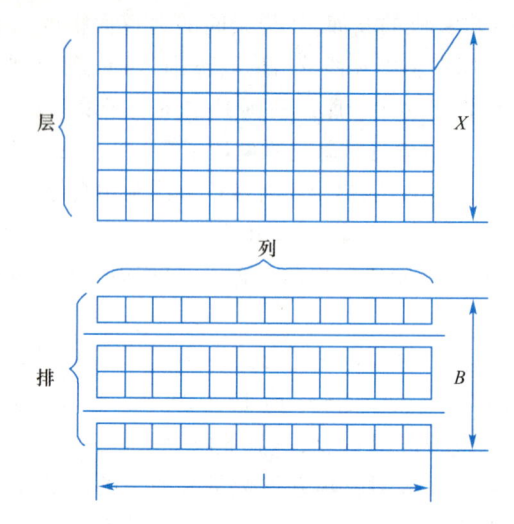

图 6-8　单元货格式立体货架布置图

(4)按仓库的作业方式分类

按仓库的作业方式可以分为单元式仓库和拣选式仓库。

单元式仓库的出入库作业都是以货物单元(托盘或货箱)为单位,中途不拆散。所用设备为叉车或带伸缩货叉的巷道堆垛机等。

拣选式仓库的出库是根据提货单的要求,从货物单元(或货格)中拣选一部分出库。其拣选方式可分为两种:第一种是拣选人员乘拣选式堆垛机到货格前,从货格中拣选所需数量的货物出库。这种方式叫"人到货前拣选"。第二种方式是将存有所需货物的托盘或货箱由堆垛机搬运至拣选区,拣选人员按出库提货单的要求拣出所需的货物,然后再将剩余的货物送回原址。这种方式叫"货到人处拣选"。对整个仓库来讲,当只有拣选作业,而不需要整单元出库时,一般采用"人到货前拣选"作业方式;如果仓库作业中仍有相当一部分货物需要整单元出库,或者拣选出来的各种货物还需要按用户的要求进行组合选配时,一般采用"货到人处拣选"作业方式。

6.2.2　立体仓库规划步骤与内容

立体仓库的规划设计一般包括以下几个阶段。

(1)概念设计阶段:明确建设立体仓库的目标和有关的背景条件。此阶段也是总体设计的准备阶段。

(2)基本设计阶段:对立体仓库的总体布置、设施配备、管理和控制方式、进度计划以及预算等进行全面的规划和设计。此阶段也是总体设计阶段。

(3)详细设计阶段:根据总体设计的要求,对组成立体仓库的所有设备和设施的详细设计或选型,此阶段要完成所有设备和设施的制造和施工图纸。

下面将以单元式立体库为例,介绍总体规划与设计的一般步骤和方法。

1. 规划准备阶段

立体仓库是一项系统工程，需要花费大量投资，因此在建设前必须明确企业建设立体仓库的必要性和可能性，并对建库的背景条件进行详细的分析。一般都要做以下几个方面的工作。

(1) 确认建设立体库的必要性。根据企业的生产经营方针、企业物流系统的总体布置和流程，分析确定立体仓库在企业物流系统中的位置、功能和作用。

(2) 根据企业的生产规模和水平，以及立体库在整个物流系统中的位置，分析企业物流和生产系统对立体库的要求，并考虑企业的经营状况和经济实力，确定立体库的基本规模和自动化水平。

(3) 调查拟存货物的品名、特征(例如易碎、怕光、怕潮等)、外形及尺寸、单件重量、平均库存量、最大库容量、每日入出库数量、入库和出库频率等，以便确定仓库的类型、库容量和出入库频率等。

(4) 了解建库现场条件，包括气象、地形、地质条件、地面承载能力、风及雪载荷、地震情况以及其他环境影响等。

(5) 调查了解与仓库有关的其他方面的条件。例如，入库货物的来源及入库作业方式，进、出库门的数目，包装形式和搬运方法，出库货物的去向和运输工具等。

概念设计阶段也是项目的详细论证阶段。如果论证通过，本阶段的分析研究结果也为立体库的总体设计奠定一个可靠的基础。

2. 规划设计阶段

(1) 确定仓库的结构类型和作业方式

立体仓库一般都是由建筑物、货架、理货区(整理和倒货区)、管理区、堆垛机械和配套机械几部分组成的。确定仓库的类型就是确定各组成部分的结构组成。

①建筑物的特征：原有的还是新建的，高层的还是低层的；②货架的结构和特征：库架合一或库架分离式，横梁式或牛腿式，焊接式或组合式等；③理货区的面积和功能：与高架区的位置关系；所进行的作业；配备的设备等；④堆垛机械的类型：有轨巷道堆垛机、无轨堆垛机、桥式堆垛机和普通叉车等；⑤配套设备的类型：配套设备主要是指那些完成货架外的出入库搬运作业、理货作业以及卡车的装卸作业等的机械和设备，包括叉车、托盘搬运车、辊子输送机、链条输送机、升降台、有轨小车、无轨小车、转轨车以及称重和检测识别装备等；一些分拣仓库，还配备有自动分拣和配货的装置。应根据立体仓库的规模和工艺流程的要求确定配套设备的类型。

最后，根据工艺的要求，决定是否采用拣选作业。如果以整单元出库为主，则采用单元出库作业方式；若是以零星货物出库为主，则可采用拣选作业方式；并根据具体情况，确定采用"人到货前"拣选，还是"货到人处"拣选。

(2) 确定货物单元的形式、尺寸和重量

立体仓库常用的集装单元化器具有托盘和集装箱，且以托盘最为常见。托盘的类型又有许多种，如平托盘、箱式托盘、柱式托盘和轮式托盘等，一般要根据所储存货物的特征来选择。当采用堆垛机作业时，不同结构的货架，对托盘的支腿有不同的要求，在设计时尤其要注意。

为了合理确定货物单元的尺寸和重量，需要对所有入库的货物进行 ABC 分类，以流通量大而种类较少的 A 类货物为主要矛盾，选择合适的货物单元的外形尺寸和重量。对于少数形状和尺寸比较特殊以及很重的货物,可以单独进行储存。

(3)确定堆垛机械和配套设备的主参数

立体仓库常用的堆垛机械为有轨巷道、无轨堆垛机(高架叉车)、桥式堆垛机和普通叉车等。在总体设计时,要根据仓库的高度、自动化程度和货物特征等合理选择其规格结构,并确定其主要性能参数(包括外形尺寸、工作速度、起重量及工作级别等)。

(4)确定仓库总体尺寸

确定仓库的总体尺寸,关键是确定货架的长、宽、高的总体尺寸。立体仓库的设计规模主要取决于其库容量,即同一时间内储存在仓库内的货物单元数。如果已经给出库容量,就直接应用这个参数;如果没有给出库容量,就要根据拟存入库内的货物数量、出入库的规律等,通过预测技术来确定库容量。根据库容量和所采用的作业设备的性能参数以及其他空间限制条件,即可确定仓库的总体尺寸。

(5)确定仓库的总体布置

确定了立体仓库的总体尺寸后,便可进一步根据仓库作业的要求进行总体布置,主要包括立体仓库的物流模式、高架区的布局方式和入出库输送系统的方式。

(6)选定控制方式

立体仓库的控制方式,一般可分为手动控制和自动控制两种。手动控制方式设备简单,投资小,对土建和货架的要求也较低,主要适用于规模较小、出入库频率较低的仓库,尤其适用于拣选式仓库。

自动控制是立体仓库的主要控制方式。立体仓库的自动控制系统根据其控制层次和结构不同,可分为三级控制系统和二级控制系统。三级控制一般由管理级、监控级和直接控制级组成。可完成立体仓库的自动认址和自动程序作业,适用于出入库频率较高、规模较大的立体仓库,特别是一些暗库、冷库或生产线中的立体仓库,可以减轻工人的劳动强度,提高系统的生产率。

(7)选择管理方式

立体仓库的管理方式一般可分为人工台账管理和计算机管理两种方式。台账管理方式仅适用于库存量较小、品种不多、出入库频率不高的仓库。在自动化立体仓库中,一般采用计算机管理,与自动控制系统结合,实现立体仓库的自动管理和控制,这是立体仓库管理的主要方式。在总体设计阶段,要根据仓库的规模、出入库频率、生产管理的要求、仓库自动化水平等方面的因素综合考虑选定一种管理方式。

(8)提出土建、公用设施的要求

在总体设计时,还要提出对仓库的土建和其他公用设施的要求:根据货架的工艺载荷,提出对货架精度要求;提出对地面需要承受的载荷以及对基础均匀沉降的要求;确定对采暖、采光、通风、给排水、电力、照明、防火、防污染等方面的要求。

(9)投资概算

分别计算立体仓库各组成部分的设备费用、制造费用、设计及软件费用、运输费用、安装及调试费用等,综合得到立体仓库的总投资费用。

(10)进度计划

在总体设计最后,要提出立体仓库设计、制造、安装、调试以及试运营的进度计划以及监督和检验措施。

6.2.3 单元式立体仓库的设计

1. 货格尺寸的设计

在立体仓库设计中,恰当地确定货格尺寸是一项很重要的设计内容,它直接关系到仓库面积和空间的利用率,也关系到作业设备顺利完成存取作业。对于牛腿式货架,每个货格只能放一个单元货,其货格载货示意图如图 6-9 所示。横梁式货架的每个货格一般可存放两个以上的货物,其载货示意图如图 6-10 所示。货格与货位间的尺寸代号及名称见表 6-4。

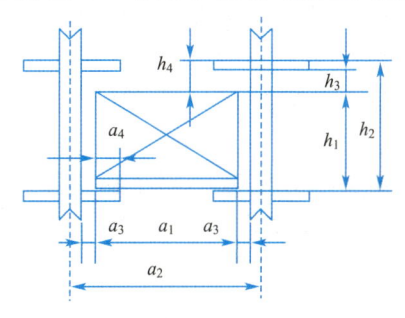

图 6-9 牛腿式货格载货示意图(长~高面)

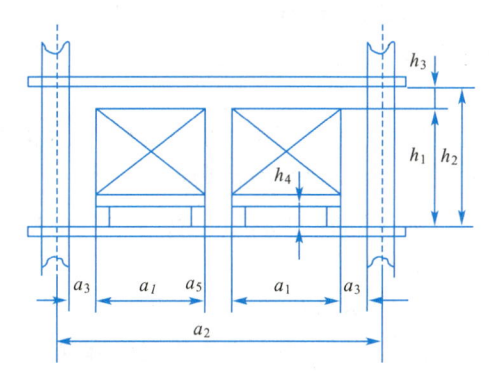

图 6-10 横梁式货格载货示意图(长~高面)

当单元货物的尺寸确定后,货格尺寸的大小主要取决于各个间隙尺寸的大小。下面介绍间隙尺寸的选取原则。

(1)侧面间隙

a_3 与 a_5 的影响因素主要有:货物原始位置的停放精度、堆垛机的停准精度以及堆垛机和货架的安装精度等。精度越高,取值越小。侧向间隙 a_3 一般取 50~100mm。对于横梁式货架,一般 $a_5 > a_3$;对于牛腿式货架,要求 $a_4 \geq a_3$。

表 6-4 货格与货位间的尺寸代号及名称

代号	名称	代号	名称
a_0	货格长度	b_2	货格有效宽度
a_1	货物长度	b_3	前面间隙
a_2	货格有效长度	b_4	后面间隙
a_3	侧向间隙	h_1	货物高度

(续表)

代号	名称	代号	名称
a_4	支承货物的宽度	h_2	单元货物上部垂直间隙
a_5	货物之间水平间隙	h_3	层高
b_0	货格宽度	h_4	单元货物下部垂直间隙
b_1	货物宽度		

(2)垂直间隙(h_2、h_4)

在确定垂直间隙时,上部垂直间隙 h_2 应保证货叉叉取货物过程中微升起时不与上部构件发生干涉。一般 $h_2 \geqslant$ 货叉上浮行程+各种误差。下部垂直间隙 h_4 应保证货叉存货时顺利退出,一般 $h_4 \geqslant$ 货叉厚度+货叉下浮动行程+各种误差。

(3)宽度方面的间隙(b_3、b_4)

前面间隙 b_3 的选择应根据实际情况确定,对牛腿式货架,应使其尽量小;对横梁式货架,则应使货物不致因各种误差而掉下横梁。后面间隙 b_4 的大小应以货叉作业时不与货架后面拉杆发生干涉为前提。

2. 仓库总体尺寸的确定

确定仓库总体尺寸的关键是确定货架的总体尺寸。货架总体尺寸也就是货架的长、宽、高等尺寸。下面是两种确定货架尺寸的基本方法。

(1)静态法

所谓静态法,就是根据仓库最大规划量确定货架的尺寸,即由以下 4 个参数中的 3 个来确定货架尺寸:①货架列数;②巷道数(或货架排数);③货架层数;④总货位数。

当单元货格尺寸确定后,如果知道货架的排数、列数、层数和巷道宽度,即可按公式(6-12)、(6-13)、(6-14)计算其总体尺寸。

$$长度 L = 货格长度 \times 列数 + 立柱片宽度 \qquad (6\text{-}12)$$

$$宽度 B = (货格宽度 \times Z + 巷道宽度 + 相邻两排货架间距) \times 排数/2 \qquad (6\text{-}13)$$

$$高度 H = H_0 + \sum_{i=1}^{n} H_i \qquad (6\text{-}14)$$

式中:H 为货架第一层距离地面的高度,由堆垛机的高度决定为 0.5 米;$H_i(i=1,2,\cdots,n-1)$ 为各层高度,共 n 层,H_n 层(货架顶层)高度,取决于堆垛机是否为载人搭乘型。非载人搭乘型的为 1.2 m,载人搭乘型的为 2.2 m。

$$巷道宽度 = 堆垛机最大外形宽度 + (150 \sim 200) \text{mm} \qquad (6\text{-}15)$$

(2)动态法

动态法确定货架尺寸,就是根据所要求的出入库频率和所选堆垛机的速度参数来确定货架的总体尺寸。

以每个巷道配备一台堆垛机为例,说明用动态法确定货架尺寸的方法。已知总货位数为 Q,出入库频率为 P_0,货架最大高度为 H(或层数 NH),货格尺寸和堆垛机速度参数。试确定货架的最佳布置和尺寸。

由于总货位数和货架高度 H(或层的 NH)已定,故最佳布置就是能满足出入库频率要求的最少的巷道数。此时,配备的堆垛机数最少,相应投资也就最小。由于解析法比较烦琐,这里介绍一种试算法。具体步骤为:

①假定巷道数 $N_a=1$，则货架列数 $NL=Q/(2\times N_a\times NH)$。

②根据层数 NH 和列数 NL 以及堆垛机的速度参数，计算每台堆垛机的平均作业周期 Ts。

③计算整个仓库的出入库能力，$P=N_a\times 3\,600/T_s$。

④比较 P 和 P_o，若 $P<P_o$，所设计货架达不到出入库频率要求，试算 NB=2 的情况，重复①的计算，直到 $P>P_o$ 为止，此时的巷道数为最佳巷道数。

货架的总体尺寸确定后，再考虑理货区的尺寸、库顶间隙、货架和建筑物的安全距离等，即可确定仓库的总体尺寸。

值得注意的是，总体尺寸的确定除取决于以上因素外，还受用地情况、空间制约、投资情况和自动化程度的影响。故需根据具体情况和设计者的实际经验来综合考虑，统筹设计，而且在设计过程中需要不断地修改和完善。

3. 立体库出入库能力的计算

立体库的出入库能力是用仓库每小时平均入库或出库的货物单元数来表示。堆垛机的出入库能力也就是指每台堆垛机每小时平均入库或出库的货物单元数。

采用单一作业循环方式时，堆垛机的出入库能力如下：

$$N_s=3\,600/T \tag{6-16}$$

式中：N_s——每小时出库或入库货物单元数(存储单元/h)；

T——平均单一作业循环时间(s)。

采用复合作业循环方式时，堆垛机的出入库能力如下：

$$N_D=(3\,600/T_D)\times 2 \tag{6-17}$$

式中：

N_D——每小时出库或入库单元数(存储单元/h)；

T_D——平均复合作业循环时间(s)。

若库内有几台堆垛机(巷道数为 n 个)，则仓库的出入库能力如下：

$$P=n\times N_D \tag{6-18}$$

6.2.4 立体自动化仓库的总体布置

1. AS/RS 总体物流模式

货物单元出入高层货架的形式分为三种：贯通式、同端出入式、旁流式。

贯通式：货物从巷道的一端入，从另一端出库。采用贯通式布局，货物从巷道的一端入库，从另一端出库。采用这种总体布局方式，布置比较简单，便于管理操作。对于每一个货物单元来说，要完成它的入库和出库，堆垛机要穿过整个巷道。采用这种布局，适合自动化仓库周围较开阔的场地(图 6-11)。

同端出入式：货物的入库和出库在巷道同一端的布置，包括同层同端出入式和多层同端出入式两种。货物入库和出库在巷道的同一端。这种布局采用就近入库和就近出库的原则，能缩短出、入库周期，提高搬运效率。特别在仓库货位不满，而且采用自由货位存储时，优点更为明显。入库作业和出库作业可以合在一起，便于集中管理。除非整个物流的流程要求入库区和出库区要拉开一段距离，一般优先考虑采用同端出入库布置方式(图 6-12～图

6-13)。

旁流式:货物从仓库的一端(或侧面)入库,从侧面(或另一端)出库。这种布局方式适合仓库周边场地比较狭小的地方(图6-14~图6-16)。

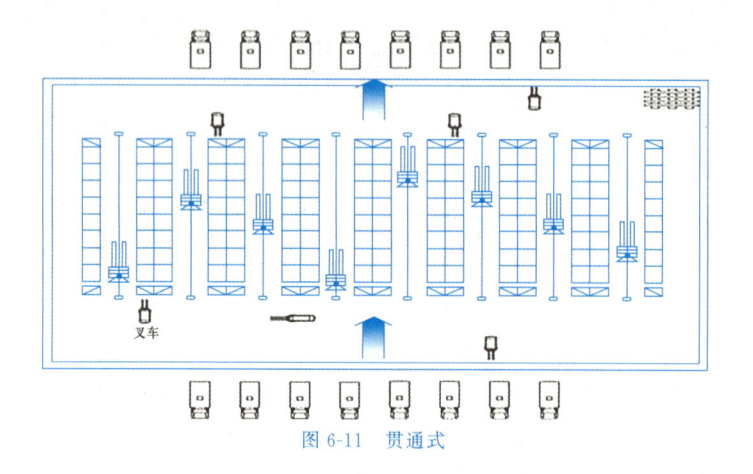

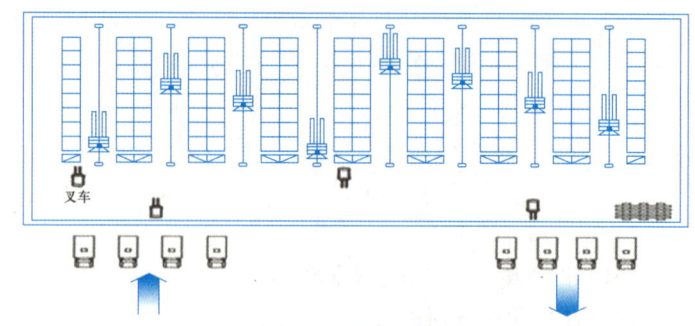

图6-11 贯通式

图6-12 同端出入式

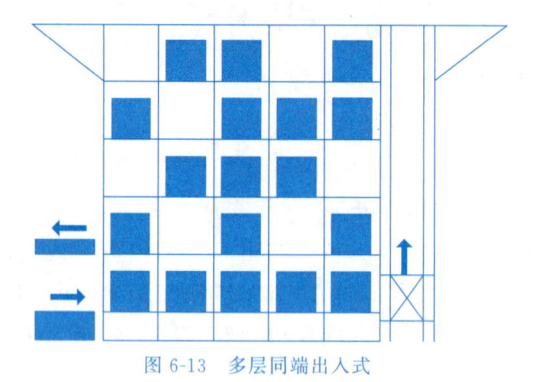

图6-13 多层同端出入式

图 6-14　旁流式

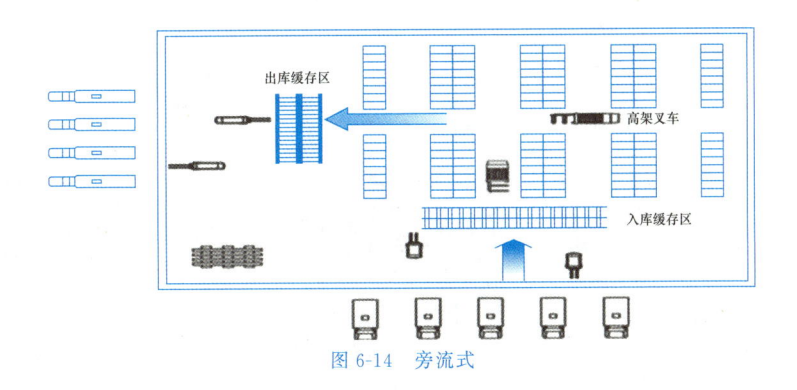

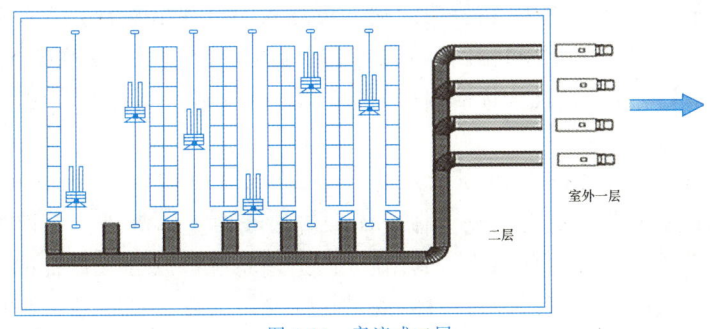

图 6-15　旁流式一层

图 6-16　旁流式二层

2. 高架区的布置

在单元货格式立体仓库中,其主要作业设备是有轨巷道式堆垛机,简称堆垛机。立体库中堆垛机的布置有三种方式,如图 6-17 所示。直线轨道式:每个巷道配备一台堆垛机。U 型轨道式:每台堆垛机可服务于多条巷道,通过 U 型轨道实现堆垛机的换巷道作业。转轨车式:堆垛机通过转轨车服务于多条巷道。通常,以每巷道配备一台堆垛机最为常见。但当库容量很大,巷道数多而出入库频率要求较低时,可以采用 U 型轨或转轨车方式,以减少堆垛机的数量。

(a) 直线轨道式

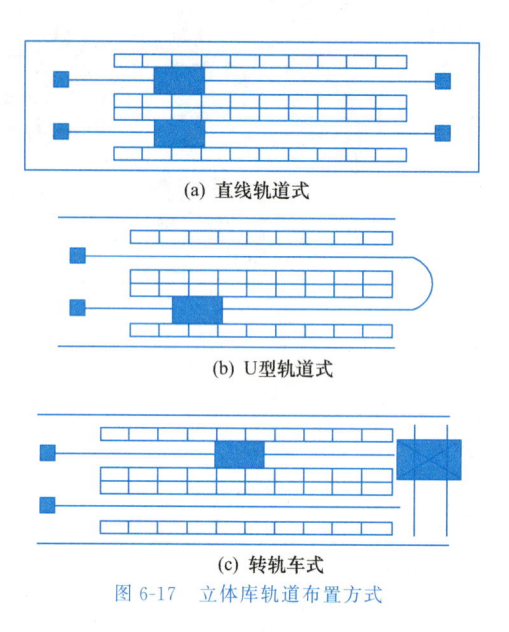

(b) U型轨道式

(c) 转轨车式

图 6-17　立体库轨道布置方式

3. 出入库输送机

对于使用巷道堆垛机的立体仓库,还需采用合适的搬运设备,将入库作业区、出库作业区与高层货架区连接起来,构成完整的物流系统,这也是自动化仓库总体设计要解决的问题。大体来说,高层货架区与作业区可以采用 5 种衔接方式。

(1)叉车—出入库台方式(如图 6-18 所示)

这是最简单的一种配置方式,在货架的端部设立入库台和出库台。入库时,用搬运车辆(叉车、有轨小车、无人搬运车等)将托盘从入库作业区运到入库台,由高架区内的堆垛机取走送入货格。出库时,由堆垛机从货格内取出货物单元,放到出库台上,由搬运车辆取走,送到出库作业区。

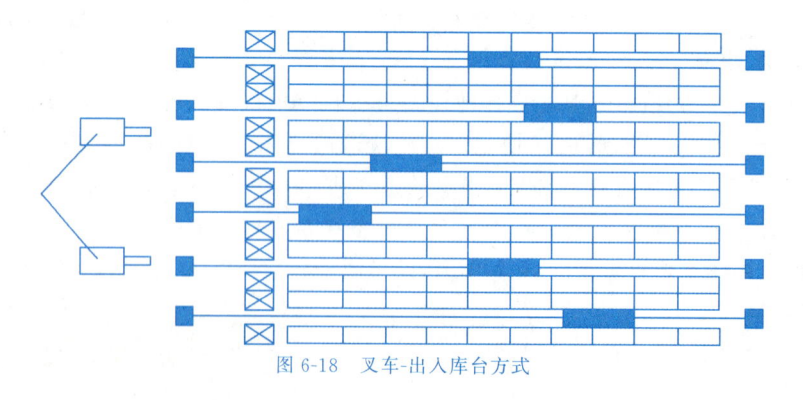

(2)连续输送机方式(如图 6-19 所示)

这种衔接方式是一些大型自动化立体仓库和流水线中立体库最常采用的方式,整个出入库系统可根据需要设计成各种形式。其出、入库运输系统可以分开设置(如设在仓库的两端或同端不同的平面内),也可以合为一体,既可出库又可入库。通常还可配置一些升降台、称重、检测和分拣装置,以满足系统的需求。

图 6-18　叉车-出入库台方式

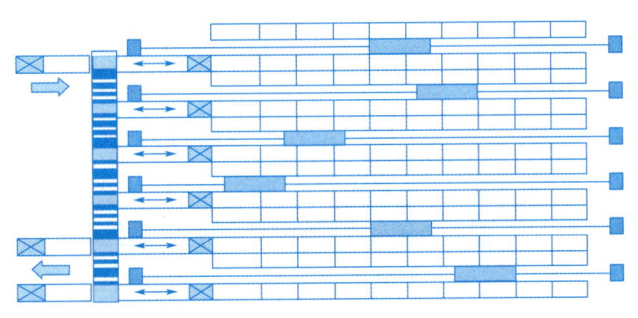

图 6-19　连续输送机方式

(3) AGV－出入库台方式(如图 6-20 所示)

此方式与前一种方式相似,此方法用自动导引小车代替了叉车。

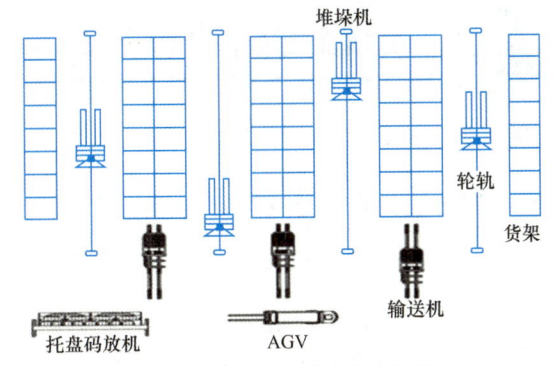

图 6-20　AGV－出入库台方式

(4) AGV－输送机方式

物料入库时,在托盘码放机上加上托盘,由 AGV 小车叉取,并运送到预定入库的巷道口,转载给输送机(往复式台车),输送机上的物料通过巷道式堆垛机入库,存放到货格。物料出库时,作业顺序相反。这种衔接方式是由 AGV 和巷内输送机组成的出入库系统,在一些和自动化生产线相连接的自动化仓库中,如卷烟厂的原材料库等经常采用这种方式。这种出入库系统的最大优点是系统柔性好,可根据需要增加 AGV 的数量,也是一种全自动的输送系统。

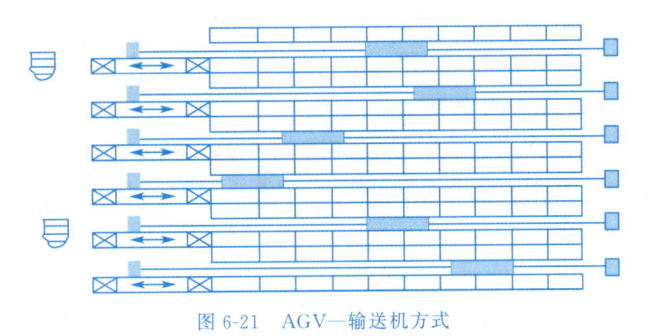

图 6-21　AGV—输送机方式

(5) 穿梭车方式(如图 6-22 所示)

这种衔接方式是由巷内输送机、穿梭车和入出库输送机构成的出入库系统。穿梭车由于动作敏捷、容易更换的特点,也被广泛地应用在自动化仓库系统中。它的柔性介于输送机和 AGV 之间,是一种经济高效的出入库输送系统。

图 6-22 穿梭车方式

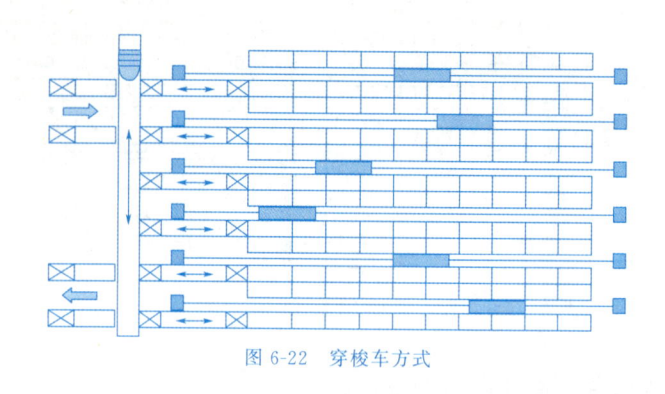

6.3 运输线路的选择与优化

6.3.1 运输线路选择的影响因素和设计原则

1. 影响因素分析

影响运输线路选择的因素可分为两类:成本因素和非成本因素。成本因素是指与直接成本有关的、可用货币单位衡量的因素。非成本因素是指与成本无直接关系,但能够影响成本和企业未来发展的因素。

(1)成本因素

①运输成本

对上下游企业来讲,运输线路和它们之间的距离以及采取的运输手段和运输方式(整车运输或零担运输)等都有直接关系。通过合理选择,运输距离最短,运输成本尽量降低,服务最好。

②营运成本

营运成本是指运输线路建成后,营运所需支付的各种可变成本,主要包括线路的动力和能源成本、劳动力成本、利率、税率和保险、管理费用和运输工具设备维修保养费。

③运输线路建设成本和土地成本

运输线路选择后,基于交通线路的建设费用,不同的方案,对于土地的征用、道路建设要求等方面有不同的要求,从而可能导致不同的成本开支,而且各个国家和地区对运输线路建设的征用土地有不同的规定。

④固定成本

固定成本主要指运输线路选择进行运作所需的设备支出,包括软硬件费用,主要有运输工具、线路维护、装卸机械、信息管理系统。

(2)非成本因素

①交通因素

在运输线路选择时,一方面要考虑现有交通条件,比如,运输线路是否靠近现有的交通枢纽或不久的将来会在运输线路周围兴建运输中心;另一方面,需要整体考虑交通体系的基本布局,如只进行单一运输线路规划而不考虑综合运输网络要求,有可能导致规划的运输线路不合理。

②环保因素

随着人们环保意识的加强,运输线路的选择要充分考虑运输车辆对环境的污染。

③政策法规因素

在选择运输线路之前,一定要到相关部门进行咨询,查清所选地区在未来是否会作为他用。交通管制与环境保护也是重要的法律因素。

2. 运输线路设计原则

要用系统的观点,从各个方面进行综合比较,进而选定运输路线。当然,也可以根据企业的战略目标选定某一种或几种原则作为评价标准。选择运输线路一般应遵循以下几个原则。

(1)费用最小原则

运输成本最低一般是企业首先追求的目标。运输线路的可通达路径和方式较多,如果运输路线经过的节点数目越多,运输品类越复杂,相应的运输成本就越高。通常情况下,运输营运费、在途维持费、收发货处理费和运输线路选择的据点数呈正相关。一般而言,据点数目越多,费用越高。

但同时又存在以下情形:在末端配送时,费用会随着运输线路据点数目的增多而减少。这是因为随着据点数的增加,两点间配送距离缩短,从而降低两点间的运输费用。

因此,运输总费用曲线是一个凹性函数,即在一定的据点数目范围内,物流总费用会随着运输量的增多而下降。但是在经过一定的均衡点后,运输总费用反而会随着运输时间的延长而上升。

(2)动态性原则

考虑与运输线路选择相关的因素。例如,用户的数量、用户的需求、经营成本、价格、交通状况等都是动态因素,所以在选择运输线路时,应以发展的眼光考虑运输线路的布局,特别要充分考虑城市发展规划的影响。同时,对运输线路规划设计应该具有一定弹性机制,以便将来能够适应环境变化的需要。

(3)简化作业流程原则

减少和消除不必要的作业流程,是提高企业生产率和减少消耗最有效的方法之一。这一点反映在设计运输线路时,应以直达运输、尽量减少中间的换装环节为准则。

(4)适度原则

合理规划运输线路还应考虑物流费用的构成,如商品由工厂到物流中心的输送费、物流中心的营运费、配送费、在库维持费、收发货处理费等。在运输线路的布局与选址问题上,我们可以将总投资限额、总投资最低、营运成本最低、配送费最低作为求解目标,建立数学模型或利用线性规划方法求得最优解。在设置方案上,我们应设计出多种方案,采用决策最优化的原则,经过分析比较,选出最佳方案。

6.3.2 运输线路优化方法

1. 单一装货地和单一卸货地的物流运输线路优化问题

对分离的、单个始发点和终点的网络运输路线选择问题,最简单和直观的方法是最短路径法。初始,除始发点外,所有节点都被认为是未解的,即均未确定是否在选定的运输路线上。始发点作为已解的点,计算从原点开始。

一般的计算方法是:

(1) 第 n 次迭代的目标。寻求第 n 次最近始发点的节点,重复 $n=1,2,\cdots$,直到最近的节点是终点为止。

(2) 第 n 次迭代的输入值。$(n-1)$ 个最近始发点的节点是由以前的迭代根据离始发点最短路线和距离计算而得的。

(3) 第 n 个最近节点的候选点。每个已解的节点由线路分支通向一个或多个尚未解的节点,这些未解的节点中有一个以最短路线分支连接的是候选点。

(4) 第 n 个最近的节点的计算。将每个已解节点及其候选点之间的距离和从始发点到该已解节点之间的距离加起来,总距离最短的候选点即是第 n 个最近的节点,也就是始发点到达该点最短距离的路径。

如图 6-23 所示的是一张公路运输网示意图,其中 A 是始发点,J 是终点,B、F、G、D、F、G、H、I 是网络中的节点,节点与节点之间以线路连接,线路上标明了两个节点之间的距离,以运行时间(分)表示。要求确定一条从原点 A 到终点 J 的最短的运输路线。

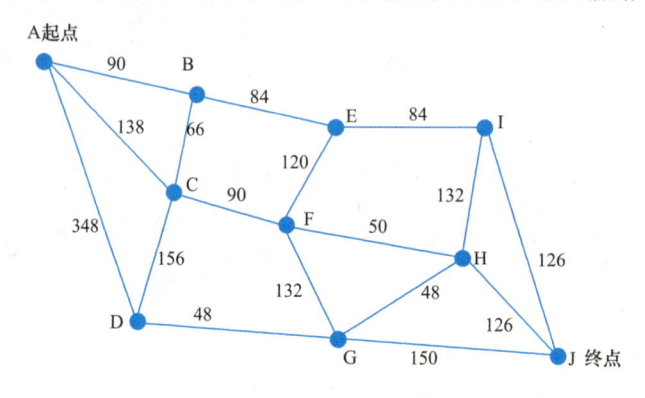

图 6-23 公路运输网络示意图

首先列出表 6-5 所示的表格。第一个已解的节点就是起点或点 A。与 A 点直接连接的解的节点有 B、C 和 D 点。

表 6-5 最短路线法计算表

步骤	直接连接到未解结点的已解结点	与其直接连接的未解结点	相关总时间/min	最近解点	最短时间/min	最新连接
1	A	B	90	B	90	AB*
2	A B	C C	138 90+66=156	C	138	AC

(续表)

步骤	直接连接到未解结点的已解结点	与其直接连接的未解结点	相关总时间/min	最近解点	最短时间/min	最新连接
3	A B C	D P F	348 90+84=174 138+90=228	E	174	BE
4	A C E	D F I	348 138+90=228 174+84=258	F	228	CF
5	A C E F	D D I H	348 138+156=294 174+84=258 228+60=288	I	258	EI*
6	A C F I	D D H J	348 138+156=294 228+60=288 258+126=384	H	288	FH
7	A C F H 1	D D C G J	348 138+156=294 288+132=420 288+48=336 258+126=384	D	294	CD
8	IJ I	J J	288+126=414 258+126=384	J	384	IJ*

第一步,我们可以看到 B 点是距 A 点最近的节点,记为 AB。由于 B 点是唯一选择,所以它成为已解的节点。

随后,找出距 A 点和 B 点最近的未解的节点。只要列出距各个已解的节点最近的连接点,我们有 A—C,B—C。记为第二步。注意从起点通过已解的节点到某一节点所需的时间应该等于到达这个已解节点的最短时间加上已解节点与未解节点之间的时间,也就是说,从 A 点经过 B 点到达 C 的距离为 AB+BC=90+66=156 min,而从 A 直达 C 的时间为 138 min。现在 C 也成了已解的节点。

第三次迭代要找到与各已解节点直接连接的最近的未解点。见表 6-5,有三个候选点,从起点到这三个候选点 D、E、F 所需的时间,相应为 348、174、228 min,其中连接 BE 的时间最短,为 174 min,因此 E 点就是第三次迭代的结果。

重复上述过程直到到达终点 J,即第八步。最小的路线时间是 384 min,连线在表 6-5 上以星(并)符号标出者,最优路线为 A—B—E—I—J。在节点很多时,用手工计算比较繁杂,如果把网络的节点和连线的有关数据存入数据库中,绝对的最短距离路径并不说明穿越网络的最短时间,因为该方法没有考虑各条路线的运行质量。

因此,对运行时间和距离都设定权数就可以得出比较具有实际意义的路线。

2. 起点与终点为同一地点的物流运输线路优化问题

物流管理人员经常遇到的一个路线选择问题是,始发点就是终点的路线选择。这类问题通常在运输工具是同一部门所有的情况下发生。始发点和终点相合的路线选择问题通常被称为"旅行推销员"问题,对这类问题应用经验探试法、扫描法、节约里程法比较有效。

(1) 经验探试法

经验告诉我们,当运行路线不发生交叉时,经过各停留点的次序是合理的。同时,如有可能应尽量使运行路线形成泪滴状。图6-24(a)所示是通过各点的运行路线示意图,其中图6-24(a)是不合理的运行路线,图6-24(b)是合理的运行路线。

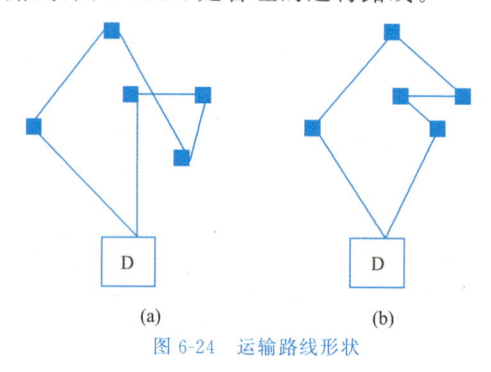

图 6-24　运输路线形状

(2) 扫描法

扫描法是一种很简便易行的优化车辆行走路线的方法。用扫描法确定车辆运行路线的方法简单易行,甚至可以手工计算完成。一般来说,它求解所得方案的误差率在10%左右,这样水平误差率通常是可以被接受的。因为调度员往往在接到最后一份订单后的一个小时内就要制订出车辆运行路线计划。

扫描法的步骤可简述如下:

第一步,将仓库和所有的停留点的位置画在地图上或坐标图上。

第二步,通过仓库位置放置一把直尺,直尺指向任何方向均可,然后顺时针或逆时针方向转动直尺,直到直尺交到一个停留点。询问:累计的装货量是否超过了送货车的载重量或载货容积(注意首先要使用最大的送货车)。如是,将最后的停留点排除后,将第一辆车的停留点确定下来。再从这个被排除的停留点开始继续扫描,从而开始一条新的路线。这样扫描下去,直至全部的停留点都被分配完毕。

第三步,安排每辆车运行路线的停留点的顺序,以求运行距离最小化。停留点顺序可用凸状法来安排。

某物流企业从其所属的仓库用送货车辆到各客户处提货,然后将客户的货物运回仓库,以便集运成大的批量再进行远程运输。提货量以件为单位,送货车每次可运载10 000件。完成一次运行路线一般需要一天时间。该公司要求确定:需要多少条路线(多少辆送货车);每条路线上有哪几个客户点;送货车辆服务有关客户点的顺序。仓库与各客户的地理位置关系及各客户需求量如图6-25所示。

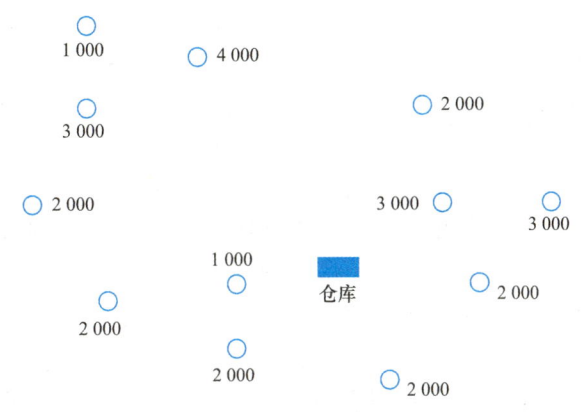

图 6-25 仓库与各客户地理位置关系及各客户需求量图

最终的路线设计如图 6-26 所示。

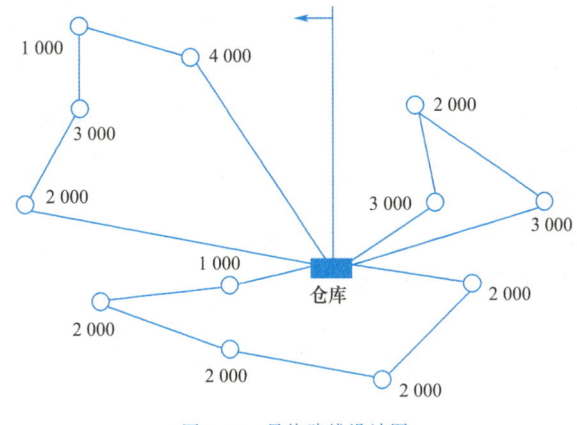

图 6-26 最终路线设计图

(3) 节约里程法

节约里程法又称节约算法或节约法或车辆调度程序规划法(Vehicle Scheduler Program, VSP),是指用来解决运输车辆数目不确定的车辆路径规划问题的最有名的启发式算法。其适用于实际工作中要求得较优解或最优的近似解,而不一定需要求得最优解的情况。它的基本原理是三角形的一边之长必定小于另外两边之和。当配送中心与用户呈三角形关系时,由配送中心 P 单独向两个用户 A 和 B 往返配货的车辆运行距离必须大于以配达中心 P 巡回向两用户发货的距离。基本思路如图 6-27(a)所示,P 为配送中心所在地,A 和 B 为客户所在地,相互之间道路距离分别为 a,b,c。最简单的配送方法是利用两辆车分别为 A、B 客户配送,此时,如图 6-27(b)所示,车辆运行距离为 $2a+2b$;然而,如果如图 6-27(c)所示,改用一辆车闭回路配送,运行距离为 $a+b+c$,如果道路没有什么特殊情况,可以节约小车辆运行距离为 $(2a+2b)-(a+b+c)=a+b-c>0$,也被称为"节约里程"。

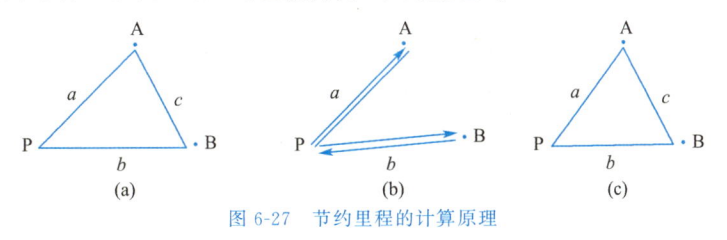

图 6-27 节约里程的计算原理

节约里程的计算过程可以根据用户要求、道路条件等设计几种配送方案,再计算节约里程,然后以其中节约里程最大者为优选的配送方案。可见,VSP方法可对所有发送地点计算其节约里程,按节约量的大小顺序,优选并确定配送路线。

首先:要计算出配送中心至各分店之间的最短距离;再计算各门店相互间的"节约里程"(起始两地之间,有两条或两条以上运输路线,彼此经过比较,减少的行驶里程就是节约里程);其次:按"节约里程"的大小和各门店订货量和重量,在车辆载重允许的情况下,将各可能入选的送货点衔接起来,形成一条配送路线,如果一辆卡车不能满足全部送货要求,可先安排一辆,再按上述程序继续安排第二、第三或更多辆,直到全部门店连续在多条配送路线中为止。

如图6-28所示,配送网络(P)为配送中心所在地,(A)—(J)为客户所在地,括号内的数字为配送量,单位为吨(t),线路上的数字为道路距离,单位为公里(km)。车辆是最大装载量为2t和4t的两种厢式货车,并限制车辆一次运行距离在30 km以内。

第一步:首先计算相互之间最短距离,根据配送中心至各用户之间、用户与用户之间的距离,得出配送路线最短的距离矩阵。

第二步:从最短距离矩阵中计算出各用户之间的节约行程。例如,计算A—B的节约距离:

$$P-A \text{ 的距离}: a=10$$
$$P-B \text{ 的距离}: b=9$$
$$A-B \text{ 的距离}: c=4$$
$$a+b-c=15$$

第三步:对节约行程按大小顺序进行排列,得到表6-6。

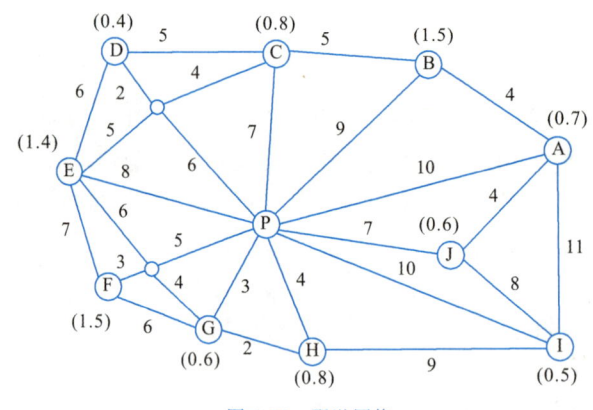

图6-28 配送网络

表6-6　　　　　　　　　　　　节约里程表

	P				
A	10	A			
B	9	4	B		
C	7	9	5	C	
D	8	14	10	5	D

(续表)

	P									
E	8	18	14	9	6	E				
F	8	18	17	15	13	7	F			
G	3	13	12	10	11	10	6	G		
H	4	14	13	11	12	12	8	2	H	
I	10	11	15	17	18	18	17	11	9	I
J	7	4	8	13	15	15	15	10	11	8

第四步:按照节约行程排列顺序表(见表6-7),组合成配送线路图。

表 6-7　　　　　　　　　　　配送线路节约行程排序表

序号	连接点	节约行程	序号	连接点	节约行程
1	A—B	15	13	F—G	5
2	A—J	13	14	G—H	5
3	B—C	11	15	H—I	5
4	C—D	10	16	A—D	4
5	D—E	10	17	B—I	4
6	A—I	9	18	F—H	4
7	E—F	9	19	B—E	3
8	I—J	9	20	D—F	3
9	A—C	8	21	G—I	2
10	B—J	8	22	C—J	1
11	B—D	7	23	E—G	1
12	C—E	6	24	F—I	1

初始解:如图6-29所示,从配送中心P向各个用户配送。配送路线10条,总运行距离为148 km。

二次解:按照节约行程的大小顺序连接A—B、A—J、B—C,如图6-30所示。配送路线7条,总运行距离为109 km,需要2 t车6辆,4 t车1辆。在图中可以看出,规划的配送路线Ⅰ,装载量为3.6 t,运行距离27 km。

三次解:按照节约行程大小顺序,应该是C—D和D—E,C—D和D—E都有可能连接到二次解的配送路线Ⅰ中,但是由于受车辆装载量和每次运行距离这两个条件的限制,配送路线Ⅰ不能再增加用户,为此不再连接C—D,连接D—E,组成配送路线Ⅱ,该路线装载量为1.8 t,运行距离22 km。此时,配送路线共6条,总运行距离99 km,需要2 t汽车5辆,4 t汽车1辆。

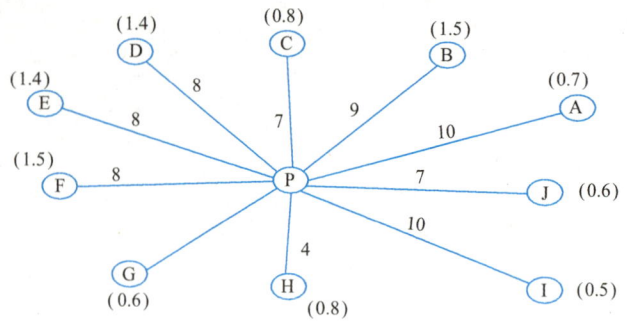

图 6-29 各配送点距离及需求量

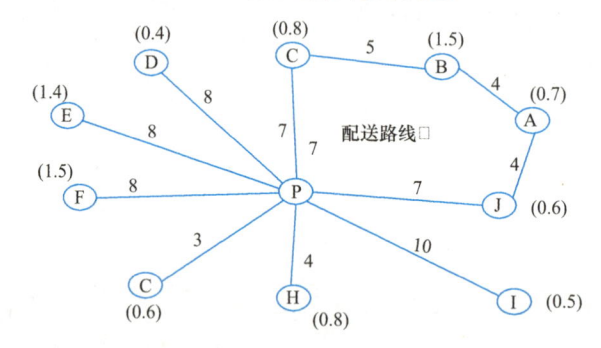

图 6-30 第一个配送线路

四次解:接下来的顺序是 A—I,E—F,由于将用户 A 组合到配送路线 I 中,而且该路线不能扩充用户,所以不再连接 A—I;连接 E—F 并入到配送路线 II 中,配送路线 II 装载量为 3.3 t,运行路线为 29 km。此时,配运路线共有 5 条,运行距离 90 km,需 2 t 车 3 辆,4 t 车 2 辆。

五次解:按节约行程顺序排列,接下来应该是 I—J,A—C,B—J,B—D,C—E。但是,这些连接均由于包含在已组合的配送线路中,不能再组成新的配送线路。接下来可以将 F—G 组合在配送 II 中,这样配送路线 II 装载量为 3.9 t,运行距离为 30 km,均未超出限制条件。此时,配送路线只有 4 条,运行距离 85 km,需要 2 t 汽车 2 辆,4 t 汽车 2 辆。

最终解:接下来的节约行程大小顺序为 G—H。由于受装载量及运行距离限制,不能再组合到配送路线 II 内,所以不再连接 G—H,连接 H—I 组成新的配送路线 III,如图 6-31 所示。

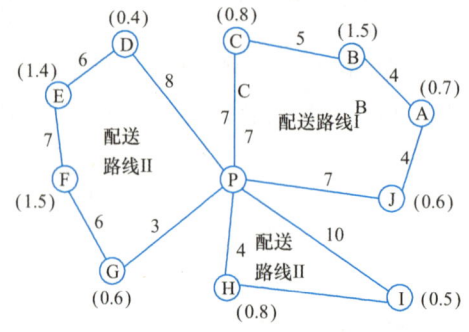

图 6-31 配送中心最佳配送路线(最终解)

至此,完成了全部配送路线的规划设计,共有 3 条配送路线,运行距离为 80 km。需要 2 t 汽车 1 辆,4 t 汽车 2 辆。其中,配送路线 I:4 t 车 1 辆,运行距离 27 km,装载量为 3.6 t;

配送路线 II:4 t 车 1 辆,运行距离 30 km,装载量为 3.9 t;配送路线 III:2 t 车 1 辆,运行距离为 23 km,装载量为 1.3 t。

3. 多起点、多终点问题的物流运输线路优化问题

如果有多个货源地服务多个目的地,那么面临的问题是,要指定各目的地的供应地,同时要找出供应地、目的地之间的最佳路线。解决这类问题,可以运用一类特殊的线性规划法——表上作业法进行求解。

一般的多起讫点运输问题可以描述为:

某种货物,有 m 个产地 A_i,$i=1,2,\cdots,m$,可供应量分别为 a_i,$i=1,2,\cdots,m$;有 n 个销地 B_j,$j=1,2,\cdots,n$,需要量分别为 b_j,$j=1,2,\cdots,n$;产销平衡,从 A_i 到 B_j 运输单位货物的运价(也可以是时间或距离)为 c_{ij},问:如何调运这些货物,使得运费(或时间、吨公里数)最少?

(1)表上作业法

表上作业法是指用列表的方法求解线性规划问题中运输模型的计算方法。这是线性规划的一种求解方法。当某些线性规划问题采用图上作业法难以进行直观求解时,就可以将各元素列成相关表,作为初始方案,然后采用检验数来验证这个方案,否则就要采用闭合回路法、位势法等方法进行调整,直至得到满意的结果。这种列表求解方法就是表上作业法。

步骤:

①找出初始基本可行解(初始调运方案,一般 $m+n-1$ 个数字格),用西北角法、最小元素法。

a. 西北角法:从西北角(左上角)格开始,在格内的右下角标上允许取得的最大数。然后按行(列)标下一格的数。若某行(列)的产量(销量)已满足,则把该行(列)的其他格划去。如此进行下去,直至得到一个基本可行解。

b. 最小元素法:从运价最小的格开始,在格内的右下角标上允许取得的最大数。然后按运价从小到大的顺序填数。若某行(列)的产量(销量)已满足,则把该行(列)的其他格划去。如此进行下去,直至得到一个基本可行解。

注:应用西北角法和最小元素法,每次填完数,都只划去一行或一列,只有最后一个元素例外(同时划去一行和一列)。当填上一个数后行、列同时饱和时,也应任意划去一行(列),在保留的列(行)中没被划去的格内标数字0。

②求出各非基变量的检验数,判别是否达到最优解。如果是,则停止计算,否则转入下一步,用位势法计算。

运输问题的约束条件共有 $m+n$ 个,其中:m 是产地产量的限制;n 是销地销量的限制。其对偶问题也应有 $m+n$ 个变量,据此:$\sigma_{ij} = c_{ij} - (u_i + v_j)$,由单纯形法可知,基变量的 $\sigma_{ij} = 0$;然后根据 $c_{ij} - (u_i + v_j) = 0$,求出 u_i,v_j。

③改进当前的基本可行解(确定换入、换出变量),用闭合回路法调整。

表格中有调运量的地方为基变量,空格处为非基变量。基变量的检验数 $\sigma_{ij} = 0$,非基变量的检验数 $\sigma_{ij} < 0$ 表示运费减少,$\sigma_{ij} > 0$ 表示运费增加。

④重复②③,直到找到最优解为止。

6.4 车辆配载优化

随着经济的发展,运输出现了货物种类繁多、用于配载的车辆多、客户多等特点,货物的配载已成为运输的重要环节。配载是指充分利用运输工具的载重量和容积,合理安排货物的装载。在作业流程中安排车辆配载,把多个用户的货物或同一用户的多种货物满载于同一辆车上。配载的效果不仅直接影响到运输工具的利用率与配送效率,还关系到运输的安全性和物流企业的经济效益。因此,如何使配载的方案最优就成为物流企业非常关注的问题。通常,解决配载的方法就是先安排车辆装运容重大及小的两种货物,再将所余容重居中的货物直接装车。但是该方法的效果并不理想,所以必须寻找新的方法来解决配载的问题。

6.4.1 车辆配载模型

车辆配载问题描述为:公司有多种型号的运输车辆,有多个用户,其货物体积和重量均小于单车装额定载重和容积。为提高车辆装载效率,降低运输成本,利用有效的方法将多个用户的货物装在同一运输车辆上,由一辆车按某指定的区域将货物送达用户,使运输车辆数尽可能少。每辆车所配载货物的总和均不能超过车辆的有效容积和额定载重量。于是,每辆车的配载模型描述为:

$$cv = \sum_{i=1}^{n} v_i x_i \qquad (6-19)$$

$$cw = \sum_{i=1}^{n} w_i x_i \qquad (6-20)$$

$$\min\left[1 - \frac{cw}{w_s} \times \frac{cv}{v_E}\right] \qquad (6-21)$$

约束条件:$\sum_{i=1}^{n} v_i \leqslant V_E,$ (6-22)

$$\sum_{i=1}^{n} w_i \leqslant W_s \qquad (6-23)$$

$$x_k = 1 \Leftrightarrow x_i = 0$$

$$x_i \in \{0,1\}, i=1,2,\ldots,n \qquad (6-24)$$

式中:当 $x_i = 1$ 时,表示第 i 件货物装载入车,否则未装载;cv 表示车辆的实际装载体积;v_i 是第 i 件货物的体积;V 表示配送车辆的有效容积;cw 表示车辆的实际装载重量;w_i 是第 i 件货物的重量;W_s 表示配送车辆的额定载重量。公式(6-21)是目标函数,表示尽可能多地装入货物;公式(6-22)(6-23)分别表示所装的货物不能超过车辆的有效容积和额定载重;公式(6-24)表示不能放在同一辆车中运输的两类货物。

根据配载问题的具体约束条件,可以分为一维、二维、三维配载问题。维数越高,求解的难度越大,越难以得到最优的方案。下面举例说明二维配载问题。例如,需配载两种货物,货物 A,容重 $A_容$,单件货物体积 $A_体$;货物 B,容重 $B_容$,单件货物体积 $B_体$;车辆载重 K_t,车辆最大容积 $V m^3$,计算最佳配载方案,见式 6-25。

$$A \times A_体 + Y \times B_体 = V \times 90\% \qquad (6-25)$$

$$X \times A_体 \times A_容 + Y \times B_体 \times B_容 = K \tag{6-26}$$

对于多品种货物混装问题,求解起来将非常麻烦,这里介绍分枝定界法进行求解。

6.4.2 分枝定界法求解

1. 分枝定界法的基本思想

分枝定界法是以广度优先或以最小耗费(最大效益)优先的方式搜索问题的解空间树。在分枝定界法中,当搜索到一个结点时,如果该结点可以继续搜索下去,则称其为活结点,并加入活结点队列中。利用不同的分枝定界法在活结点队列中选择结点成为下一层搜索的扩展结点,通过该扩展结点搜索其产生的所有子结点,将能继续搜索的子结点加入下一层搜索的活结点队列中,重复上述结点扩展过程,这个过程一直持续到找到问题的最优解。

2. 分枝定界的解空间树

用分枝定界法求解问题时,问题的解空间应包含问题的最优解。定义了问题的解空间后,还应将解空间很好地组织起来,使得能用分枝定界法方便地搜索整个解空间。本书将解空间组织成一棵 n 层的排列树的形式(如图 6-32 所示)。

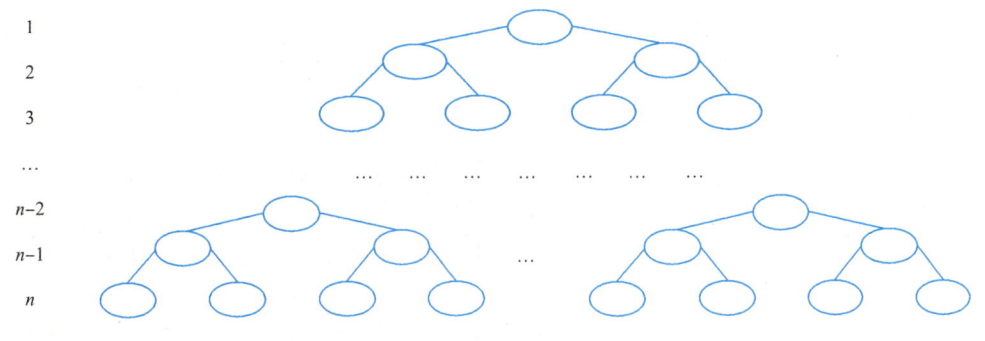

图 6-32 n 层解空间

3. 分枝定界法求解配载的模型

构造了配载模型后,利用队列式分枝定界法对问题进行求解,将算法的求解分为 4 个步骤:

(1)首先设解空间树为 n 层,cw 存储当前扩展结点所对应的重量,cv 存储当前扩展结点所对应的体积。当前最优装载体积为 bestv,当前最优装载重量为 bestw,初始化均为 0。数组堆栈 q 为活结点队列,此时数组为空。用数组 x_i 记录第 i 件货物是否装入,如果装入,则 $x_i = 1$,否则为 0。

(2)分枝:从这一步开始搜索整个解空间树,首先从左向右搜索当前扩展结点的子结点是否为可行结点(左子结点代表装入,右子结点代表不装),即若 $i \leqslant n$, $cv + v_i \leqslant V$ 有效,同时 $cw + w_i \leqslant W$,并保证 $x_k = 1$ 与 $x_l = 0$ 互为充要条件。如果可行,则将该结点加入活结点队列 q 中。

(3)定界:结点加入队列首先检查 i 是否等于 n,如果 $i = n$,则表示当前结点为整个解空间树的叶结点,否则不必加入活结点队列。此时,只需比较 cw 与 bestw,cv 与 bestv 的大小,并更新最优装载体积和最优装载重量。

(4)两个子结点搜索完后,当前扩展结点将被舍弃。按照队列式分枝定界法,利用先进先出的原则选取下一个结点为当前扩展结点,并重复前面相同的过程,进行下一步的搜索,直到找到所需的最优装载方案或活结点队列为空时为止。

设某城市有一批货物需要运输,现有 2 种不同型号的运输车辆,额定载重量和有效容积分别为 1.8 t,4.4 m³ 和 6 t,14.4 m³。等待运输的货物的重量和体积见表 6-9。

表 6-9　　　　　　　　　　　等待运输的货物的重量和体积

货物序号	货物名称	体积/m³	重量/kg
1	茶叶	1.0	80
2	香烟	2.0	100
3	蔬菜	2.0	600
4	樟脑丸	0.5	80
5	电视机	3.0	1 000
6	啤酒	1.5	1 000
7	钢材	2.5	2 000
8	服装	3.5	600
9	微型计算机	2.0	800
10	牛肉	1.0	1 200
11	书籍	1.0	1 600

根据所述的车辆配载模型,结合分枝定界法,建立一个 12 层的解空间树,并利用 C++ 语言编写算法的程序。在输入数据时应注意:

(1)在对每辆车的配载程序输入货物数据时,应该按照货物的重量由大至小地输入货物数据。

(2)在输入货物数据前,不能放在一起运输的货物必须做上标记才能输入到算法程序中,以使货物在运输途中不发生事故。

车辆配载算法程序在 Visual C++ 6.0 环境下编译通过并运行,结果见表 6-10、6-11 和 6-12。

表 6-10　　　　　　　　　　　第一辆车所装载的货物

货车类型	货物序号	货物名称	体积/m³	重量/kg
6t 14.4m³	4	樟脑丸	0.5	80
	5	电视机	3.0	1 000
	6	啤酒	1.5	1 000
	7	钢材	2.5	2 000
	8	服装	3.5	600
	9	微型计算机	2.0	800

表 6-11　　　　　　　　　　　第二辆车所装载的货物

货车类型	货物序号	货物名称	体积/m³	重量/kg
1.8t 4.4m³	1	茶叶	1.0	80
	2	香烟	2.0	100
	11	书籍	1.0	1 600

表 6-12　　　　　　　　　　　第三辆车所装载的货物

货车类型	货物序号	货物名称	体积/m³	重量/kg
1.8t 4.4m³	10 3	牛肉 蔬菜	1.0 2.0	1 200 600

从运行结果可以看到,通过分枝定界法的运算实现了帕累托最优。在这种情况下,任何一种货物决策的改变都无法再提高整个车辆运输的装载效率。

6.5　交通运输枢纽规划

6.5.1　运输枢纽选址原则

运输系统网络中,连接运输线路的结节之处称为结点或节点。运输枢纽的布局会直接受到国家甚至全球整体交通系统结构的影响。现代运输网络中的结点(交通运输枢纽)对优化整个运输网络起着重要作用,具有指挥、调度和信息管理的中枢职能。交通运输枢纽是城市对外联系的桥梁和纽带,可以带动所属城市的发展。因此,交通枢纽规划的目的,是使各种交通方式在枢纽所依托的城市内有机衔接,保证最方便快捷地换装和换乘。同时,运输枢纽的规划,还应该与枢纽所在城市的交通系统有机结合,使城市的对内对外交通衔接流畅,保证城市基本功能的实现。

在运输规划时,应充分考虑运输枢纽站点的合理选择,基本原则如下:

(1)整体性原则

从物流整体出发,分析运输枢纽站点的选址问题,综合权衡费用的大小、某些站点的选择对运输线路的选择来讲是最优的,但对整个物流过程来说并不见得是最优的,这时应加以调整。为了整个整体战略发展的需要,甚至会在目前没有效益的地区选择建立站点。

(2)利益均衡原则

现代物流将运输管理过程作为供应链系统的重要部分之一,运输枢纽站点规划要考虑供应链各节点单位间的均衡,故交通枢纽在选址过程中可能会受到制约。因此,要对枢纽节点选择进行适当权衡,确保运输规划的参与者利益均衡。

(3)反复性原则

初次枢纽点的选择对供应链来说一般不是最优的,或者说最初的选择可能不利于供应链整体效率的发挥。因此,要对枢纽点选择进行定期的评价和重新选址。这一过程是多次反复的过程。

(4)协调性原则

在传统的市场环境中,企业间的竞争是单个企业之间的行为。在供应链情况下,竞争主体变为整个供应链。要取得竞争优势,整个供应链必须协调一致。如果所选择的枢纽点与供应链上下游企业间存在间隙,这会大大影响供应链的整体竞争力。只有物流、信息流、商流、资金流协调一致的供应链才可能在竞争中取得最大的利润。

6.5.2 运输枢纽的决策模型

在我国现有的运输枢纽规划中，主要采用定量计算与定性分析相结合的方法，大致分为以下三个步骤：(1)社会经济和交通运输的现状分析与发展趋势预测；(2)运输枢纽场站选址与布局规划方案的形成；(3)运输枢纽规划方案评价与选优。

从运输枢纽选址所使用的数学方法角度看，所使用的模型可以分为：定性模型、定量模型、定量和定性相结合模型。

定性模型是指凭借个人或集体的经验做出决策的过程。它的执行步骤一般为：
(1)根据经验确定出评价指标。
(2)对各待选地点，利用指标进行优劣性检验。
(3)根据检验结果进行决策。常用的方法有头脑风暴法、专家调查法、计划评审技术法等。

定性模型的优点是：注重历史经验，简单易行。其缺点是：首先很可能犯经验主义和主观主义的错误；其次是当地点较多时，不易做出理想的决策，导致决策的可靠性不高。

定量模型包括重心模型、多重心模型、模拟模型、加权平均法、空间引力模型等。其中，应用最广的模型是重心模型，此方法又可分为单选址和多选址两种。

定性方法的优点是能做出比较准确、可信解，缺点是可能没有考虑比较重要的评判因素。定量与定性相结合的模型是现在文献中最常见的一种方法。这种方法适用于在大范围内进行选址的行为。这一类方法都是先对候选地点进行评价，筛选掉与目标相差太远的地点，然后再利用数学模型进行再挑选。这种方法的优点是综合了定性和定量两方面，能够作出比较理想的决策。

案例分析　　Z集团采用自动化立体仓库，提高物流速度

Z集团公司主要设计制造各种低压工业电器、部分中高压电器、电气成套设备、汽车电器、通信电器、仪器仪表等，其产品达150多个系列、5 000多个品种、20 000多种规格。该公司2002年销售额达80亿元，集团综合实力被国家评定为全国民营企业500强前列。在全国低压工业电器行业中，Z集团公司首先在国内建立了三级分销网络体系，经销商达1 000多家。同时，建立了原材料、零部件供应网络体系，协作厂家达1 200多家。

一、立体仓库的功能

Z集团公司自动化立体仓库是公司物流系统中的一个重要部分。它在计算机管理系统的高度指挥下，高效、合理地贮存各种型号的低压电器成品。准确、实时、灵活地向各销售部门提供所需产成品，并为物资采购、生产调度、计划制订、产销衔接提供了准确信息。同时，它还具有节省用地、减轻劳动强度、提高物流效率、降低储运损耗、减少流动资金积压等功能。

二、立体仓库的工作流程

Z集团公司立体库占地面积达1 600平方米(入库小车通道不占用库房面积)，高度近18米，3个巷道(6排货架)。作业方式为整盘入库，库外拣选。其基本工作流程如下：

1. 入库流程

仓库二、三、四层两端六个入库区各设一台入库终端,每个巷道口各设两个成品入库台。需入库的成品经入库终端操作员键入产品名称、规格型号和数量。控制系统通过人机界面接收入库数据,按照均匀分配、先下后上、下重上轻、就近入库、ABC 分类的原则,管理计算机自动分配一个货位,并提示入库巷道。搬运工可依据提示,将装在标准托盘上的货物由小电瓶车送至该巷道的入库台上。监控机指令堆垛将货盘存放于指定货位。

库存数据入库处理分为两种类型:一种是需操作员在产品入库之后,将已入库托盘上的产品名称(或代码)、型号、规格、数量、入库日期、生产单位等信息在入库客户机上通过人机界面而输入;另一种是托盘入库。

2. 出库流程

底层两端为成品出库区,中央控制室和终端各设一台出库终端,在每一个巷道口设有 LED 显示屏幕,用来提示本盘货物要送至装配平台的出门号。需出库的成品,经操作人员键入产品名称、规格、型号和数量后,控制系统按照先进先出、就近出库、出库优先等原则,查出满足出库条件且数量相当或略多的货盘,修改相应账目的数据,自动地将需出库的各类成品货盘送至各个巷道口的出库台上,经电瓶车将之取出并送至汽车上。同时,出库系统在完成出库作业后,在客户机上形成出库单。

3. 回库空盘处理流程

底层出库后的部分空托盘经人工叠盘后,操作员键入空托盘回库作业命令,搬运工依据提示,用电瓶车送至底层某个巷道口,堆垛机自动将空托盘送回立体库二、三、四层的原入口处,再由各车间将空托盘拉走,形成一定的周转量。

问题 1. 请从立体仓库功能的角度,对立体仓库助力 Z 集团发展的运行过程进行分析。
2. 企业在进行立体化仓库设计时需考虑哪些因素?

思考题

1. 选择运输线路应考虑哪些问题?
2. 运输路线优化的方法有哪些?
3. 如何进行运输车辆配载?
4. 运输枢纽选址的原则是什么?

即测即练

计算题

1. 某建材公司建造建筑材料仓库,年入库量为 20 000 t,年工作 300 d,物料平均储备期 50 天,建筑面积的承重量平均为 0.7 t/m²,仓库利用系数为 0.4,试用荷重算法求仓库面积。

2. 在仓库设计中,假设托盘宽度 W_p 为 1.2 m,计划码放托盘数为 7 板,托盘间间隔 C_p 为 0.1 m,侧面余隙尺寸 C_0 为 0.05 m,求内部柱间距尺寸。

3. 在仓库设计中,若托盘深度 L_p 为 1.2 m,通道宽度 W_1 为 2.6 m,托盘(货架)背面间的间隔 C_r 为 0.05 m,建筑为平房结构,柱子间隔为二节距($N=2$),试求内部柱间距尺寸。

4. 某建材公司计划建造一座建筑材料仓库，年入库量为 20 000 t，一年中工作 300 d，物料平均储备期 50 d，有效面积上平均货重 0.7 t/m²，仓库利用系数为 0.4，试用荷重计算法求仓库面积。

5. 设产地甲、乙、丙、丁，产量分别为 70 t、40 t、90 t、50 t；销地 A、B、C、D、E，需求分别为 30 t、70 t、50 t、60 t、40 t，试求合理运输方案。

第 7 章

物流信息系统规划设计

知识目标

1. 了解物流信息系统的定义、特点、功能结构。
2. 了解物流信息系统规划的含义、内容、步骤及常用方法。
3. 了解物流信息系统需求分析和设计的主要内容。
4. 了解物流信息网络系统的含义、功能、结构与功能规划。

能力目标

1. 能进行物流信息系统结构划分。
2. 能运用 BPR 理论实施企业业务流程重组。
3. 掌握子系统功能设计及模块化设计。
4. 熟悉物流信息网络系统结构模块和系统功能。

导入案例

近铁运通 KWE 全国物流信息系统

7.1 物流信息系统及其规划概述

7.1.1 物流信息系统概述

1. 物流信息系统的含义

物流信息系统（Logistics Information System，LIS）作为企业信息系统中的一类，是通过对与物流相关信息的收集、存储、加工处理、数据分类与预测来实现对物流过程的有效控制和管理，并为企业物流管理提供信息分析和决策支持的人机系统。

物流信息系统是为物流系统服务的,是由计算机软硬件技术、物流信息技术、物流信息资源及其管理人员所组成的人机系统。根据物流信息系统面向对象的区别,可将物流信息系统分为面向制造业的物流信息系统,面向零售商、批发商、供应商的物流信息系统,面向第三方物流企业的物流信息系统;根据系统的业务功能,可将物流信息系统分为订单处理系统、运输管理系统、仓储管理系统、配送管理系统、货物代理系统、港口作业及堆场管理系统、零售管理系统、电子商务系统等。这些具体功能管理系统及自动化设施系统、办公自动化系统等是属于物流作业层面的信息系统,相对应的综合物流管理信息系统、物流管理决策支持系统等则属于物流管理层面的信息系统。

2. 物流信息系统的特点

物流信息系统除了具有信息系统的一般特征外,如系统的整体性、层次性、目的性外,还具有以下典型特征。

(1)集成化。集成化是指物流信息系统将相互连接的各个物流环节连接在一起,为企业物流全过程整体的运作提供集成化的信息处理平台。

(2)标准化。一方面是指物流信息系统的结构、接口、基本模块的基本同一性;另一方面是指物流信息本身的标准,如数据格式、语言、传输协议、处理程序的标准化。

(3)模块化。模块化是指把物流信息系统划分为各个不同功能模块的子系统,各个子系统通过统一标准来进行功能模块开发,然后集成组合起来使用,从而满足企业不同部门的管理需要,也保证各个子系统的使用和访问权限。

(4)智能化。智能化是物流信息系统的发展方向,通过综合运用数据挖掘技术、知识管理、人工智能技术、现代决策科学技术等,为物流系统运行、管理和决策提供有效支持。

(5)网络化。通过 Internet,将分布在不同地理位置的物流分层分支结构、供应商、客户连接起来,形成一个复杂但又密切联系的信息共享网络,便于各方实时了解各地业务运作情况,提高物流运作的效率。

(6)实时化。现代物流信息系统借助于编码技术、自动识别技术(条码、RFID)、GPS/GIS 等现代物流信息技术,对物流活动信息进行实时、准确的采集,并应用先进的计算机和网络通信技术,及时地进行数据传输和处理,将供应链合作方在业务上联系起来。

3. 物流信息系统的基本功能

从宏观意义上来说,拥有一套物流管理的业务系统,就可以开展物流服务。可以说,拥有物流信息系统比拥有车队和仓库更为重要。如有的物流公司本身并没有车队和仓库,但它们每年的承运量却可以达到惊人的数字;而有的运输公司或拥有大片空余仓位的储运公司,由于没有一套能够让客户满意的信息系统而失去了大量与客户合作的机会。因此,可以毫不夸张地说,物流信息系统是现代物流系统的"神经中枢",它作为整个物流系统的指挥和控制系统,具有以下五项基本功能,缺一不可。

(1)数据收集和输入

首先是将物流数据通过子系统从系统内部或者外部收集到预处理系统中,并整理成符合系统要求的格式,然后再通过输入子系统汇入物流信息系统中,这一过程是其他功能发挥作用的重要前提。因此,在衡量一个信息系统性能时,应注意它收集数据的完善性、准确性和抗破坏性等方面。

(2) 信息的存储

物流数据经过收集和汇总后,必须在系统中存储下来。在处理之后,若信息还有利用价值,要将其保存下来,以供后期使用。物流信息系统的存储功能就是要保证已得到的物流信息能够不丢失、不外泄,整理得当,随时可用。无论何种物流信息系统,在涉及信息的存储问题时,都要考虑到存储量、信息格式、存储方式、使用方式、存储时间、安全保密等方面。

(3) 信息的传输

物流信息在物流系统中,一定要准确及时地传输到各个职能环节,否则信息就会失去其使用价值。物流信息系统在实际运行前,必须要充分考虑所要传递的信息种类、数量、频率、可靠性要求等因素。

(4) 信息的处理

物流信息系统的最根本目的就是要将输入数据加工处理成物流系统中所需要的、有应用价值的物流信息。数据往往不能直接利用,而信息是从数据加工中得到的,它可以直接利用。只有得到了具有实际使用价值的物流信息,物流系统的功能才能正常发挥。

(5) 信息的输出

实现了信息输出功能后,物流信息系统的任务才算完成。信息的输出必须采用便于人或计算机理解的形式,在输出形式上力求易读易懂、直观醒目。

■ 4. 物流信息系统结构

物流信息系统结构是指系统各组成要素之间的相互关系、相互作用方式,即各要素之间在时间和空间上排列与组合的具体形式。系统结构具有稳定性、层次性、开放性和相对性。系统的体系结构是系统功能结构的基础。系统体系说明了系统内部状态和内部作用,是系统本身的固有能力,而这种能力对外表现为系统功能。

(1) 物流信息系统的体系结构

一般来说,物流管理信息系统的体系结构包括 4 个层次:计划管理系统(面向企业决策层,进行计划制订和调整)、协调控制系统(面向企业管理层,维护企业数据和业务数据,并协调和监督业务活动)、业务处理系统(面向企业业务层和客户,对各项业务进行管理和处理)和企业信息平台(面向企业信息管理组织,支撑企业信息化运作),如图 7-1 所示。

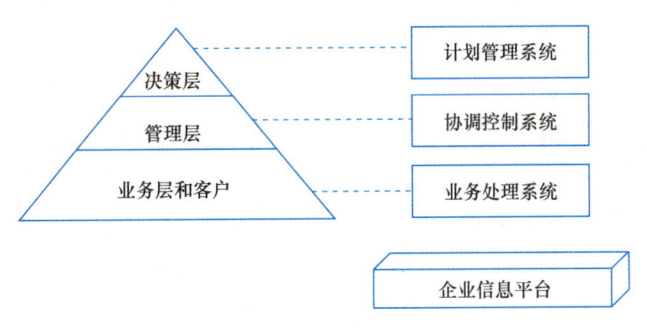

图 7-1 物流信息系统的体系结构

① 计划管理系统。计划管理系统包括战略计划组件、能力计划组件、物流计划组件、制作计划组件和采购计划组件,发挥制定营销战略目标、营销目标、功能目标和金融战略目标的功能,为高层决策服务,同时也对企业资源提出要求。

具体而言,计划管理系统的功能是针对企业现有资源确定能力需求、物流需求、制造需求、采购需求,并与战略计划相协调;制订指标体系、收集业务系统运行情况的各项数据指标,对服务水平、物流系统的可得性、信息的精确性和及时性进行量化,为决策分析提供所需数据。计划管理系统在物流管理信息系统中的地位表现了信息系统对战略计划的制订、高层战略、业务计划及重组计划的支持能力,同时也表现了物流企业战略规划和作业计划对信息系统建设的要求和影响。

计划管理系统输入与计划相关的实际业务数据的数据类型、名称、量值,向协调控制系统输出与计划相关的数据要求。

②协调控制系统。协调控制系统包括企业数据组件、业务数据组件、预测组件、存货管理组件和存货控制组件,它的功能是确定制订计划所需的各项企业数据指标;相应业务系统组件的要求和变更,对业务系统的其他组件提出业务数据要求;按计划系统建立的指标体系收集业务系统运行情况的各项数据指标,对服务水平、物流系统的可得性、信息的精确性和及时性进行量化,为决策分析提供所需数据。协调控制系统在物流管理信息系统中的意义在于强调计划系统各组件与业务系统各组件需求和能力的协调,共同预测,防止产生过剩的制造库存和物流库存;协调和指导各项业务活动,确保服务质量与信息的准确性,提高物流系统的可靠性;有效调节业务系统变更对应用系统的影响,应用系统可通过它为业务系统提供柔性的支持。

协调控制系统的输入是从计划组件获取的与计划相关的各种数据;接受计划组件提出数据挖掘的条件;接受某一业务组件对其他组件提出的数据要求。协调控制系统的输出是为企业计划组件提供与计划要求相关的各种数据;为业务组件提供与各业务流程相关的各种数据。

③业务处理系统。业务处理系统包括接收、处理、装运客户订货和协调采购订货入口所需的各种信息活动。作业系统包括订货管理、订货处理、配送作业、运输和装船、采购。业务处理系统的功能是建立和完善协调统一的物流作业模式,从协调控制组件中获取所需数据,以提高各业务过程的计划能力及均衡表现能力,实现各作业组件之间的信息共享,确定各作业组件的信息需求和对企业信息基础设施的要求。

业务处理系统的意义在于:协调一体化的物流作业流程可使整个企业的客户订货和补充订货信息顺利并一致,查看当前各业务流程的运行状态,同时能减少延迟、错误和人员需求。业务系统与其他系统的联系在于:接受协调控制系统提出的数据要求;接受客户的订货要求;向协调控制系统提供各项业务的基础数据;向企业信息基础设施提出资源需求申请。

④企业信息平台。企业信息平台的功能在于接受来自计划管理系统、协调控制系统和业务处理系统提出的信息资源基础设施的申请要求,对所有请求进行分解并重新组合,合理分配和使用企业的信息资源基础设施,创建企业信息系统的平台。

企业信息平台的意义在于从企业全局进行考虑,对上一层系统的资源请求进行分解和再组合,确保资源请求的合理性和资源支持的有效性。具体来说,企业信息平台对其他系统提供以下资源的支持,即服务器、终端设备、存储设备和网络通信设备、系统软件、支持型软件等。

(2)物流信息系统的功能结构

从系统观点来看,构成物流信息系统的主要组成要素有硬件、软件、数据库与数据仓库、物流企业管理理念、制度与规范、相关人员等,如图7-2所示。

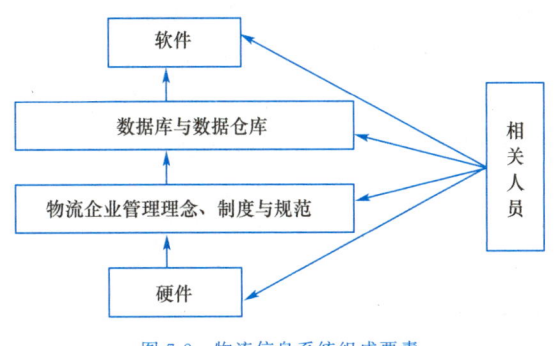

图 7-2 物流信息系统组成要素

①硬件：包括计算机、必要的通信设施等，例如计算机主机、外存、打印机、服务器、通信电缆、通信设施。硬件是物流信息系统的物理设备、硬件资源，是实现物流信息系统的基础，构成系统运行的硬件平台。

②软件：一般包括系统软件、实用软件和应用软件。

③数据库与数据仓库：数据库与数据仓库用来存放与应用相关的数据，是实现辅助企业管理和支持决策的数据基础，目前大量的数据存放在数据库中。

④相关人员：系统的开发涉及多方面的人员，有专业人员、领导，还有终端用户。

⑤物流企业管理理念、制度与规范：在物流行业，新的管理思想和理念不断产生并赋予实践。

物流信息系统所涉及的各职能部门都有着自己特殊的信息需求，需要专门设计相应的功能子系统，以支持其管理决策活动，同时各职能部门之间存在各种信息联系，从而使各个功能子系统构成一个有机结合的整体。按照物流系统的功能划分，物流信息系统可分为订单管理子系统、仓储管理子系统、配送管理子系统、运输与调度管理子系统、客户服务子系统以及其他职能管理子系统（如财务、人力资源、报关、货代等）。下面仅对主要的管理子系统进行分析。

①订单管理子系统

订单管理系统的业务功能需求分析主要包括订单生成、订单处理、按订单送货。具体的业务处理是订单的接收和录入，检查客户的信息和存货的可得性，根据客户信息和存货情况处理延迟订单，实现订单的确认、修改和中止操作，同时检查定价，确认运输工具和装运地点，生成装运单据和拣货单，将订单传至存货或送货部门，查询订货状态，处理退货。

②仓储管理子系统

一般的仓储管理系统从功能结构上可分为四大功能：日常管理、账单管理、统计报表、数据查询。日常管理，包括物品凭单录入管理、冲账管理、查账日常管理。账单管理对仓库的使用资金账单进行管理，有利于高层和仓库管理人员了解并掌握仓库资金的调度。统计报表用于管理人员统计各种物品的出入库及使用情况。数据查询是对物品的消耗、库存数量和物品修理费支出的查询。

③配送管理子系统

配送管理系统常常需要具有仓储管理信息系统的功能，且随着其功能的进一步扩展，在配送中心还实现一些简单加工等功能。配送管理信息系统业务需求主要是根据用户的需求信息来提供关于备货、配送加工、分拣、配装、配送运输、送达的功能。

④运输与调度管理子系统

运输任务的产生，根据起运地和到达地生成运输任务，对每一个承运公司生成运输任务交接单，同时打印装箱单、运单和运输标记，系统支持条形码输出。运输过程管理对于未完成的运输任务进行状态更新，生成各种统计报表，同时记录每一单运费。服务结算，对每一个承运公司进行运费结算，生成结算报表。承运公司通过互联网查询本公司的运输费用结算信息、运输信息，对所有的运输任务进行查询，包括该运输任务的货物细目、到达状态、签收情况、运费等情况。

⑤客户服务子系统

客户服务是物流公司和客户之间的接口和桥梁，也是物流公司进行采购、发货和运输的依据，它是现代物流的基本元素，也是物流企业提高服务水平和企业竞争能力的有效手段。例如，网上下单，客户可以通过网络下单，将自己的物品需求品种、数量和时间发送给物流公司，同时物流公司也可以通过网络向供应商发出订货请求。货物跟踪，客户可以通过物流公司的网络实时跟踪自己的货物状态。合同更改，客户可以通过网络及时更改合同的内容，物流公司根据客户更改后的合同及时调整采购和运输计划，承运公司通过互联网对承运的运输任务进行状态更新。

通过以上对物流信息系统的体系结构和功能结构的分析可知，一个完善的物流信息系统，应具有以下层次（如图7-3所示）：在垂直方向上，物流信息系统涉及交易作业、管理控制、决策分析和制订战略计划四个层次；在水平方向上，物流信息系统贯穿采购物流、企业物流、销售物流、退货物流、回收和废弃物物流的运输、仓储、装卸、搬运、流通加工等各个环节。

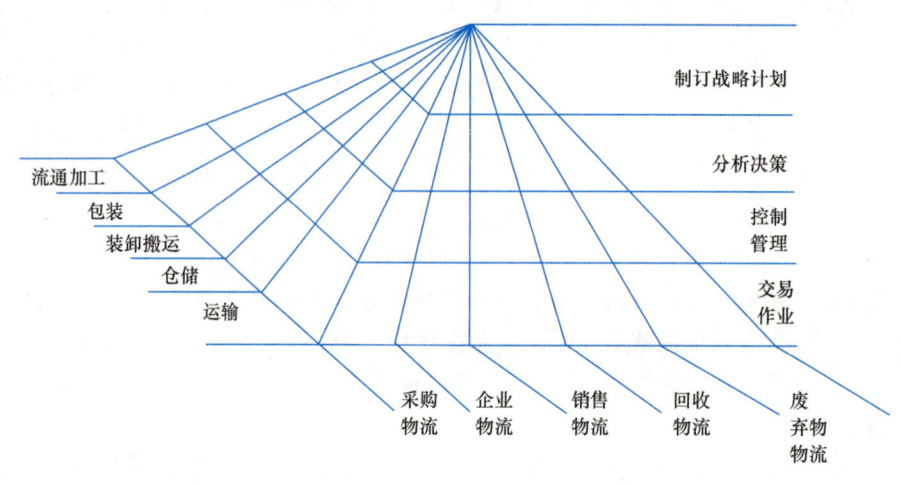

图7-3 物流信息系统结构

7.1.2 物流信息系统规划概述

物流信息系统规划是建立物流信息系统的第一阶段，是系统开发的基础准备和总体部署阶段。通过对企业的初步调查和客观分析，以整个系统为研究对象，概要审查系统的目标与需求，估计系统实现后的效果，确定系统的总目标和主要功能，即从总体上把握系统的目标和功能框架，继而分析论证总体方案的可行性，为后继的开发工作打好基础，为最终的系统验收提供评价标准。规划的主要目的是保证建立的物流信息系统科学、经济、先进、适用。因此，物流信息系统的规划在整个物流系统的开发过程中具有举足轻重的地位。

1. 物流信息系统规划的含义

物流信息系统的规划是指在物流系统的基本目标和企业物流战略的基础上，根据企业的物流营运模式、管理体制和拥有的物流资源，明确物流信息系统设计所要实现的目标，定义物流信息系统功能结构模块，确定系统总体框架及实施的思路。

物流信息系统规划是系统开发的主要阶段，系统规划做得好，就可以根据规划目标及步骤，进行数据处理系统的分析和设计，持续地进行工作，直到系统的实现。

2. 物流信息系统规划的内容

物流信息系统规划是物流信息系统生命周期的开始，是信息系统概念的形成时期，决定了整个信息系统的发展方向、规模以及发展进程，它的内容包含甚广，主要包括以下几点：

(1) 明确信息系统的总体目标、发展战略和总体结构。总体目标规定了信息系统的发展方向、发展战略，确定了衡量具体工作的标准，而总体结构则提供系统开发的框架。

(2) 分析企业的现状。包括计算机软件、硬件、产业人员、开发费用及当前信息系统的功能、应用环境和应用现状等。

(3) 可行性研究。在现状分析的基础上，从技术、经济和社会因素等方面研究并且论证系统开发的可行性。

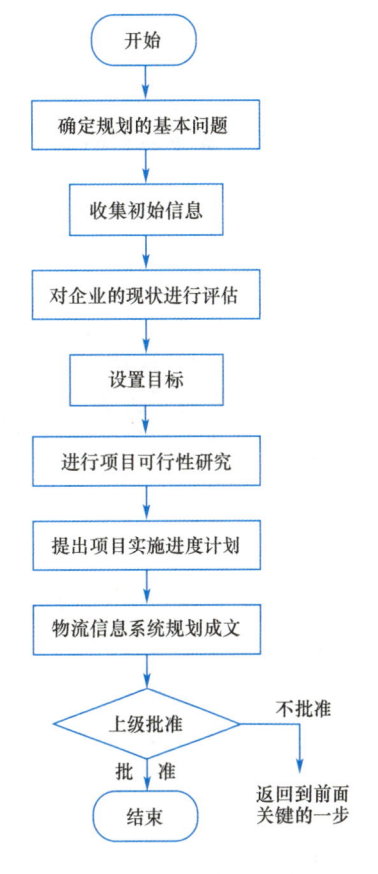

图 7-4 物流信息系统规划的步骤

(4) 企业业务重组。对业务流程现状、存在的问题和不足进行分析，使流程在新的技术条件下重组。

(5) 预测相关信息技术发展。对规划中涉及的软硬件技术、网络技术、数据处理技术和方法的发展变化及其对信息系统的影响做出预测。

(6) 做出资源分配计划、实施计划及制订计划，给出预算，并进行可行性分析。

3. 物流信息系统规划的步骤

物流信息系统规划一般应包括以下几个步骤，如图 7-4 所示。

(1) 确定规划的基本问题。确定系统规划的基本问题，包括规划的年限、规划的方法、规划的要求。

(2) 收集初始信息。从企业内外各方面收集各种需要的信息。

(3) 对企业的现状进行评估。对企业的现状进行评估，从而发现对整个规划有约束的因素。需要评估的内容包括现存硬件和质量、现存设备及质量、现存软件及质量、信息部门人员、资金、安全措施、人员经验、内外部关系。

(4) 设置目标。这里的目标不仅包括信息系统的目标，还包括整个企业的目标，如信息系统开发的服务对象、范围、质量等。

(5) 进行项目可行性研究。确定项目的优先权,估算成本。

(6) 提出项目实施进度计划。根据项目的优先权、成本费用和人员情况,编制项目的实施进度计划,列出开发进度表。

(7) 物流信息系统规划成文。通过不断与用户交换意见,将信息系统规划书写成文。

4. 物流信息系统规划的常用方法

物流信息系统规划的方法主要有战略目标集合转移法(Strategy Set Transformation, SST)、关键成功因素法(Critical Success Factors,CSF)、企业系统规划法(Business System Planning,BSP)、企业信息分析与集成技术法、投资回收法、产出/方法分析(E/M)、零线预算法、阶石法等,其中最常用的是前三种方法。

(1) 战略目标集合转移法

战略目标集合转移法是 1978 年由威廉·金提出的一种确定管理信息系统战略目标的方法。该方法把整个组织的战略目标看成是一个"信息集合",该集合由组织的使命、目标、战略和其他影响战略的因素等组成。战略目标集合转移法的过程就是将组织的战略目标集合转化为管理信息系统的战略目标。

(2) 关键成功因素法

关键成功因素法产生于 20 世纪 70 年代。1970 年,哈佛大学的威廉·扎尼在建立管理信息系统模型中首次使用了关键成功变量,用以确定管理信息系统的成败因素。十年后,约翰·罗卡特把关键成功因素应用到管理信息系统的战略规划当中。

任何企业和组织都存在着对该组织的成功起关键作用的因素。决策的信息需求往往来源于这些关键成功因素。通常,关键成功因素与那些能够使企业生存和发展的部门相关。因此,关键成功因素法实际上就是对那些必须经常得到管理人员关注的活动区域的运行情况不断地进行度量,并将度量信息提供给决策活动。

(3) 企业系统规划法

企业系统规划法是为指导企业管理信息系统开发而建立起的一种结构化方法。20 世纪 70 年代初,IBM 公司使用企业系统规划法进行企业内部信息系统的开发。此后,该方法在管理信息系统开发中得到广泛应用。企业系统规划法帮助企业进行规划,确定企业管理信息系统建设的信息需求,以满足企业长期发展的需要。

企业系统规划法认为,信息系统应支持企业的目标。同时,信息系统应表达并满足企业中各个管理层次(战略计划、管理控制和操作控制)的信息需求。信息系统应向整个企业提供一致的信息。信息系统应在企业管理体制和组织机构发生变化时保持一定的稳定性和工作能力。信息系统的战略规划应由总体信息系统中的子系统开始实现。

7.1.3 物流信息系统与企业流程再造

20 世纪 90 年代以来,美国开始兴起企业流程再造(Business Process Re-engineering,BPR)的热潮。推行 BPR 的多为信息系统咨询公司,将系统规划和 BPR 紧密联系在一起。

最早提出BPR的是美国的企业管理专家哈默和切姆比。他们在合作的名著《改造企业——商业再生的蓝图》一书中提出了企业流程改造的一些基本观点。首先,他们认为传统的企业生产方式已经不适应现在的社会和企业。分工工作方式、金字塔形的职能结构、以提高产品生产量为中心等传统的方法曾经是使美国经济迅速发展的法宝,但是随着信息产业的发展和技术手段的引进,这些传统的法宝却变成了阻碍经济发展的绊脚石。企业要想发展,最重要的就是以工作流程为中心,重新组织工作。所谓"改造企业",就是"彻底地抛弃原有的作业流程,针对顾客的需要,重新规划工作,提供最好的产品和一流的服务"。

在改造企业的过程中,信息技术所起到的作用是十分重要的。它甚至会"重写游戏规则"。例如,在人们的传统意识中,信息一次只出现在企业中的一个地方,但引进信息系统后,信息可以不受限制,同时出现在所有必要的地方。再如,按传统观念,详细的数据和信息一定是放在办公室中。销售人员外出时,不带着一大包资料就无法给客户以详细的说明。而现在他们可以带着手机和便携式计算机,通过电话线得到任意详细的信息。这样,信息技术就迫使企业不得不重新考虑他们已经习惯的工作方式是否合理。

哈默和切姆比用了许多例子来证明他们的这样一个观点:进行企业改造不是修修补补,而是一项彻底的工程,需要建立一支有力的改造队伍,抓住企业中的某些通病开刀,重新设计企业的工作流程,进行新的工作集成化。这样,才有可能使企业适应时代的潮流,健康地成长。哈默和切姆比的这本著作引起了管理界强烈的共鸣,使得BPR成为当今管理信息系统一个新的研究方向。

物流信息系统建设不仅仅是用计算机系统去模拟原手工管理系统,那不能从根本上提高企业的竞争能力,重要的是重组物流企业业务流程,按照现代化的信息处理的特点,对现有的企业流程进行重新设计,这是提高物流企业运行效率的重要途径。

在利用IT技术进行企业流程设计时,以下原则方法可供参考:
①横向集成。跨部门按流程压缩,如交易员代替定价员和核对员工作。
②纵向集成。权力下放,压缩层次。
③尽量减少检查、核对和控制。变事后管理为事前管理,变事中检查为事后审计。
④单点对待顾客。用入口信息代替中间信息。
⑤单库提供信息。建好统一的共享信息库,把相互打交道变成对信息库打交道。
⑥输入到输出一条路径。不用许多路径均能走通,多路径会造成选择的困惑。
⑦并行工程。串行已不可能再压缩,可考虑改为并行。
⑧灵活选择过程连接。对于不同的输入,可以不需要全过程,少几个过程也可连接起来,也能达到输出。

下面利用上述原则整合一个采购流程,如图7-5所示。

(1) 整合前　　　　　　　　　　　　　(2) 整合后

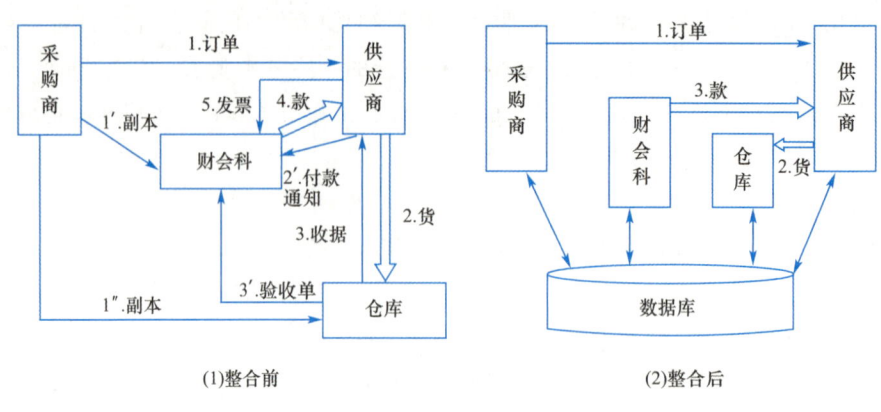

图 7-5　采购流程整合

7.2　物流信息系统需求分析

开发设计物流信息系统,是提高物流管理水平很有效的途径。如何提出详细的系统需求分析,是系统设计开发的前提。物流信息系统需求分析以详细调查为基础,对用户的需求进行分析,包括分析现行系统的信息需求、功能需求、辅助决策需求等,提出对新系统的设计要求,确定对系统的综合要求、系统功能要求、系统性能要求、运行要求和将来可能提出的要求。需求分析的结果是否能够准确地反映用户的实际要求,将直接影响到后面各个阶段的设计,并影响到系统的设计是否合理和实用。

物流信息系统需求分析阶段的任务是:在详细调查的基础上,分析用户的需求和现行系统,分析和优化企业的业务流程,设计数据流程图,进而抽象出新系统的逻辑模型。简要地说,就是对要解决的物流问题进行详细的分析,弄清楚问题的要求,包括需要输入什么数据,要得到什么结果,最后应输出什么,就是要解决"做什么"的问题,而不是"如何做"的问题。

物流信息系统需求分析从需求调查开始到设计出新系统逻辑模型为止,整个过程可以分为三个阶段:详细调查,功能、数据与流程分析,新系统逻辑方案建立。成果是建立标准化文档——系统分析说明书。

7.2.1　需求与现状调查

企业需求与现状调查为新系统开发准备原始资料,使系统开发人员对现行系统取得从感性到理性的认识,并且进一步明确对原有系统的意见和对新系统的各种需求,为新系统开发提供依据。主要的调查方法包括:查阅现有资料、书面调查(发调查表)、访问、开座谈会、抽样统计分析、现场跟踪观察等。

下面重点介绍初步调查、可行性分析、详细调查。

1. 初步调查

初步调查也称为立项调查,它是根据系统开发可行性的要求,考虑企业内部对信息系统开发的实际需求,调查和研究企业基础数据管理工作对支持将要开发的物流信息系统的可能性、企业管理现状和现代化物流管理的发展趋势,现有的物力、财力对新系统开发的承受能力,现有的技术条件以及开发新系统在技术上的可行性,管理人员对新系统的期望值以及对新系统运行模型的适应能力等。

初步调查的范围大致包括以下环节：
(1) 用户需求分析；
(2) 组织的概况；
(3) 组织的对外关系；
(4) 现行系统的概况及存在的问题；
(5) 各类人员对新系统持有的态度；
(6) 物流信息系统开发所需的资源情况；
(7) 各方面对系统目标的看法。

2. 可行性分析

根据初步调查和总体方案,系统开发人员根据系统环境、资源等条件,判断所提出的项目在管理上、技术上和经济上是否具有可行性。

(1) 经济可行性

经济可行性分析也称投资/效益分析,它主要分析物流信息系统项目所需要的总成本和项目开发成功之后所带来的总收益,然后对总成本和总收益进行比较。

(2) 技术可行性

技术可行性是指根据现有的技术条件能否达到所提出的要求,项目所涉及的关键技术是否已经成熟,是否还存在重大技术风险,所需要的物理资源是否具备或能否得到,包括当前的软、硬件技术能否满足系统提出的要求、拟聘外部开发人员的技术水平、参加开发的内部人员的技术水平等。

(3) 社会可行性

社会可行性涉及的内容比较宽泛,需要从政策、法律、道德、制度、管理、人员等社会因素论证系统开发的可能性和现实性,可以从组织内和组织外两个层面来分析组织是否具备接受使用新系统的条件,比如,目前的管理体制和管理方法是否适合新的系统方案、管理方法或经过管理制度的改革能否为系统提供齐全而正确的数据、中层管理人员对开发新系统的态度等。

可行性研究活动的完成,将形成一套完整的文档报告。可行性研究成果一般包括可行性研究报告、初步的项目开发计划、工作指导与建议书、口头汇报提纲等。

3. 详细调查

详细调查也可以称为系统的功能与数据调查,其内容主要由两个方面组成：一个是现行系统管理业务的功能调查,另一个是现行系统的信息及业务流程调查。这两方面的问题是紧密联系的,调查时必须注意它们之间的关系。详细调查的内容如下：
(1) 组织机构及业务功能；
(2) 各部门的工作目标和发展战略；
(3) 业务信息处理流程；
(4) 数据调查；
(5) 代码化调查；

(6) 查询与决策要求调查；
(7) 决策方式和决策过程；
(8) 存在问题调查。

7.2.2 组织结构及业务功能分析

组织结构是指一个组织内部的部门划分以及它们的相互关系。现行系统中，信息的流动关系是以组织结构为背景的。在一个物流组织中，各部门之间存在着各种信息和物资的交换关系。物资由外界流入，进入组织的某一部分加工或处理后，又流向另一部分，最后流出系统，成为系统的最终产品。在这种物资流动的同时，反映物流变化的信息流也从组织的各个部分中产生出来，它们通过一定渠道流向管理部门，经加工后再流向组织的领导，组织领导按上下级的关系下达各种指令（信息）给各基层单位。

组织结构反映了物流组织内部的上下级关系，但组织内的业务关系还需要由物流业务功能来体现。全面分析各项物流业务功能，对信息系统分析和设计工作、划分子系统、系统的改善等都起到重要作用。

物流组织的构成通常可用组织结构图来描述，而业务功能图与组织结构图类似。它们都可以按机构或功能的隶属关系绘制树状结构图。树状结构图的结构如图 7-6 所示。

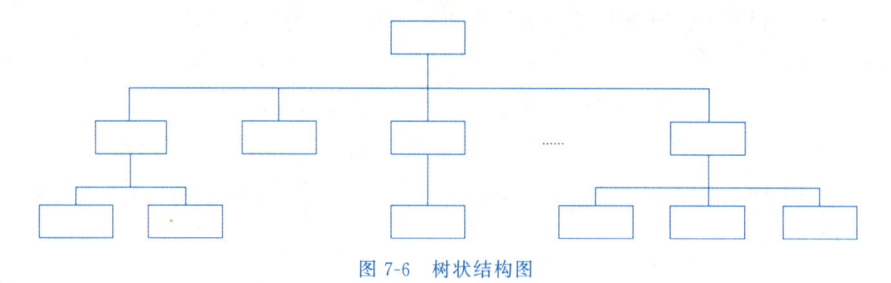

图 7-6 树状结构图

某物流企业组织结构图如图 7-7 所示，某销售部门的业务功能图如图 7-8 所示。

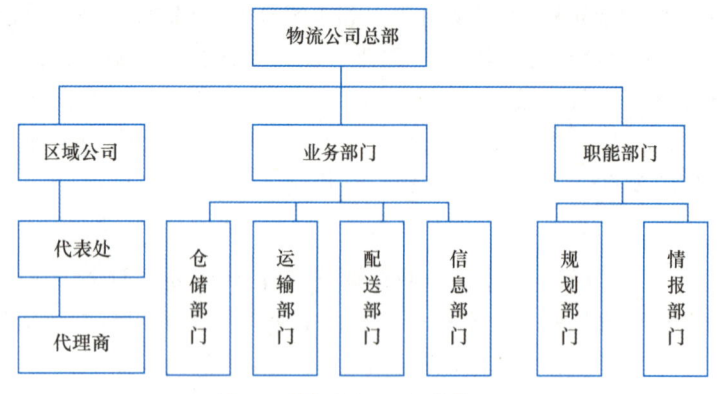

图 7-7 某物流企业组织结构图

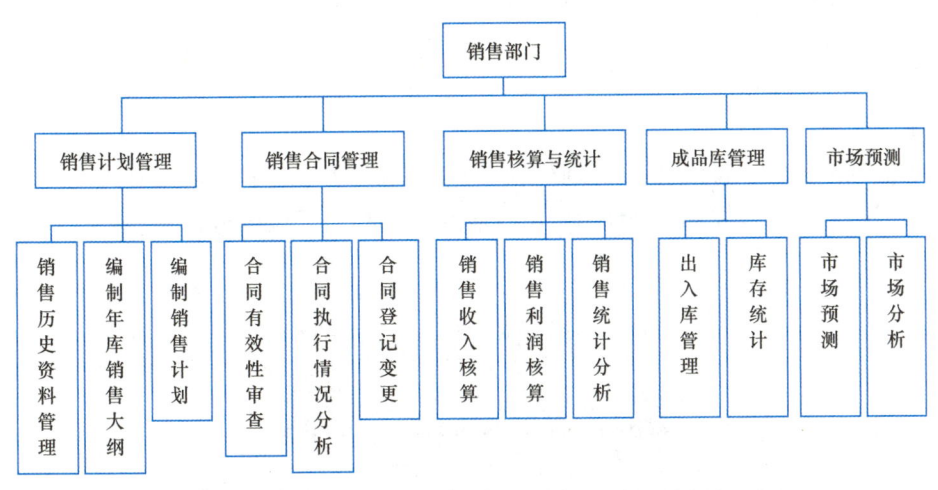

图 7-8 某销售部门的业务功能图

7.2.3 业务流程分析

一个系统的流程分析主要分为业务流程分析和数据流程分析。其中,业务流程分析主要是分析原系统中存在的问题,是为了在新系统建设中予以克服或改进。系统中存在的问题可能是管理思想和方法落后、业务流程不尽合理,也可能是计算机信息系统的建设为优化原来业务提供了新的可行性。这时,就需要在对现有业务流程进行分析的基础上,进行业务流程重组,产生新的更为合理的业务流程。

业务流程分析是在业务功能的基础上将其细化,利用系统调查的资料将业务处理过程中的每一个步骤用一个完整的图形将其串起来。在绘制业务流程图的过程中发现问题、分析不足,优化业务处理过程。绘制业务流程图是分析业务流程的重要步骤。

1. 业务流程分析过程

业务流程分析过程包括以下内容:

(1)原有流程的分析。分析原有业务流程中的各个处理过程是否具有存在的价值,哪些过程可以删除或合并,分析原有业务流程中哪些过程不尽合理,可以进行改进和优化。

(2)业务流程的优化。按计算机信息处理的要求,分析哪些过程存在冗余信息处理,哪些活动可以变串行处理为并行处理,变事后监督为事前或事中控制,产生更为合理的业务流程。

(3)确定新的业务流程。画出新系统的业务流程图。

(4)新系统的人－机界面。新的业务流程中人与机器的分工,即哪些工作可以由计算机自动完成,哪些必须有人的参与。

2. 业务流程图

业务流程图就是用一些规定的符号以及连线来描述某个具体业务处理过程。业务流程图的绘制一般是按照业务处理的实际过程和步骤进行。换句话说,就是一"本"用图形方式来反映实际业务处理过程的"流水账"。绘制出这本"流水账",对于开发者理顺和优化业务过程是很有帮助的。业务流程图是一种用尽可能少、尽可能简单的图示来描述业务处理过程的方法,由于它的符号简单明了,所以非常易于阅读和理解业务流程。

目前,业务流程图的画法尚不太统一,但仔细分析就会发现各种方法大同小异,只是在一些具体的规定和所用的图形符号方面有些不同,而在准确明了地反映业务流程方面是非常一致的。

业务流程图的符号简单明了,分别代表了信息系统中最基本的概念和处理功能,这六个符号的内部解释只需直接将文字标示于图内即可,具体如图7-9所示。

图7-9 业务流程图的基本符号

例如,某企业库存管理的业务描述为:成品库保管员按车间送来的入库登记单登记库存台账;发货时,发货员根据销售科送来的发货通知单将成品出库并发货,同时填写三份出库单,其中一份交给成品库保管员,由他按此出库单登记库存台账,出库单另外两联分别送销售科和财务科。根据业务描述绘制出的业务流程图如图7-10所示。

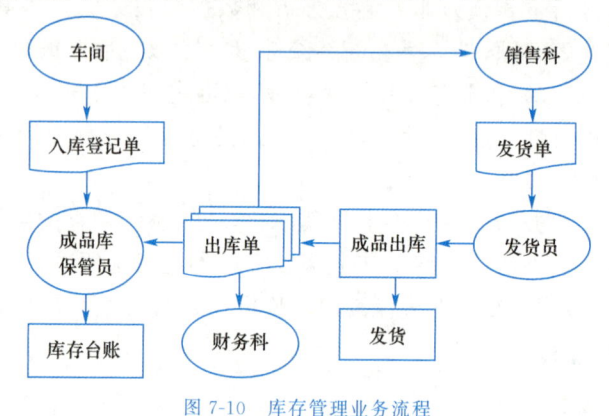

图7-10 库存管理业务流程

7.2.4 数据流程分析

从信息的角度来看,组织运行的过程总是表现为信息的收集、加工、传递和利用的过程。数据是信息的载体,是组织运行过程的反映,也是信息系统处理的主要对象。在数据流程分析中,要根据业务流程调查的结果,把数据在组织内部的流动情况抽象地独立出来,舍去具体组织机构的信息载体、处理工具、物资、材料等,单从数据流动过程来考察实际业务中的数据处理模式。数据流程分析包括对数据的收集、传递、处理和存储等的分析。

1. 数据流程分析的内容

数据流程分析把数据在组织中的流动过程抽象出来,专门考虑业务处理中的数据处理模式,目的在于发现和解决数据处理中的问题。数据流程分析包括以下内容:

(1)围绕系统目标进行分析

①从业务处理角度来看,为了满足正常的业务处理运行,需要哪些信息,哪些信息是冗余的,哪些信息暂缺而有待于进一步收集。

②从管理角度来看,为了满足科学管理的需要,应当分析信息的精度如何,能否满足管理的需要;信息的及时性如何,信息处理的抽象层次如何,能否满足生产过程及时进行处理的要求;对于一些定量的分析(如预测、控制等)能否提供信息支持等。

(2)信息环境分析

为了对数据进行分析,还需要了解信息与环境的关系。弄清信息是从现有组织结构中哪个部门来的,目前用途如何,受周围哪些环境影响较大(如有的信息受具体统计人员的计算方法影响较大;有的信息受检测手段的影响较大;有的受外界条件影响起伏变化较大),它的上一级(或称层次)信息结构是什么,下一级信息结构是什么等。

(3)围绕现行业务流程进行分析

①分析现有报表的数据是否全面,是否满足管理需要,是否正确、全面地反映业务的物质流动过程。

②分析现有的业务流程有哪些弊病,需要做出哪些改进;根据这些改进的需要,信息和信息流应该做出什么样的相应改进;对信息的收集、加工、处理有哪些新要求等。

③根据业务流程,确定哪些信息是实际采集的初始信息,哪些信息是系统内部产生的,哪些是临时数据,哪些需要长期保存等。

(4)数据的逻辑分析

逻辑分析主要是为了对各种各样的信息梳理出不同的层次,从而根据需要提出相应的处理方法和存储结构,以便于计算机信息处理。

(5)数据汇总分析

在系统调查中获得了各种数据,这些数据涉及企业的各个过程,形式多样,来源和目的不明确。为了建立合理的数据的流程,必须对这些数据进行汇总分析,通过归纳和筛选,确定每个流程中的实际数据流的内容。为此,在分析中要把调查研究中获得的资料,按业务过程分类编码,按处理过程的顺序整理。弄清各环节上每一栏数据的处理方法和计算方法,把原始数据和最终处理结果单独列出。

(6)数据特征分析

分析各种单据、报表、账本的制作单位、报送单位、存放地点、发生频度,每个数据的类型、长度、取值范围等;整个业务流程的业务量以及与之相应的数据流量、时间要求、安全要求等。按照数据的来源、管理的职能与层次、共享程度、数据处理层次等特征进行分类。数据的分析必须不能与数据的调查截然分开,在分析过程中,还需要不断调查、补充完善。

总之,数据流程分析就是要发现和解决数据流程中存在的问题,包括:数据流程不畅、数据处理过程不合理、前后数据不匹配等。这些问题可能是由于原系统管理混乱、数据处理流程本身有问题,也可能是调查分析有误。通过数据流程分析,建立畅通高效的数据处理过程,这是新系统设计的基础。现有的数据流程分析多是通过分层的数据流程图来实现的。

2. 数据流程图

(1)基本符号

数据流程图是对原系统进行数据流程分析和抽象的工具,也是描述系统逻辑模型的主要工具。它可以描述系统的主要功能、系统与外部环境间的输入和输出、数据传递、数据存储等信息。数据流程图根据业务流程图描述的业务流程顺序,将调查中获得的数据处理过程绘制成一套完整的数据流程图,一边整理绘图,一边核对相应的数据、报表和模型等。

数据流程图用少数符号综合反映信息在系统中的流动、处理和存储的逻辑关系。由外部实体、数据流、数据存储和数据处理四种基本符号组成,如图7-11所示。

①外部实体。外部实体指系统以外与系统有联系的人或事物。它表达该系统数据的外部来源和去处,例如:顾客、职工、供货单位等。外部实体也可以是另外一个信息系统。

图7-11 数据流程图基本符号

②数据处理。数据处理指对数据的逻辑处理,也就是对数据的变换。它可以是人工处理,也可以是计算机处理。数据处理符号常用P来标识。

③数据存储。数据存储表示数据保存的地方。这里的"地方"不是指保存数据的物理地点或物理介质,而是指数据存储的逻辑描述。数据存储符号常用D来标识。

④数据流。数据流指处理功能的输入或输出,用一个水平箭头或垂直箭头表示。箭头指出数据的流动方向。一般对每个数据流要加以简单的描述,使用户和系统设计员能够理解一个数据流的含义。数据流符号常用F来标识。

(2)绘制数据流程图

数据流程图绘制的基本思想:自顶向下,逐层求精。即把一个系统看成一个整体功能,明确信息的输入与输出,系统为了实现这个功能,内部必然有信息的处理、传递、存储过程。这些处理又可以分别看作整体功能,其内部又有信息的处理、传递、存储过程。如此一层一层地剖析,直到所有处理步骤都很具体为止。下面以某计算机配件公司数据流程分析举例,说明数据流程图的绘制,如图7-12所示。

顶层数据流程图表示系统从顾客那里接受订货请求,把计算机配件卖给顾客。当库存不足时,计算机配件公司向供应商发出订货要求,以满足销售的需要。但该图中采购和销售没有分开表示,也没有反映账务,只是高度概括地反映了计算机配件公司的业务,因此要进一步分解,得到第一层数据流程图。由图7-12(b)可知,该系统的逻辑功能主要有三个:销售、采购、会计;外部实体有两个:顾客和供应商。当然,也允许有许多顾客和供应商。当顾客的订货请求被接受后,就要按照顾客要购买的计算机配件以及需求量查找库存量,确定是否满足顾客的订货要求。如果能够完全满足,就给顾客开发货单,并修改配件的库存量,同时通知会计准备收款。如果只能满足一部分或完全不能满足顾客的订货要求,就要把不能满足的订货记录下来,并通知采购部,向供应商发出订货要求。当供应商接到计算机配件公司的订货要求,把货物发过来后,采购部要办理入库手续,修改库存量,同时向销售部发出到货通知,销售部按照到货配件检索订货单,向顾客补齐所要求的配件数量。会计部收到供应商的发货单后,应准备办理付款业务。

(a) 顶层数据流程图

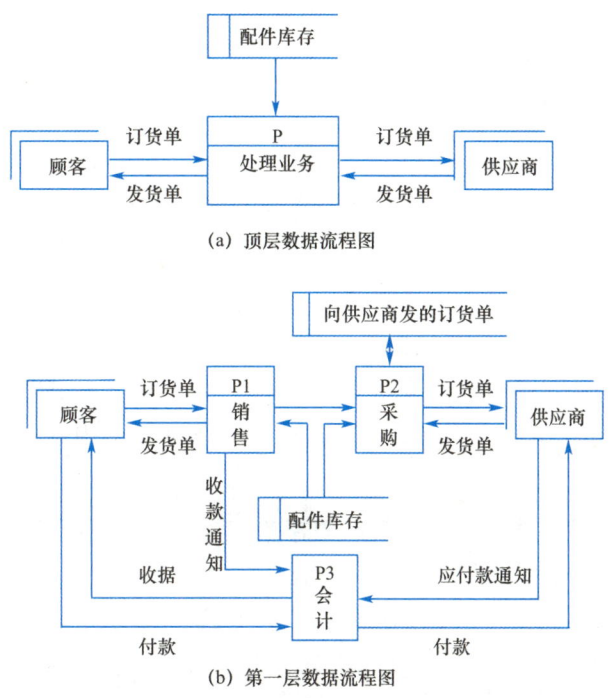

(b) 第一层数据流程图

图 7-12 某计算机配件公司数据流程图示例

7.3 物流信息系统总体设计

系统总体结构设计,又称概要设计,是根据系统分析的要求和组织的实际情况来对系统的总体结构形式和可利用的资源进行大致设计,它是一种宏观的、总体的设计和规划。系统总体设计这一阶段的主要任务是着重解决实现系统功能需求及其程序模块设计问题。

7.3.1 子系统划分

物流信息系统设计多采用结构化系统设计方法,它的基本思想就是自顶向下地将整个系统划分为若干个子系统,子系统再划分子系统(或模块),层层划分,然后再自上而下地逐步设计。人们在长期的实践中摸索出了一套子系统划分方法。虽然它还不太成熟,但已为广大实际工作者自觉或不自觉地采用了。

从物流管理的角度划分子系统的方法,是我们划分子系统的基础。但在实际工作中,往往还要根据用户的要求、地理位置的分布、设备的配置情况等重新进行划分。系统划分的一般原则如下:

1. 子系统具有相对独立性

子系统的划分必须使得子系统的内部功能、信息等各方面的凝聚性较好。在实际中,我们都希望每个子系统或模块相对独立,尽量减少各种不必要的数据、调用和控制联系,并将联系比较密切、功能近似的模块相对集中,这样对于以后的搜索、查询、调试和调用都比较方便。

2. 子系统之间数据的依赖性小

子系统之间的联系要尽量减少,接口简单、明确。一个内部联系强的子系统对外部的联系必然是相对较少的。所以,划分时应将联系较多的都划入子系统内部。这样划分的子系统,将来调试、维护、运行都是非常方便的。

3. 子系统划分的结果应使数据冗余最小

如果我们忽视这个问题,则可能引起相关的功能数据分布在各个不同的子系统中,大量的原始数据需要调用,大量的中间结果需要保存和传递,大量计算工作将要重复进行,从而使得程序结构紊乱。数据冗余,不但给软件编制工作带来很大的困难,而且系统的工作效率也必将降低。

4. 子系统的设置应考虑今后管理发展的需要

子系统的设置仅仅依靠上述系统分析的结果是不够的,因为现存的系统由于这样或那样的原因,很可能没有考虑到一些高层次管理决策的要求。为了适应现代管理的发展,对于老系统的这些缺陷,在新系统的研制过程中应设法将它补上,只有这样才能使系统实现以后不但能够更准确、更合理地完成现存系统的业务,而且可以支持更高层次、更深一步的管理决策。

5. 子系统的划分应便于系统分阶段实现

信息系统的开发是一项较大的工程,它的实现一般都要分期分步进行。所以,子系统的划分应该考虑到这种要求,适应这种分期分步的实施。另外,子系统的划分还必须兼顾组织机构的要求,以便系统实现后能够符合现有的情况和人们的习惯,从而更好地运行。

7.3.2 物流子系统功能设计

物流系统功能设计是根据现行系统的功能模型和新系统目标,正式确定将要建立的信息系统所处理的功能范围和功能结构,把功能、数据和流程分析阶段的设想变为正式方案。新系统功能模型的建模过程是进行功能分解和组合的过程,最困难的事情是如何确定功能分解的原则,具体地说就是如何划分子系统及划分子系统的下属功能模块。

任务分解实质上是与数据流程图中的处理分解相联系的,一般伴随着数据流程图的设计来进行。系统的最小功能组成部分就是最低一层的数据流程图中的每一个基本数据处理,通常称之为功能单元。功能层次图表示上层任务由哪些下层任务来协同实现,是完全按层次绘制的严格树形图,它不考虑具体的功能结构与调用。图 7-13 表示进货管理的功能层次图。

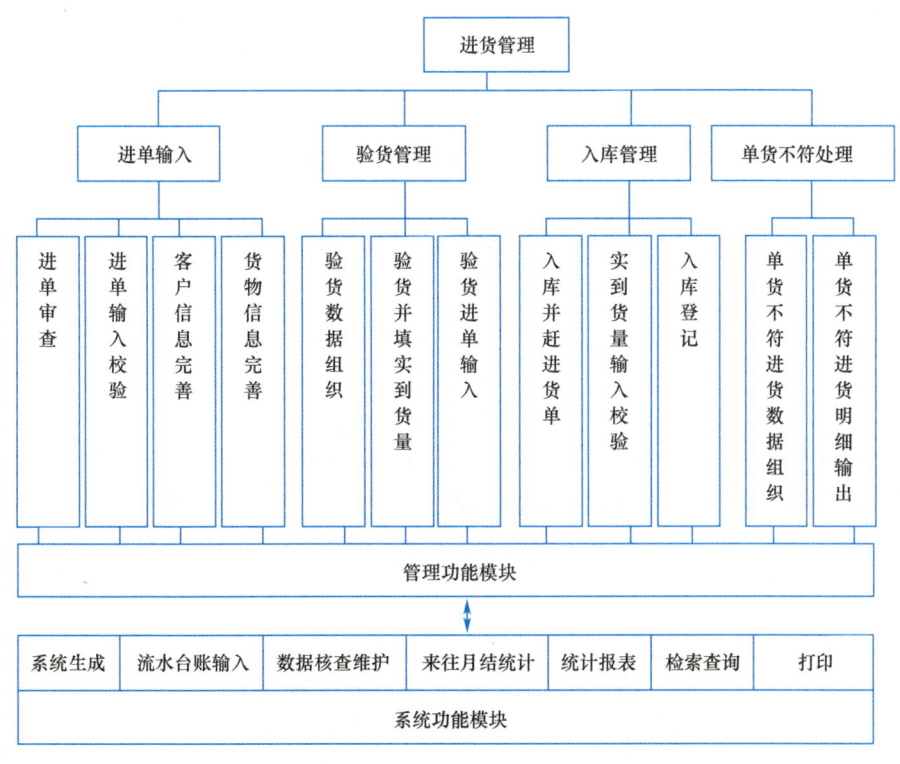

图 7-13 进货管理的功能层次图

7.3.3 系统的模块化设计

1. 模块化的概念

把一个信息系统设计成若干模块的过程称为模块化。

模块化的基本思想是将系统设计成由相对独立、功能单一的多个模块组成的结构,从而简化研制工作,防止错误蔓延,提高系统的可靠性。模块化设计使用的描述方式是模块结构图,在这种模块结构图中,模块支点的调用关系非常明确、简单。每个模块可以单独地被理解、编写、调试、查错与修改。模块结构整体上具有较强的正确性、可理解性与可维护性。

2. 模块结构图

模块结构图是用于描述系统模块结构的图形工具,它不仅描述了系统的子系统结构与分层的模块结构,还清楚地表示了每个模块的功能,而且直观地反映了块内联系和块间联系等特性。

功能模块结构图的基本符号包括模块、调用和模块间的通信。下面对基本符号进行说明。

(1)模块。模块是组成目标系统逻辑模型和物理模型的基本单位,它的特点是可以组合、分解和更换。一个模块具有输入功能、输出功能、内部数据和处理过程4个特性。模块用矩形表示,矩形内部标上能反映模块处理功能的模块名字。

(2) 调用。用连接两个模块的箭头表示调用,箭头总是由调用模块指向被调用模块。一个模块是否调用一个从属模块,决定于调用模块内部的决断条件,称为模块间的选择调用,用菱形表示;如果一个模块通过其内部的循环功能来调用一个或多个从属模块,则称为循环调用,用弧形箭头表示,图 7-14 描述了一般调用、选择调用、循环调用的图示。

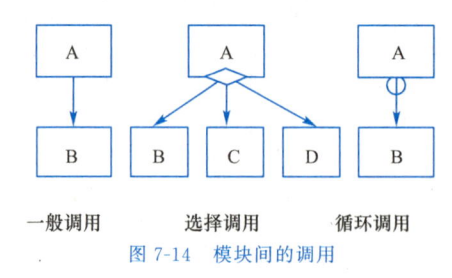

图 7-14 模块间的调用

(3) 模块间的通信。模块间的通信用箭头旁的小箭头表示,说明调用时从一个模块传递给另一个模块的信息。作为被处理对象的数据和能改变模块内部流程的控制信息,则分别用小箭头尾端的空心圆和实心圆来区分。一般情况下也不必特别区分,可保持箭尾为空白,如图 7-15 所示。

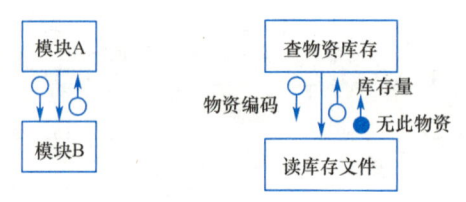

图 7-15 模块间的通信

在画模块结构图时,通常将输入、输出模块分别画在左右两边,计算或其他模块放在中间。为了便于理解系统的整个结构,尽量将整个模块结构图画在一张纸上。

7.3.4 第三方物流子系统模块化设计

1. 第三方物流子系统体系结构设计

第三方物流承担着对整个物流过程的整合任务。因此,第三方物流企业应该对整个物流过程中涉及的企业单位的内部网络进行整合,使其服务于本企业的物流作业,成为物流供应链的企业外部网。为了能够满足第三方物流企业在整个运输过程中的需要,应该对网络进行整合和划分,使整个网络系统分为外网、内网、中网三层网络拓扑结构。三种网的处理方式不尽相同。外网主要是进行企业与外部单位、外部单位与外部单位之间的信息的传递与交流任务,因此直接用路由器和防火墙接入网络即可,而内网是企业内部的网络,用于企业内部对于物流信息的优化,是企业网络中最终的部分,一般由企业建立自己的局域网。最后是中网,中网是处于内网和外网之间的用防火墙隔离的中间地带,是一种安全措施,主要是为了防止他人的恶意侵入。系统在结构上采用典型的浏览器、应用服务器、数据库服务器分布式的三层体系结构。不同的结构承担不同的任务,但是其最终目的都是建立高效的物流管理信息系统,对企业内的物流进行有效、统一的管理,提高企业的服务水平,提高企业的经济效益。

2. 第三方物流子系统的功能模块设计

为了能够更好地实现第三方物流管理信息系统的功能，在设计之初就应该对其设计目标和功能需求进行分析，综合需要，使最后的设计成果不仅可以满足功能需要，还可以使各个板块成为相对独立、功能单一的板块，而每一个板块都可以满足第三方物流对于某一方面的需求。

简单来说，第三方物流管理信息系统的功能模块大致可以分为七个模块：基本信息模块、订单管理模块、运输管理模块、仓储管理模块、客户关系管理模块、财务管理模块、业绩管理模块，这七个模块设计相对独立，可以单独运行，在使用过程中又贯穿在物流链中，相辅相成，共同促进物流运输的完成。

7.4 物流信息网络系统规划

7.4.1 物流信息网络系统概述

1. 物流信息网络系统的含义

物流信息网络系统是以满足物流市场需求和达到促进物流系统优化为目的，依托 Internet/Intranet，对各种网络实现互联互通，运用虚拟子网技术，将货物和车辆跟踪、运输交易系统、企业供应链管理、企业物流信息系统合为一体，实现信息交换、联机业务、资源共享、功能互补的计算机网络应用系统。

它通过对物流相关信息的采集和集成，为生产、销售及物流企业的信息系统提供基础物流信息，满足企业信息系统对物流公用信息的需求，支撑企业各种物流功能的实现。

2. 物流信息网络系统的组成

物流信息网络系统主要由物流信息资源网络系统、计算机网络系统、物流信息通信网络系统三大子系统构成。物流信息网络系统组成如图 7-16 所示。

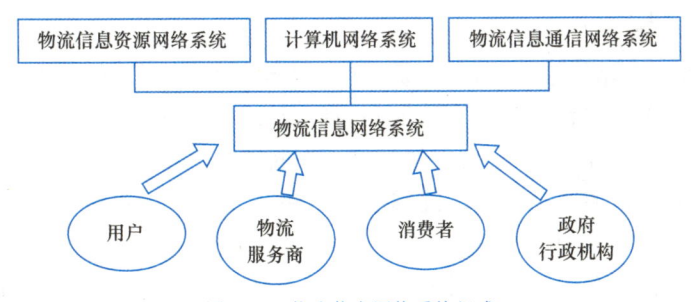

图 7-16 物流信息网络系统组成

（1）物流信息资源网络系统。物流信息资源网络系统是指各种物流信息库和信息应用系统实现联网运行，使运输、储存、加工等信息子系统汇成整个区域物流信息网络系统，以实现区域物流信息资源共享。

（2）计算机网络系统。计算机网络系统是指把分布在不同地方的计算机与专门的外部设备通信线路互联,形成一个规模大、功能强的网络系统。

(3)物流信息通信网络系统。物流信息通信网络系统是指能承担传输和交换物流信息的高速、宽带、多媒体的公用通信网络系统。

3. 物流信息网络系统的功能

(1)基本功能

①数据交换功能。具有电子单证的翻译、转换和通信,包括网上报关、报检、许可证申请、结算、缴(退)税、客户与商家的业务往来等与信息网络连接的用户间的信息交换等功能。

②信息发布功能。通过 Internet 连接到信息平台 Web 站点上,就可以获取站点上提供的包括水、陆运输价格,还可以获取新闻和公告、政务指南、货源和运力、航班船期、空车配载、铁路车次、适箱货源、联盟会员、政策法规等内容。

③会员服务功能。包括会员单证管理、会员的货物状态和位置跟踪、交易跟踪、交易统计、会员资信评估等。

④在线交易功能。提供多种财务结算方式,实现电子商务。

(2)扩展功能

①智能配送功能。利用物流中心的运输资源、商家的供货信息和消费者的购物信息进行最优化配送,使配送成本最低,在用户要求的时间内将货物送达。通常的解决方法是建立数学模型,由计算机运用数学规划方法给出决策方案,管理人员再根据实际情况进行选择。智能配送要解决的典型问题包括路线的选择、配送的发送顺序、配送的车辆类型、客户限制的发送时间。

②货物跟踪功能。采用 GPS/GIS 系统跟踪货物的状态和位置。状态和位置数据存入在数据库中,用户可以通过呼叫中心或 Web 站点获得跟踪信息。随时在信息系统上查询货物、车辆的运行情况,信息中心可以实时监控车辆的运行路线和状况。

③库存管理功能。利用物流信息平台对整个供应链进行整合,使库存量能在满足客户服务的条件下达到最低库存。最低库存时的获得需要大量历史数据的积累和分析,要考虑客户服务水平、库存成本、运输成本等方面的综合因素,最终使总成本降到最低限度。可解决的典型问题包括:下一轮生产周期应生产的产品数量;补充货物的最佳数量;补充货物的最低库存点(安全库存)。

④决策分析功能。建立物流业务的数学模型,通过对已有数据的分析,帮助管理人员鉴别、评估和比较物流战略和策略上的可选方案。典型分析包括车辆日程安排、设施选址、顾客服务分析。企业可以根据网络提供数据和资料,制定企业的物流经营策略。

⑤金融服务功能。在相关法律、法规的建立和网络安全技术进一步完善后,可通过物流信息平台网络实现金融服务,如保险、银行、税务、外汇等。在此类业务中,信息网络起到信息传递的作用,具体业务在相关部门内部处理,处理结果通过信息网络返回给客户。

⑥宏观管理功能。各级政府主管部门可以通过对数据和资料的实时查询,在确定投资发展战略、制定产业发展规划等方面实施更好的宏观调控。

4. 物流信息网络系统规划建设的意义

(1)整合社会物流信息资源。整合了企业、货主、公路、铁路、港口、银行、海关、工商税务等多个信息系统,通过物流信息平台能实现以上各系统之间的信息交换和信息传递,满足不同客户的信息需求,提高物流系统的效率。

(2)协同企业供应链物流体系。通过物流信息平台,可以加强物流企业与上下游企业之间的合作,形成并优化供应链,实施供应链物流管理。

(3)推动电子商务技术的发展。一般的物流信息平台都提供在线交易功能,这实际上就提供了电子商务的基本功能。

7.4.2 物流信息网络系统结构规划

物流信息网络系统结构如图 7-17 所示。

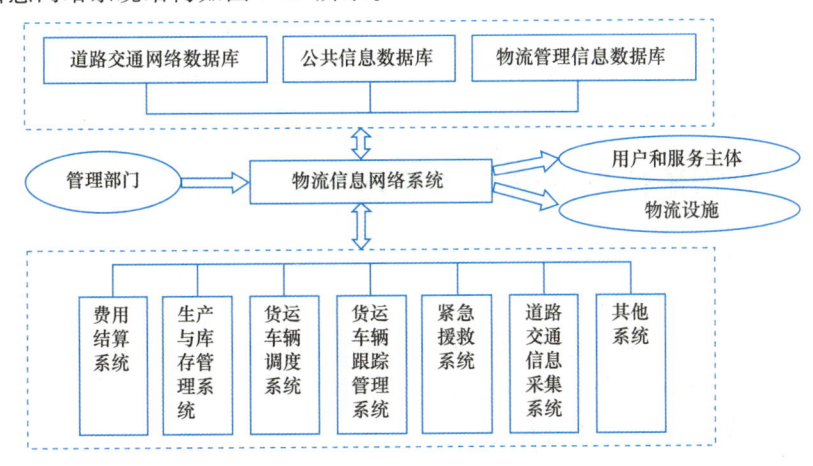

图 7-17 物流信息网络系统结构

为实现物流信息网络系统的总体目标,需要以下六大模块予以系统支持。

1. 信息接口模块

物流信息网络系统必须提供与各相关子系统之间的综合接口,从各子系统中提取各类相关信息,用于后续的信息处理和信息服务。信息接口定义了所需要提取的信息种类,这些信息部分是原始信息,部分是经过各子系统处理后的二次信息。这样一方面能减少信息系统处理的工作量,另一方面也能节省冗余信息的存储空间。

2. 信息初步处理模块

采用分类、统计、关联、序列分析等数学过程,对从各子系统提取的信息进行初步处理,形成特定格式的二次数据库或数据仓库。

3. 各类信息存储和显示模块

物流信息网络系统对其收集并处理得到的各类信息进行保存,以方便在对用户服务响应处理时,可用来进行信息的进一步分析,以提供决策支持。存储的形式可以是传统的关系型数据库或数据仓库,但是为了便于后续的利用,特别是进行数据挖掘,数据仓库的存储形式更为有利。同时,对于一些和地理信息密切相关的数据以及后续处理结果,为了直观显示,系统将提供 GIS 系统进行显示。

4. 信息管理和分层调用模块

由于涉及大量的数据和信息,物流信息网络系统需要设置相应的管理权限对数据进行管理,并对各层次的用户使用进行设置,以保证数据的有效传输和安全机制。

5. 用户主体的服务响应模块

针对物流信息网络系统的各级用户主体(包括管理者、企业、运营商、运输代理商、货车司机、运输公司、其他专业人员)不同的服务需求,使用各类数据分析和处理工具,对系统所掌握的关于整个物流网络系统的全面信息做出满足用户主体需求的分析过程,并将结果及时提供给用户主体。这些服务通常是借助于各子系统来向系统提出,并经系统处理后返回到子系统,提供给用户。提供的形式包括直接信息浏览查询和用户交互访问等形式。由于物流信息的动态性,系统服务响应的时间应尽可能缩短,以保证服务的准确和有效。

6. 信息服务决策模块

利用物流信息网络系统所具有的一些高级功能,如数据仓库中的决策支持,数据挖掘中的模糊分析、神经网络预测等功能,根据信息系统所掌握的大量而全面的数据,进行各种信息的深层次分析和挖掘,为信息服务的决策提供辅助支持。

7.4.3 企业物流信息网络系统功能规划

企业作为物流管理的主体,在进行物流信息网络系统规划时应着重强调以下功能:

1. 企业内部物流信息网络系统

企业内部物流信息网络系统应进行的功能规划包括:企业信息的内部发布;方便员工访问已建立的数据库;网上讨论组建;电子邮件;聊天功能、办公自动化。

2. 与企业外部信息网络平台衔接

(1)企业可通过 Internet 将分布在不同地区的若干家企业连接在一起,进行远程业内信息发布和业务数据传输。

(2)系统通过公用网将各地用户的订单汇总起来,由信息平台根据物流资源统一调控,通过规模物流做到以最低的成本为客户提供最好的服务。

(3)为客户提供全面的物流信息,以及个性化的物流服务。

(4)对于不具备全面开展信息化的供应链中的中小企业,通过会员注册就可以加入物流信息平台,即以低成本就能开展网上业务,共享物流业内信息,拓宽业务范围。

企业物流信息网络系统的结构模型如图 7-18 所示。

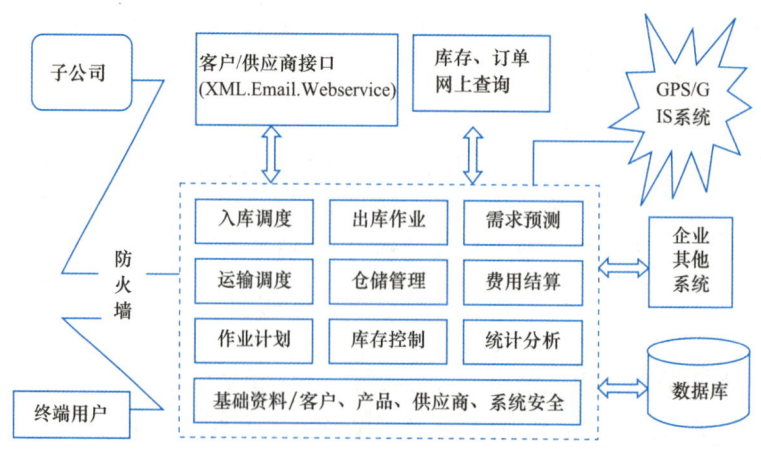

图 7-18 企业物流信息网络系统结构模型

第7章　物流信息系统规划设计

案例分析　电子产品制造企业物流管理信息系统案例

某电子产品制造企业在市场需求增长的背景下,面临着物流成本高、运作效率低下的问题。为了解决这些问题,该企业决定引入物流管理信息系统来优化物流运作。

首先,该企业利用物流管理信息系统对仓储管理进行了优化。系统通过RFID技术对仓库内物料进行实时跟踪和管理,实现了库存信息的自动更新和准确查询。此外,系统还能够根据订单信息自动进行货物分拣和打包,大大提高了仓库作业效率。

其次,该企业在运输管理方面也取得了显著的成效。物流管理信息系统通过定位系统和路线优化算法,实现了对运输车辆的实时监控和调度。这样一来,企业可以及时掌握货物的运输情况,合理安排车辆的运输路线,降低了运输成本,缩短了运输时间。

此外,物流管理信息系统还在订单处理和客户服务方面发挥了重要作用。系统通过与企业内部各个部门的信息共享,实现了订单信息的快速处理和反馈。客户可以通过系统实时查询订单状态,提高了客户满意度。

通过引入物流管理信息系统,该企业成功优化了物流运作,降低了成本,提高了效率,提升了客户满意度。这个案例充分展示了物流管理信息系统在实际应用中的重要作用。

综上所述,物流管理信息系统的应用不仅可以提高企业的物流运作效率,降低成本,还可以提升客户满意度,增强企业竞争力。因此,对于现代企业来说,引入物流管理信息系统是非常必要的。希望更多的企业能够意识到物流管理信息系统的重要性,加快推进信息化建设,实现更高效的物流运作。

问题　1. 试分析:该企业信息系统建设带给我们哪些启示?
　　　　2. 查阅资料,分析物流信息系统建设的发展趋势。

简答题

1. 简述物流信息系统的基本功能。
2. 简述物流信息系统的功能结构。
3. 简述物流信息系统规划的含义。
4. 简述物流信息系统规划的内容。
5. 简述物流信息系统需求分析的任务。
6. 简述物流信息系统划分的原则。
7. 简述物流信息网络系统的含义及功能。

综合题

1. 请结合物流信息系统规划步骤及方法对某个第三方物流企业进行物流信息系统规划。
2. 请以一家电子商贸企业为分析对象,运用BPR理论,结合业务流程图对其进行流程优化设计及业务功能分析。
3. 请以一家汽车销售企业为分析对象,进行数据流程分析并绘制数据流程图。
4. 请结合某家零售企业的功能单元进行模块化设计。
5. 以某一家制造企业为主体,规划其物流信息网络系统的功能。

第8章

供应链系统设计与规划

知识目标

1. 了解供应链的概念、结构模型。
2. 了解供应链的特征和类型。
3. 了解供应链管理环境下物流管理的原则。
4. 理解基于产品需求特性的供应链系统设计。
5. 理解基于供应链系统的物流运作设计。

能力目标

1. 掌握供应链系统设计原则。
2. 熟悉基于产品需求特性的供应链设计步骤。
3. 熟悉供应链管理环境下的物流管理策略。
4. 掌握运用综合评价法选择运输方式的方法。
5. 熟悉供应商管理库存、联合库存管理实施原则。

导入案例

利丰全球网络的指挥及协调

8.1 供应链概述

8.1.1 供应链的概念和结构模型

1. 供应链的概念

首先,供应链是一个系统,是人类生产活动和整个经济活动的客观存在。人类生产和生活的必需品，都经历了从最初的原材料生产、零部件加工、产品装配、分销、零售到最终消费的过程，并且近年来将废弃物回收和退货（简称反向物流）也包括进来了。这里既有物质材料的生产和消费，也有非物质形态（如服务）产品的生产（提供服务）和消费（享受服务）。各个生产、流通、交易、消费环节，形成了一个完整的供应链系统。

早期的观点认为，供应链是制造企业中的一个内部过程，它是指把从企业外部采购的原材料和零部件，通过生产转换和销售等活动，再传递到零售商和用户的一个过程。传统的供应链概念局限于企业的内部操作层上，注重企业的自身资源利用目标。

有些学者把供应链的概念与采购、供应管理相关联，用来表示与供应商之间的关系，这种观点得到了那些研究合作关系、JIT生产方式、精细化供应、供应商行为评估等问题的学者的重视。但这仅仅局限于制造商和供应商之间的关系，而供应链中的各企业独立运作，忽略了与外部供应链成员企业的联系，往往造成企业间的目标冲突。

其后发展起来的供应链管理概念注意了与其他企业的联系，注意了供应链企业的外部环境，认为它应是一个"通过链中不同企业的制造、组装、分销、零售等过程将原材料转换成产品，再到最终用户的转换过程"，这是更大范围、更为系统的概念。例如，美国的史蒂文斯认为，"通过增值过程和分销渠道控制，从供应商的供应商到用户的用户的流就是供应链，它开始于供应的源点，结束于消费的终点。伊文斯认为，供应链管理是通过前馈的信息流和反馈的物料流及信息流，将供应商、制造商、分销商、零售商，直到最终用户连成一个整体的模式。这些定义都注意了供应链的完整性，考虑了供应链中所有成员操作的一致性（链中成员的关系）。

而到了最近，供应链的概念更加注重围绕核心企业的网链关系，如核心企业与供应商、供应商的供应商乃至与一切前向的关系，核心企业与用户、用户的用户及一切后向的关系。此时，对供应链的认识形成了一个网链的概念，像丰田（Toyota）、耐克（Nike）、尼桑（Nissan）、麦当劳（McDonalds）等公司的供应链管理都从网链的角度来理解和实施。哈里森进而将供应链定义为："供应链是执行采购原材料，将它们转换为中间产品和成品，并且将成品销售到用户的功能网链"。这些概念同时强调供应链的战略伙伴关系问题。菲利浦和温德尔认为，供应链中战略伙伴关系是很重要的，通过建立战略伙伴关系，可以与重要的供应商和用户更有效地开展工作。

在研究分析的基础上，本书给出一个关于供应链的定义：供应链是围绕核心企业，通过对信息流、物流、资金流的控制，从采购原材料开始，制成中间产品以及最终产品，然后由销售网络把产品送到消费者手中的将供应商、制造商、分销商、零售商直到最终用户连成一个整体的功能网链结构。它是一个范围更广的企业结构模式，包含所有加盟的节点企业，从原材料的供应开始，经过链中不同企业的制造加工、组装、分销等过程直到最终用户。它不仅是一条连接供应商到用户的物流链、信息链、资金链，而且是一条增值链，物料在供应链上因加工、包装、运输等过程而增加其价值，给相关企业都带来收益。

2. 供应链的结构模型

供应链的定义告诉我们，供应链由所有加盟的节点企业组成，其中有一个核心企业（可以是制造型企业，如汽车制造商，也可以是零售型企业，如美国的沃尔玛），其他节点企业在核心企业需求信息的驱动下，通过供应链的职能分工与合作（生产、分销、零售等），以资金流、物流或/和服务流为媒介，实现整个供应链的不断增值。于是，供应链的结构可以简单地显示为如图 8-1 所示的模型。

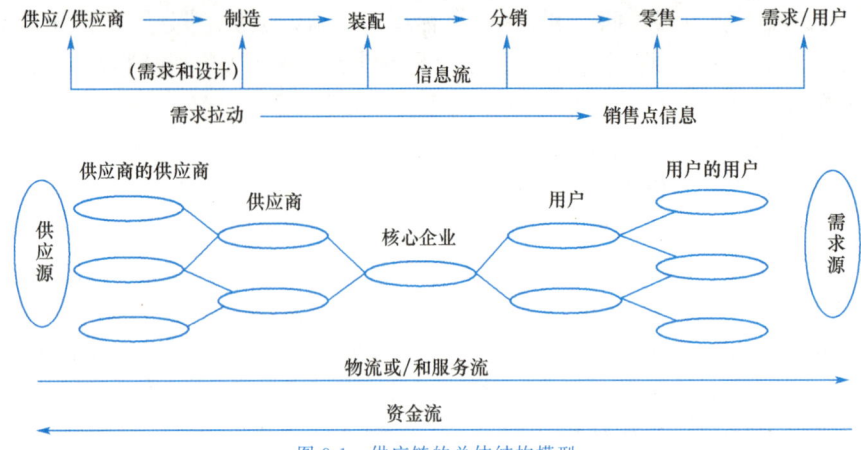

图 8-1　供应链的总体结构模型

8.1.2　供应链的特征和类型

1. 供应链的特征

从供应链的概念和结构模型分析可知,供应链是一个围绕核心企业的供应商、供应商的供应商、分销商、零售商、最终客户组成的网链结构。一个企业是一个节点,节点企业之间是一种需求与供给的关系。由此可知,供应链的特点在于:网链结构,由客户需求拉动;高度一体化地提供产品和服务的增值过程;每个节点代表一个经济实体以及供需的两个方面;具有物流、信息流和资金流三种表现形态。此外,现代企业的供应链主要具有以下特征:

(1)复杂性

现代企业的供应链是一种复杂的、非线性虚拟价值链网络,由具有不同冲突目标的成员组成。供应链节点企业组成的跨度不同,有生产、加工、服务等类型;有上游、下游、核心层,即供应链是一个包含多个、多类型和多国度的节点企业网链。在这种网链结构上,各节点企业相互依赖,各工序环环相扣,构成了一个不可分割的有机系统。

从实际运作层面上看,每一个节点企业都在进行价值创造活动,这些活动过程又表现为较强的时序性和协同性,即每一企业的每一工序都必须"无缝对接"。换句话说,在正确的时间,按正确的数量、正确的质量、正确的状态,将产品送到正确的地点,并使总成本最小。如果其中一个节点企业的作业出现无序,就会影响其他节点企业的价值创造活动,导致整个供应链的价值贬值。从价值理念层面上看,要使供应链流程协同运作,各工序"无缝对接",供应链上的各节点企业必须具有共同的价值主张。要实现实际运作上的协同,首先要达成价值理念的协同,而供应链上的各节点企业又是具有独立经济利益的不同实体,具有不同的企业文化、价值理念。各节点企业既存在竞争,又必须相互合作,这种充满"竞合"关系的供应网链结构模式比一般单个企业结构模式要复杂得多,其管理更是充满复杂性。

(2)动态性

供应链系统是一个开放的动态系统,它与环境有着密切的联系。外部环境的任何一种变化(如宏观政策的变化,经济发展的速度和质量,新技术发展和应用所引起的商业模式改变等),都会波及系统整体功能的实现。供应链系统一旦建立,就成为一个即时的确定系统,当外部环境发生变化时,系统的管理模式也将随之发生变化。因此,从发展的角度看,供应链系统及其管理是动态性的。这就要求供应链系统应具有自适应性,具有与环境相互作用的自我调整性,能适时根据市场条件、竞争环境的变化调适系统和变换战略,将环境中所发生的事件转化成对供应链系统及管理有利的方面,并且在调整和变化中发挥系统中各要素间的最佳作用,实现整体价值的最大化。

(3) 多层次性

供应网链上涉及的各节点企业往往分布在不同行业、区域或阶段,且各节点企业又自成体系地承担着在供应链中不同的工序。同时,该节点企业为完成该工序又可能构筑一条相应的分支供应链,从而形成了多层次、多维度、多功能、多目标的立体网链。供应链上的每一层次均是下游相邻工序层次的基础,供应链管理则要延伸至每一个节点层次,并采取相应的松散或紧密的管理方法,以确保供应链整体功能得以实现。供应网链这种多层次结构,可能会由于信息的不对称,使供应链管理中决策和控制呈现非线性和不确定性的特征。这就要求供应链系统上的"虚拟组织"能成为一个"学习型组织",并能及时地对其层次结构和功能结构进行重组和完善。"虚拟组织"的成员要有协同观念和团队意识,使供应链各环节之间既分工又合作,既独立又融合,以保证整个链条的运行达到最佳状态。诚然,这种分工与合作、独立与融合,要完全基于供应链上的各个节点企业在相互信任基础上进行信息互动和共享,否则各节点则会成为彼此孤立的、残缺的片断。互信观念和共享意识、信息技术的应用等,一方面可以缓解企业间信息不对称问题,另一方面也增添了多层次结构管理的复杂性。

(4) 竞合性

供应链是由多个企业组成的虚拟组织,这些具有独立经济利益的单个企业是供应链运作的主体。由于独立经济利益的驱动,虚拟组织中的各企业间充满着竞争性。然而,这种竞争又体现在矛盾和统一的两个方面。一方面,供应链上的各企业单纯追求自身利益最大化,使得个体目标与供应链整体目标发生冲突,从而发生单个企业的行为与整体目标的悖逆,其结果势必造成供应链整体效率下降。另一方面,供应链上的各企业有着各自不同的管理模式、偏好、价值观、文化观以及行为人个人的情感、意志、有限理性边界等,都可能给供应链协同管理增添复杂性。

在由各企业组成的供应链条上,任何企业要实现利润最大化,必须以整条供应链的价值增值为基础。换句话说,单个企业的盈利,是以各合作伙伴"共赢"为基础的。因此,企业间的竞争将向着有利于实现供应链整体目标的方向发展。竞争的内容也将由个体利润最大化转向整体利润最大化所涉及的各个方面,如尽快达成与供应链整体目标相一致的共同价值主张,实现个体行为与整体运作的同步性(synchronization)等方面的竞争。基于供应链上各企业这种相互作用和相互依赖的关系,使得供应链运作充满竞争与合作。竞合性是现代供应链的新特点,它使供应链合作伙伴间的关系变得更为密切和复杂。同时,"竞合"促使供应链上各节点实现"无缝对接",从而实现供应链管理的"多赢"战略。

(5) 面向客户需求

供应链的形成、存在、重构,都是基于最终客户需求而发生的,并且在供应链的运作过程中,客户的需求拉动是供应链中的信息流、产品服务流、资金流运作的驱动源。

(6) 交叉性

供应网链上各节点企业既可以是这条供应链的成员,又可以是另一条供应链的成员。

众多的供应链形成交叉结构,增加了协调管理的难度。

2. 供应链的类型

根据不同的划分标准,供应链可以分为以下几种类型。

(1)稳定的供应链和动态的供应链

根据供应链存在的稳定性,可以将供应链分为稳定的和动态的供应链。基于相对稳定、单一的市场需求而组成的供应链稳定性较强,而基于变化相对频繁、复杂的需求而组成的供应链动态性较强。

(2)平衡的供应链和倾斜的供应链

这是根据供应链容量与客户需求的关系进行划分的。一条供应链具有一定的、相对稳定的设备容量和生产能力(所有节点企业能力的综合,包括供应商、制造商、运输商、分销商、零售商等),但客户需求处于不断变化的过程中,当供应链的容量能满足客户需求时,供应链处于平衡状态;平衡的供应链可以实现各主要职能(采购/低采购成本、生产/规模效益、分销/低运输成本、市场/产品多样化和财务/资金运转快)之间的均衡。而当市场变化加剧,造成供应链成本、库存和浪费的增加时,企业就不是在最优状态下运作的,供应链则处于倾斜状态。

(3)有效性供应链和反应性供应链

这是根据供应链的功能模式(物理功能和市场中介功能)进行的划分。有效性供应链主要体现供应链的物理功能,即以最低的成本将原材料转化成零部件、半成品、产品,以及在供应链中的运输等;反应性供应链主要体现供应链的市场中介的功能,即把产品分配到能够满足客户需求的市场,对未预知的需求做出快速反应等。

> **知识拓展**
>
> 有效性供应链和反应性供应链的比较见表 8-1。
>
> 表 8-1　有效性供应链与反应性供应链的比较
>
> | 项目 | 反应性供应链 | 有效性供应链 |
> | --- | --- | --- |
> | 基本目标 | 尽可能快地反映不可预测的需求,以使缺货、降价、废弃库存达到最小化 | 以最低的成本供应可预测的需求 |
> | 制造核心 | 配置多余的缓冲库存 | 保持高的平均利用率 |
> | 库存策略 | 部署好零部件和成品的缓冲库存 | 产生高收入而使整个链的库存最小化 |
> | 提前期 | 大量投资以缩短提前期 | 尽可能短的提前期(在不增加成本的前提下) |
> | 选择供应商的方法 | 以速度、柔性、质量为核心 | 以成本和质量为核心 |
> | 产品设计策略 | 用模型设计,以尽可能地减小产品差别 | 最大化绩效、最小化成本 |
>
> (资料来源:姜方桃,等.供应链管理.2 版.北京:科学出版社,2016)

8.2 供应链系统设计原则

> **阅读资料**
>
> 党的二十大报告明确指出,要着力提升产业链供应链韧性和安全水平。2022年中央经济工作会议进一步强调"产业政策要发展和安全并举","着力补强产业链薄弱环节"。产业链供应链安全是构建新发展格局的重要基础,切实增强产业链、供应链自主可控能力,事关经济社会发展大局。当前及今后较长一个时期,以推动高质量发展为主题,加快建设现代化产业体系,把发展经济的着力点放在实体经济上,首要任务在于认清客观形势、扎实做好国内产业链、供应链安全稳定一盘棋。
>
> 保链通链降风险——"产业链、供应链在关键时刻不能掉链子,这是大国经济必须具备的重要特征"。
>
> 强链壮链促稳定——"要着力打造自主可控、安全可靠的产业链、供应链"。
>
> 延链增链提韧性——"共同构筑安全稳定、畅通高效、开放包容、互利共赢的全球产业链供应链体系"。
>
> 补链锻链谋发展——"要围绕产业链部署创新链、围绕创新链布局产业链"。
>
> (资料来源:倪建伟,王新兴.着力提升产业链供应链韧性和安全水平[N].光明日报,2023-02-07(11))

在供应链系统的设计过程中,应遵循一些基本的原则,以保证供应链的设计和重建能满足供应链管理思想得以实施和贯彻的要求。

1. 自顶向下和自底向上相结合的设计原则

在系统建模设计方法中,存在两种设计方法——自顶向下和自底向上的方法。自顶向下的方法是从全局走向局部的方法,自底向上的方法是从局部走向全局的方法。自顶向下是系统分解的过程,而自底向上则是一种集成的过程。在设计一个供应链系统时,往往是先由主管高层做出战略规划与决策,规划与决策的依据来自市场需求和企业发展规划,再由下层部门实施决策,因此供应链的设计是自顶向下和自底向上的综合。

2. 简捷性原则

简捷性是供应链的一个重要原则。为了能使供应链具有灵活快速响应市场的能力,供应链的每个节点都应是简捷的、具有活力的、能实现业务流程的快速组合。比如,供应商的选择就应以少而精为原则,通过和少数的供应商建立战略伙伴关系,便于减少采购成本,推动实施JIT采购法和准时生产。生产系统的设计更是应以精益思想为指导,努力实现从精益制造模式到精益供应链这一目标。

3. 集优原则(互补性原则)

供应链各个节点的选择应遵循强强联合、优势互补、取长补短的原则,达到资源外用的目的,每个企业只集中精力致力于各自的核心业务过程。这些所谓单元化企业具有自我组织、自我优化、面向目标、动态运行和充满活力的特点,能够实现供应链业务的快速重组。

4.协调性原则

供应链业绩的好坏取决于供应链合作伙伴关系是否和谐。因此,建立战略伙伴关系的合作企业关系模型是实现供应链最佳效能的保证。席酉民教授认为,和谐是指描述系统是否形成了充分发挥系统成员和子系统的能动性、创造性及系统与环境的总体协调性。只有和谐而协调的系统才能发挥最佳的效能。

5.动态性(不确定性)原则

不确定性在供应链中随处可见,许多学者在研究供应链运作效率时都提到不确定性问题。不确定性的存在,导致需求信息的扭曲。因此,要预见各种不确定因素对供应链运作的影响,减少信息传递过程中的信息延迟和失真。降低安全库存总是和服务水平的提高相矛盾。增加透明性,减少不必要的中间环节,提高预测的精度和时效性,对降低不确定性的影响都是极为重要的。

6.创新性原则

创新设计是系统设计的重要原则,没有创新性思维,就不可能有创新的管理模式。因此,在供应链的设计过程中,创新性是很重要的一个原则。要产生一个创新的系统,就要敢于打破各种陈旧的思维束缚,以新的角度、新的视野审视原有的管理模式和体系,进行大胆的创新设计。进行创新设计,要注意几点:一是创新必须在企业总体目标和战略的指导下进行,并与战略目标保持一致;二是要从市场需求的角度出发,综合运用企业的能力和优势;三是发挥企业各类人员的创造性,集思广益,并与其他企业共同协作,发挥供应链整体优势;四是建立科学的供应链和项目评价体系及组织管理系统,进行技术经济分析和可行性论证。

7.战略性原则

供应链的建模应有战略性观点,通过战略性观点减少不确定的影响。从供应链的战略管理的角度考虑,供应链建模的战略性原则还体现在供应链发展的长远规划和预见性,供应链的系统结构发展应和企业的战略规划保持一致,并在企业战略指导下进行。

8.3 基于产品需求特性的供应链系统设计

8.3.1 基于需求特性的产品分类

供应链是由最终顾客的需求驱动的。为了有效地满足顾客需求,有必要对不同产品的需求特点进行分析。产品根据其需求特点可以分为两大类,即功能性产品(Function Product)和创新性产品(Innovative Product)。功能性产品主要指具有基本功能,满足用户的基本需要的产品。它不随时间的变化而随意改变,较为稳定,且具有需求稳定便于预测,生命周期较长,产品改型变异程度小、竞争激烈、边际利润较低等特点,如日用品。相反,创新性产品主要指增加了特殊功能或技术、外观上具有创新型的产品,这些产品具有生命周期较短,需求不稳定,难以预测,产品改型变异程度大,较高的边际利润等特点,如 IT 产品、时装、名贵轿车等。

二者在上市速度要求、季末降价幅度、平均缺货率等方面差别也很大,功能性产品生命周期较长的特点使得其对新产品上市速度要求不高,一般不会出现因为过季而降价的现象,创新性产品生命周期较短的特点必然要求其加快新产品的上市速度,而一旦产品过季,必然较大幅度地降价。由于功能性产品的式样、规格、型号、款式等相对简单,因而缺货比率较低,而创新性产品的式样、规格、型号、款式等较为繁杂,缺货比率较高。相对于功能性产品而言,为消化额外的市场性费用,创新性产品要求高得多的边际贡献率。二者主要差别比较见表 8-2。

表 8-2 两种不同类型产品的比较

需求特征	功能型产品	创新型产品
产品寿命周期/年	>2	3~12
边际贡献/%	5~20	20~60
需求特征	功能型产品	创新型产品
产品多样性	低(每一目录 10~20 个)	高(每一目录上千个)
预测的平均边际错误率/%	10	40~100
平均缺货率/%	1~2	10~40
季末降价率/%	0	10~25
按订单生产的提前期	0.5~1 年	1 天~2 周

8.3.2 产品类别与供应链的匹配

由于功能性产品与创新性产品具有截然不同的需求特点,需要构建不同类型的供应链。功能型产品一般用于满足客户的基本需求,变化很少,具有稳定的、可预测的需求和较长的寿命周期,但它们的边际利润较低。为了避免低边际利润,许多企业在式样或技术上革新以寻求客户的购买,从而获得高的边际利润。这种创新型产品的需求一般不可预测,寿命周期也较短。正因为这两种产品的不同,才需要不同类型的供应链去满足不同的管理需要。

当知道产品和供应链的特性后,就可以设计出与产品需求一致的供应链。设计策略见表 8-3。

表 8-3 供应链设计与产品类型的策略矩阵

项目	功能型产品	创新型产品
有效性供应链	匹配	不匹配
反应性供应链	不匹配	匹配

策略矩阵的四个元素代表四种可能的产品和供应链的组合,从中可以看出产品和供应链的特性,管理者可以根据它判断企业的供应链流程设计是否与产品类型一致,即基于产品的供应链设计策略——有效性供应链流程适用于功能性产品,反应性供应链流程适用于创新性产品,否则就会产生问题。

8.3.3 基于产品需求特性的供应链设计步骤

根据不同的要求和目的,供应链的设计可以是多种多样的。供应链设计的步骤大概归纳为如图 8-2 所示。

第一步是分析市场竞争环境。目的在于找到针对哪些产品市场开发供应链才有效,为此,必须知道现在的产品需求是什么,产品的类型和特征是什么。分析市场特征的过程要向卖主、用户和竞争者进行调查,以确认用户的需求和因卖主、用户、竞争者产生的压力。这一步骤的输出是每一产品按重要性排列的市场特征。同时,对于市场的不确定性要有分析和评价。

第二步是总结、分析企业现状。主要分析企业供需管理的现状(如果企业已经有供应链管理,则分析供应链的现状),这一步骤的目的是着重于研究供应链开发的方向,分析、找到、总结企业存在的问题及影响供应链设计的阻力等因素。

第三步是针对存在的问题提出供应链设计项目,分析其必要性。

第四步是根据基于产品的供应链设计策略提出供应链设计的目标。主要目标在于用户获得高服务水平和低库存投资、低单位成本两个目标之间的平衡(这两个目标往往有冲突),同时还应包括以下目标:①进入新市场;②开发新产品;③开发新分销渠道;④改善售后服务水平;⑤提高用户满意程度;⑥降低成本;⑦通过降低库存提高工作效率等。

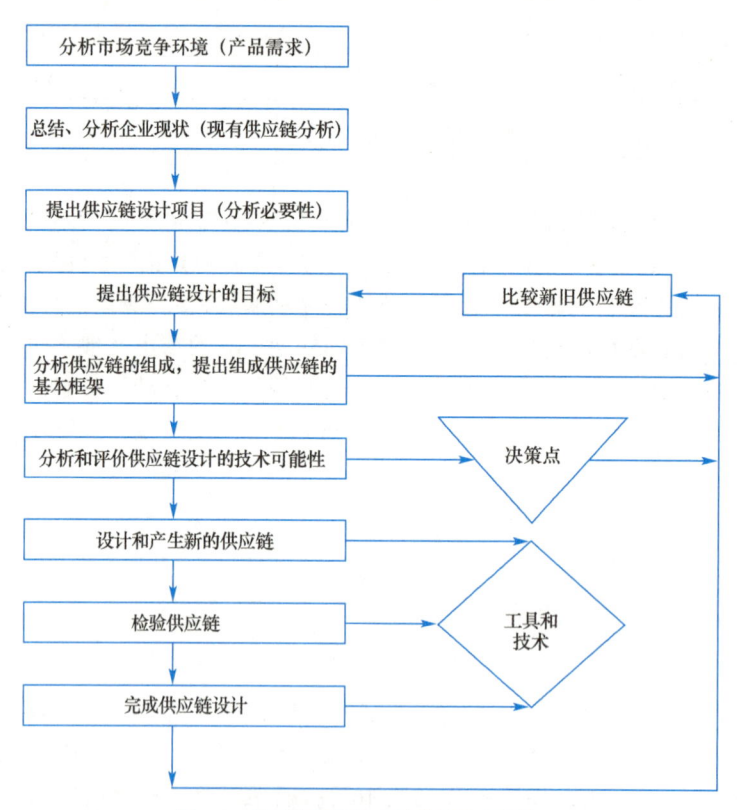

图 8-2 基于产品的供应链设计的步骤模型

第五步是分析供应链的组成,提出组成供应链的基本框架。供应链中的成员组成分析主要包括制造工厂、设备、工艺和供应商、制造商、分销商、零售商及用户的选择及其定位,以及确定选择与评价的标准。

第六步是分析和评价供应链设计的技术可能性。这不仅仅是某种策略或改善技术的推荐清单,而且也是开发和实现供应链管理的第一步,它在可行性分析的基础上,结合本企业的实际情况为开发供应链提出技术选择建议和支持。这也是一个决策的过程。如果认为方案可行,就可进行下面的设计;如果认为方案不可行,就要重新进行设计。

第七步是设计和产生新的供应链,主要解决以下问题:

(1) 供应链的成员组成(供应商、设备、工厂、分销中心的选择与定位、计划与控制)。
(2) 原材料的来源问题(包括供应商、流量、价格、运输等问题)。
(3) 生产设计(需求预测、生产什么产品、生产能力、供应给哪些分销中心、价格、生产计划、生产作业计划和跟踪控制、库存管理等问题)。
(4) 分销任务与能力设计(产品服务于哪些市场、运输、价格等问题)。
(5) 信息管理系统设计。
(6) 物流管理系统设计等。

在供应链设计中,要广泛应用到许多工具和技术,包括归纳法、集体解决问题、流程图、模拟和设计软件等。

第八步是检验供应链。供应链设计完成以后,应通过一定的方法、技术进行测试检验或试运行,如不行,返回第四步重新进行设计;如果没有什么问题,就可以实施供应链管理了。

上述步骤完成后,即完成了供应链设计。

8.4 基于供应链系统的物流运作设计

供应链管理强调的是一种集成的管理思想和方法,它是一种新的管理体制策略,其主要思路是通过将具有供需关系(包括服务供需、物料供需和资金供需)的不同企业集成起来,以增加整个供应链的效率,注重企业之间的合作,将供应链上的各个环节有机结合,实现供应链整体效率最高。供应链管理包含从源供应商提供产品、服务和信息以增加客户价值,到终端客户的所有流程的集成。物流管理是供应链管理的一个子系统,同时物流管理也是供应链管理的核心内容。

8.4.1 基于供应链管理的物流管理

1. 供应链管理环境下物流管理的原则

(1) 准时制原则

准时制(Just In time,JIT)的目标是消除生产经营中无效劳动所产生的浪费,尽最大可能降低成本。其基本思想是通过对人员素质和生产组织、技术水平的全面提升,重组物流过程,优化资源配置,达到尽可能提高产品和服务质量、降低成本的目的。JIT作为一种先进的管理方法,其在物流管理中能够有效地保证供应链的准时生产,提高供应链管理环境下的物流运作效率。

(2) 双赢原则

在供应链管理环境下的物流管理中,企业间的关系不再是传统的相互竞争的关系,它们之间是一种战略合作伙伴关系,以此达到双赢(win-win)的目的。由于供应方和需求方之间的相互信任,它们预测和控制未来风险的能力大大增强,从而提高了市场应变能力,降低了企业的运营成本,有助于提高各自企业的核心竞争能力。

(3) 快速响应原则

快速响应(Quick Response)是企业为适应快速多变的消费需求而提出的一种战略思想。其实质是供应链成员通力合作,及时对需求信息做出反应,为消费者提供高价值的商品或服务。原有的物流体系是以制造商为出发点,产品经分销商、零售商后到达消费者手中,制造商只与分销商有直接的信息沟通,很难了解到消费者的真正需求。而且,消费者需求的信息在整个供应链上传递时会损失和变形,产生所谓的"牛鞭效应"。在实施快速反应中,消费者、零售商与制造商之间建立网络联系、直接沟通,免除商品运动和信息传递时造成的损失,使物流和信息流更高效地运行,最大限度地提高供应链的运作效率。

2. 供应链管理环境下物流管理的措施

在供应链管理环境下,对物流的要求更高。为了提高效率,企业可以采取以下措施来加强物流管理。

(1) 利用现代信息技术

供应链管理环境下的物流高度依赖于对大量数据、信息的采集、分析、处理和及时更新。现代信息技术在物流中的应用,如 EDI 技术、条码技术、电子商务等使一切变得简单、迅速而准确。利用 EDI 等信息技术可以快速获得信息,提供更好的用户服务和加强客户联系,可以提高供应链企业运行状况的跟踪能力,直至提高整体竞争优势。从某种意义上说,现代物流的竞争已成为物流信息的竞争。

(2) 建立科学、合理、优化的配送网络和配送中心

产品能否通过供应链快速到达目的地,这取决于物流配送网络的健全程度。缺乏健全的配送网络,电子商务也只是纸上谈兵,不可能取得真正的成功。

(3) 充分利用第三方物流

利用专业物流企业提供的物流运作能力,可以获得其专有人才优势、技术优势与信息优势,可以采用更为先进的物流技术和管理方式,实现物流的合理化。并且,企业通过将非核心业务外包给第三方物流公司,能够把时间和精力放在自己的核心业务上,有助于企业核心竞争力的提高。

阅读资料

物流思想经历了一个持续变革的过程。权威物流学者鲍威尔·索克斯教授对物流思想的演变过程作了总结,见表 8-4。

表 8-4　　　　　　　　　　物流思想的演变

时间	重点
20 世纪 50 年代以前	强调运输效率
20 世纪 50 年代	强调物流成本、客户服务

(续表)

时间	重点
20世纪60年代	强调综合外包
20世纪70年代	强调运作整合、质量
20世纪80年代	强调财务表现和运作优化
20世纪90年代	强调客户关系和企业延伸
21世纪	强调供应链整合管理

美国物流协会(Council of Logistics Management)的两次更名,则更体现了两次质的飞跃。1963年成立时,协会的名字为"实物配送协会",1985年更名为物流管理协会,这缘于运输和配送增加了越来越多的内容,这个职业从狭义的运输和仓储,发展到更广的物流领域。进入21世纪以来的物流与20世纪80年代初CLM更名时处于同样的重大变革的环境。在过去的10年甚至过去的5年间,物流职业的专业人员包括的范围越来越大,在企业中扮演的角色越来越关键,物流的专业人员在组织内部和组织外部与越来越多的人打交道。物流专业人员的角色已经发生演变,不仅包括物流的内容,而且包括采购、生产运作、市场营销的功能。表明物流这个产业比原来的运输、仓储又扩大了、加深了,更注重管理技术对传统产业的改造和升级。美国物流协会2005年再次更名为供应链管理专业协会,表明物流到供应链的合乎逻辑的演进。

(资料来源:姜方桃,等.供应链管理学.2版.北京:科学出版社,2016.)

3. 供应链管理环境下物流管理的战略框架

企业物流管理战略通常包含10个关键部分,分别被组织在4个重要层次上,构成物流管理战略金字塔,它确立了企业设计物流战略的框架,详见第2章物流战略规划的层次部分。

4. 供应链管理环境下的物流管理策略

战略是方向性的把握,而策略则是具体的行为。策略是从属于战略的,没有战略指导的策略不会有太大的价值;而战略也是需要各种策略支持的,否则,战略永远只是空想。物流管理战略也需要各种物流管理策略的支持方能实现,供应链管理环境下的物流管理策略有:

(1) 有效配置资源

供应链管理的目的是要通过合作与协调达到资源的共享和最佳资源搭配,使各成员企业的资源得到最充分的利用。而这一目的需要物流管理通过有效的资源配置来实现。有效配置资源可以使供应链各企业之间的物料得到最充分的利用,保证供应链实时的物料供应、同步化的运作。如某些计算机企业所推行的全球运筹式产销模式,就充分利用了物流网络的资源配置功能,实现了全球资源的有效配置。这种模式的思想就是按客户订单组织生产,并采取外包的形式,将计算机中的各种零配件、元器件、芯片外包给世界各地的制造商去生产,通过全球物流网络发往同一配送中心组装,再由配送中心将组装好的计算机发送给用户。

(2) 全球后勤系统

全球化已成为新时期企业竞争的一个显著特点。当一个企业发展成为全球性的企业时,就需要有全球供应链管理系统,为此企业需要建立完善的全球后勤保障体系,使企业适应全球竞争的要求。这包括:建立完备的全球售后服务体系,保证物流畅通和树立良好的企业形象;建立全球供应链需求信息网络,根据不同的国情对需求特点进行分析,维护全球供应信息的一致性,进而实现全球供应链同步运营;建立全球化合作关系网,加强和当地物流部门的合作,提高物流系统的效率。

(3) 第三方物流系统

第三方物流系统是一种实现物流供应链集成的有效方法和策略,它通过协调企业之间的物流运输和提供后勤服务,把企业的物流业务外包给专门的物流企业来承担,特别是一些特殊的物流运输业务,通过外包给第三方物流承包者,企业能够把时间和精力放在自己的核心业务上,从而提高供应链管理和运作的效率。

(4) 延迟化策略

延迟化策略(Postponement)是一种为适应大规模定制生产而采用的策略。这种策略使企业能够实现产品多样化的顾客需求。实现延迟化策略的关键技术是模块化:模块化产品、模块化工艺过程、模块化分销网络设计。有效实施延迟化策略,可以减少物流成本,从而增加产品多样化策略的优势。

> **知识拓展**
>
> 延迟战略可以减少物流预测的风险。它包括两种延迟的战略:生产延迟(或形态延迟)和物流延迟(或时间延迟)。
>
> (1) 生产延迟。生产延迟的主张是,按一张订单在一段时间内生产一种产品,在获知这个客户的精确要求和购买意向之前,不作任何准备工作或采购部件。生产延迟的目标在于尽量使产品保持中性及非委托状态,理想的延迟应用是制造相当数量的标准产品或基础产品,以实现规模化经济,而将最后的特点,诸如颜色等推迟到收到客户的委托以后。
>
> (2) 物流延迟。在许多方面,物流或地理上延迟和生产延迟正好相反。物流延迟的基本观念是在一个或多个战略地点对全部货品进行预估,而将进一步库存部署延迟到收到客户的订单。一旦物流程序被启动,所有的努力都将被用来尽快将产品直接向客户方向移动。在这种概念上,配送的预估性质就被彻底删除而同时保留着大生产的规模经济。
>
> 生产及物流延迟共同提供了不同方法来制止预期生产、市场的承诺,直到客户订单收到为止。两者均属于减少商务的预估性质。

8.4.2 基于供应链管理的运输管理

1. 基本运输方式

目前常用的基本运输方式有下面几种:

(1) 公路运输

公路运输是使用汽车在公路上载运货物的运输方式。其显著的特点是机动灵活,主要表现在以下几个方面:第一是空间上的灵活性,可以实现"门到门"的运输。第二是时间上的灵活性,公路货运通常可以实现即时运输,即根据货运的需求随时起运。第三是批量上的灵活性,公路运输的起运批量小。第四是运行条件的灵活性,普通货物的装卸对场地、设施没有专门的要求。第五是服务上的灵活性,公路运输能够根据货主的具体要求提供针对性的服务,最大限度地满足不同性质的货物运送要求。公路运输的主要缺点是运输能力比较小,能耗和单位运输成本较高。此外,由于汽车体积小,无法运送大件物资。

(2)铁路运输

铁路运输是使用铁路列车运送货物的一种运输方式。作为陆上的运输方式,从技术性能上看,其优点是运送速度快,货物运输能力大,运输连续性强,一般受自然条件限制较少,保证全年运行,几乎可以运输各种货物。从主要经济技术指标上看,运输成本较低。因此,铁路运输最适宜于承担中、长距离,且运输量大的货运任务。铁路运输的缺点是投资多,耗时长,灵活性差。我国修建单线铁路千米造价为 100 万～300 万元,复线造价更高;每千米耗钢轨和零件为 150～200 吨;建设周期长,一条干线要建设 5～8 年。铁路运输由于受车站位置的限制,不能实现"门到门"运输,使铁路运输的灵活性小于公路运输。

(3)水路运输

水路运输是使用船舶在江河湖泊、运河和海洋上运载货物的一种运输方式。水路运输还可以进一步分为远洋运输、沿海运输和内河运输三种方式。

水路运输的优点,从技术性能上看,运输能力大,在长江干线,一只托驳船队或顶推驳船队的运载能力已超过万吨,国外最大的顶推驳船队的载运能力达 3 万～4 万吨,世界上最大的油轮已超过 50 万吨;在运输条件良好的航道,通过能力几乎不受限制。从主要经济指标上看,水运建设投资少,只需利用江河湖海等自然水力资源,除了必须投资购置船舶、建设港口之外,沿海航道几乎不需投资,整治河道也仅仅只有铁路建设费用的 $1/5 \sim 1/3$。水路运输的主要缺点是受自然条件影响较大,内河航道和某些港口受季节影响,冬季结冰,枯水期水位变低,难以保证全年通航。水路运输速度较慢,在途中的时间长,会增加货主的流动资金占有量。另外,安全性和准确性难以得到保障。

水路运输适宜于承担运量大、运距长,对时间要求不太强的各种大宗物资运输。

(4)航空运输

航空运输的优点是运行速度快,一般为 800～900 千米/小时,大大缩短了两地直接的距离。航空运输的机动性好,几乎可以飞越各种天然障碍,可以到达其他运输方式难以到达的地方。此外,与铁路、公路相比,航空运输基本建设周期短,投资少。

航空运输的缺点是飞机造价高、能耗大、运输能力小、成本高、技术复杂。因此,航空运输只适宜运输体积小、价值高的物资,以及鲜活产品、时令性产品和邮件等货物。

(5)管道运输

管道运输是货物在管道内借助高压气泵的压力往目的地运输货物的运输方式,目前已成为陆上油、气运输的主要运输方式。近年来,运送固体物料的管道,如输煤、输精矿管道也有很大的发展。

管道运输的主要优点是运输管道和运输工作合一;占地少,受各种恶劣气候条件影响小,安全性较好;运输的货物不需包装,节省包装费用;货物在管道内移动,并可以连续作业,货损货差率低;耗能低,运费低廉,劳动生产率高;沿途无噪声,漏失污染少。缺点是不如其他运输方式灵活,承运的货物比较单一;货源减少时不能改变路线,运输量较小时,运输成本显著增大。

管道运输用于单向、定点、量大的气体、矿砂和煤粉等货物的运输。

2. 选择运输方式的方法

运输方式的选择,要考虑两个基本因素:一是运输方法问题,二是运输费用问题。从物流运输功能来看,速度快是物流运输服务的基本要求。但速度快的运输方式,其费用往往很高。同时在考虑运输的经济性时,不能只从运输费用本身来判断,还要考虑因速度加快,缩短物品的备运时间,使物品的必要库存减少,从而减少物品的保管费的因素等。因此,运输方式或运输工具的选择应该是在综合考虑上述各种因素后,寻求运输费用与保管费用最低的运输方式或运输工具,这种关系如图 8-3 所示。

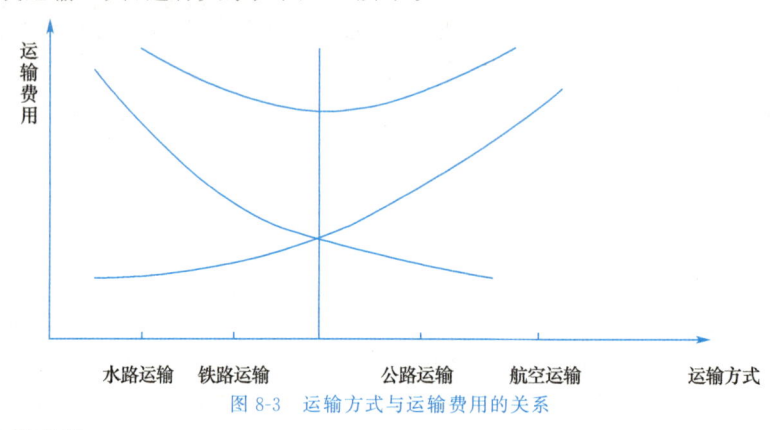

图 8-3 运输方式与运输费用的关系

(1)综合评价法

运输方式的经济性、迅速性、安全性和便利性称为运输的功能要求,如果根据这四个指标选择运输方式,就可以采用综合评价的方法,得出合理的选择结果。但运输的经济性、迅速性、安全性和便利性之间是相互制约的。若重视运输速度、准确、安全,则运输成本会增大;反之,若运输成本降低,运输的其他目标就不能求全。因此,要采取定性分析与定量分析相结合,选择合理的运输方式或运输工具。

综合评价法的步骤如下。

第一步:确定运输方法的评价因素。

评价运输方式的因素有运输方式的经济性、迅速性、安全性和便利性等。

第二步:确定运输方式的综合评价值。

如果用 F_1、F_2、F_3、F_4 分别表示运输方式的经济性、迅速性、安全性和便利性值,且各因素对运输方式选择具有同等重要性,则运输方式的综合评价值 F 为

$$F = F_1 + F_2 + F_3 + F_4 \tag{8-1}$$

但是,由于货物的形状、价格、交货日期、运输批量和收货单位的不同,运输方式的这些特征对运输方式的选择所起的作用也就各不相同。可以通过给这些评价因素赋予不同的权数加以区别。如这四个评价因素的权数分别为 a_1、a_2、a_3、a_4,则运输方式的综合评价值可以表示为

$$F = a_1 F_1 + a_2 F_2 + a_3 F_3 + a_4 F_4 \tag{8-2}$$

如果可选择的运输方式有铁路、公路、船舶,它们的评价值分别为 $F(R)$、$F(T)$、$F(S)$,则有

$$F(R) = a_1 F_1(R) + a_2 F_2(R) + a_3 F_3(R) + a_4 F_4(R) \tag{8-3}$$

$$F(T) = a_1 F_1(T) + a_2 F_2(T) + a_3 F_3(T) + a_4 F_4(T) \tag{8-4}$$

$$F(S) = a_1 F_1(S) + a_2 F_2(S) + a_3 F_3(S) + a_4 F_4(S) \tag{8-5}$$

显然,其中评价最大者为选择对象。

第三步：F_1、F_2、F_3、F_4 及 a 的确定。

①经济性 F_1 的数量化：运输方式的经济性就是用运费、包装费、保险金以及运输手续费用的合计数来表示的。费用越高，运输方法的经济性就越低。假设这三种运输方式的所需成本分别为 $C(R)$、$C(T)$、$C(S)$，则评价值为

$$C=[C(R)+C(T)+C(S)]/3 \tag{8-6}$$

三种运输设备经济性的相对值分别为

$$F_1(R)=C(R)/C \quad F_1(T)=C(T)/C \quad F_1(S)=C(S)/C$$

②迅速性 F_2 的数量化：运输方式的迅速性是用从发货地到收货地所需时间(天数)来表示的。所需时间越多，则迅速性越低，这是不利因素。假设这三种运输方式所需的时间分别为 $H(R)$、$H(T)$、$H(S)$，则平均值为

$$H=[H(R)+H(T)+H(S)]/3 \tag{8-7}$$

三种运输方式迅速性的相对值分别为

$$F_2(R)=H(R)/H \quad F_2(T)=H(T)/H \quad F_2(S)=H(T)/H$$

③安全性 F_3 的数量化：运输方式的安全性可以通过历史上一段时间货物的破损率来表示。破损率越高，安全性越差。假设这三种运输方式的破损率分别为 $D(R)$、$D(T)$、$D(S)$，则评价值为

$$D=[D(R)+D(T)+D(S)]/3 \tag{8-8}$$

三种运输方式安全性的相对值分别为

$$F_3(R)=D(R)/D \quad F_3(T)=D(T)/D \quad F_3(S)=D(T)/D$$

④便利性 F_4 的数量化：运输方式的便利性的数量化表示方法，可以采用代办运输点的经办时间与货物运到代办运输点的运输时间之差来表示。其中，时间差越大，表明便利性越高。所以，时间差大是有利因素，如果各运输方式的时间差分别为 $V(R)$、$V(T)$、$V(S)$，则平均值为

$$V=[V(R)+V(T)+V(S)]/3 \tag{8-9}$$

三种运输方式便利性的相对值分别为

$$F_4(R)=V(R)/V \quad F_4(T)=V(T)/V \quad F_4(S)=V(T)/V$$

各评价因素赋予权数的大小的确定，没有绝对的办法。一般是结合货物本身的特征，并尽可能吸纳实际工作者或者有关专家的意见，进行确定。

(2) 成本费用分析法

物流运输费用是承运单位提供运输劳务所耗费的费用，即运价。运价是由运输成本、税金和利润构成的。运输费用占物流费用比重最大，是影响物流费用的重要因素。为了达到以最快的速度、最少的运输费用实现物资流转，必须对所选择的运输方式进行技术经济的比较分析，即进行成本费用分析，这就要求掌握各种运输方式成本的内容及运价计算方法。

8.4.3 基于供应链管理的库存管理

1. 库存管理的方法

库存管理的方法是库存管理系统中操作手段的优选。不同类型的存货，其库存管理的方法是有差异的。在此，我们主要介绍企业制成品与原材料的库存管理方法。这些方法包

括 ABC 分类管理方法、定量订货管理方法、定期订货管理方法和其他库存管理方法。

(1) ABC 分类管理方法

① ABC 分类管理方法概述

ABC 分类管理方法又称为库存重点管理法。它起源于 ABC 分析法,是 1951 年由美国电气公司的迪克首先在库存管理中倡导和应用的。

一般来说,企业的库存物资种类繁多,每个品种的价格不同,数量也不等,有的物资品种不多但是价值很高,而有的物资品种很多但价值低廉。由于企业的资源有限,对所有库存的物资给予相同程度的重视和管理是不实际和不经济的。为了使有限的时间、资金、人力、物力等能得到更有效的利用,应对库存物资进行分类,将库存管理的重点放在重要的物资上,并依据重要程度的不同,分别进行不同的管理。这就是 ABC 分类管理方法的基本思想。

所以,ABC 分类管理方法,是根据库存物资在技术经济方面的主要特征,对库存进行分类排队,分清重点和一般,从而有区别地进行库存管理的方法。它是一种简捷便利而又科学有效的管理方法。

从产品生产方面来看,在多种库存物资中,一般只有少数几种物质的需求量大,因而占用较多的流动资金。从用户方面来看,只有少数几种物质对用户的需求起着举足轻重的作用。而种类数比较多的其他物资年需求量却较少,或者对用户的重要性较小。由此,可以将库存物资分 ABC 三类。A 类物资种类占全部物资种类总数的 10% 左右,而其需求量占全部物资总需求量的 70% 左右;B 类物资种类占全部物资种类总数的 20% 左右,其需求量占全部物资总需求量的 20% 左右;C 类物资种类数占全部物资种类总数的 70% 左右,其需求量只占全部物资总需求量的 10%。当然,实际中,可以根据企业的自身需求将库存进一步细分,但经验表明,库存的品种分类超过五类将会使库存管理成本上升。

② ABC 分类库存品种的管理准则

在对库存物资进行 ABC 分类之后,就应该根据企业的经营策略对不同类别的库存物资进行不同的管理,有选择性地对库存进行控制,减轻库存管理的压力。

a. A 类库存物资。A 类库存物资在品种数量上仅占 15%,但如果能管好它们,就等于管好了 70% 左右金额的物资。A 类物资的管理目标是在保障其供给的条件下,尽量降低它们的库存额,减少占用资金,提高资金的周转率。A 类物资的消耗金额高,提高其周转率,可以获得较大的经济效益。对 A 类物资要重点管理,定期盘点,尽量减少安全库存,必要时可采用应急补货。对 A 类物资的采购订货,必须尽量缩短供应间隔时间,选择最优的订购批量,在库存控制中采取重点措施,加强控制。

b. C 类物资。C 类物资与 A 类物资相反,品种数众多,而所占用的金额却甚少。对 C 类物资要放宽控制或只作一般控制,采用较高的安全库存,减少订货次数。由于品种繁多复杂,资金占用又小,如果订货次数过于频繁,不仅工作量大,而且从经济效益的角度考虑也没有必要。

c. B 类库存物资。B 类物资的状况处于 A、C 类之间,因此,其管理方法也介于对 A、C 类物资的管理方法之间,可采用通常的方法或称常规方法管理。对 B 类物资也应引起重视,适当提高安全库存。在采购中,订货数量可适当照顾到供应企业的利益,有利于供方确定合理的生产批量及选择合理的运输方式。

③ ABC 分类管理法的绩效

ABC 分类的应用,在库存管理中比较容易取得以下成效。

a. 压缩总库存量。

b. 解放被占压的资金。

c. 使库存结构合理化。

d. 节约管理力量。

(2) 定量订货管理方法

① 定量订货管理法的定义

定量订货也称为控制点订货,是指当库存量下降到预定的最低库存数(订货点)时,按规定数量(一般按经济批量)补充订货的一种库存管理方法。

每当物资出库时,都要对出库量进行记录,并要将存货余额同订货点进行比较,若存货余额等于或低于订货点,便按物资的某一固定数量订货;若存货余额高于订货点,则不采取行动。所以,应用定量订货管理法,仓库管理人员必须对所有物资进行经常或连续盘点。但是,要注意选择该方法时记录的成本和效率,因为有时连续记录的成本可能会远远超过从中得到的利益。

由于定量订货管理法要求对每个品种进行单独订货作业,这样会增加订货成本和运输成本。因此,它适用于品种数目少但占用资金大的 A 类库存物资的管理。

② 定量订货管理法的优点

能经常地掌握库存状态,及时地提出模型,仅在前置时间内才需要保险存货,所以不易出现缺货。保险储备较少,对滞销品花费较少精力,每次订货量固定,对预测值和参数的变化相对不敏感,适用于经济订货批量模型,便于包装、运输和保管作业。

③ 定量订货管理法的缺点

若库存管理人员不花时间去研究各项物资的库存水准,则订货量往往由办事员来确定。在过账业务中,抄写的差错可能造成系统失效,所以,库存管理人员必须不断核查仓库的库存量,严格控制安全库存和订货点库存。大量单独的订货可能造成很高的运输和订货成本,会增加人力和物力的支出。订货点、订货量和保险存货量可能在数年内不予重新研究或更改,订货模式过于机械,不具有灵活性。而由于订货时间不定,难以编制严密的采购计划,不能得到多种物资合并订货的好处。

(3) 定期订货管理方法

① 定期订货管理法的含义

定期订货管理法是按预先确定的订货间隔期进行订货补充库存的一种库存管理方式。它往往适用于品种数量大、占用资金较少的 C 类库存和 B 类库存。定期订货管理法可用于以下三种情况。

a. 企业未建立自动化的库存连续盘点制度。在这类企业中,主要是由仓库管理员定期用手工操作方法检查各种存货的库存数量,以确定哪些存货已达到最低限额。

b. 如果买方按固定订货间隔期订货,卖方可以给予大笔折扣,由于获得的折扣比使用 EOQ(Economic Order Quantity)方法所得到的好处更大,所以就使用定期订货管理法。

c. 企业按产地交货价格购入生产所需原材料,同时尽量利用自己的运输车辆,将原材料运回工厂。

定期订货库存管理方法,在时间上控制订货周期,从而达到控制库存量的目的。因此,只要订货周期控制得当,既可以不造成缺货,又可以控制最高库存量,从而达到库存管理的目的,保证库存成本费用最小。

在定量订货管理方法中不需要实际盘点,因为库存记录记载入库量、出库量和现有余额。在定期订货管理方法下,订货的数量是不固定的,决策者为反映需求量的变化会改变订货数量。在这种方法中,订货期是固定的,而订货量、需求量和订货点是可变的,前置时间可能是固定的或可变的。

②定期订货管理法的优点

定期订货可以将多种物资合并订货,可以降低订货和运输的费用,可以省去许多库存盘点工作,在规定订货的时候检查库存,周期盘点比较彻底、精确,简化了工作内容或"程序",提高了工作效率。库存管理的计划性较强,有利于对计划的安排,实行计划管理,可编制、合并较为实用的采购计划。

③定期订货管理法的缺点

不易利用经济订购批量模型,故储备定额有时不是最佳的办法,因而运营成本较高,经济性较差,且需要花费一定的时间来盘点库存,如果某时期需求量突然增大,有时会发生缺货。所以,这种方式主要用于非重点物资的库存控制。

定期订货管理法适用于品种数量大、占用资金较少的 C 类和 B 类库存物资。

(4)其他库存管理方法

①双堆订货管理法

双堆订货管理法是将库存物资分作两堆存放:第一堆是订货点库存量,其余为第二堆。发料时,先动用第二堆,当第二堆用完、只剩下第一堆时,意味着库存下降到了订货点,要立即提出订货。

将保险储备量从第一堆订购量中分出来另作一堆,称为三堆法。双堆或三堆法不需要盘点,库存量形象化,简便易行。其缺点是需要占用较多的仓库面积。

> **知识拓展**
>
> 保险储备量又称为安全库存量,它是企业库存的一部分,是指用于防止和减少因在订货期间需求变化或到货期延误所引起的缺货损失而设置的库存。面对变化的客户需求和不确定的物流运输环境等非确定性因素,保险储备量对作业失误和发生随机事件起着预防和缓冲的作用。在正常情况下,一般不动用安全库存,一旦动用,必须在下批订货到达时进行补充。
>
> 保险储备量的大小,主要由顾客服务水平(顾客需求情况的满意程度)来决定。顾客服务水平越高,说明缺货发生的情况越少,从而缺货损失就越小,但因增加了安全库存量,导致库存的持有成本上升。
>
> 因此,确定一个合理的安全库存量,必须综合考虑顾客服务水平、缺货损失和库存持有成本三者之间的关系。
>
> (资料来源:姜方桃,等.供应链管理.2 版.北京:科学出版社,2016.)

②非强制补充供货管理法

非强制补充供货管理法也称为最小—最大系统,是定量管理法和定期管理法的混合使用。

非强制补充供货管理法需要确定最高库存水准,最高库存水准要按每项物资来确定。若在检查日库存余额高于订货点,便不订货;若在检查日库存余额等于或低于订货点,便进行订货。订货数量等于最高库存水准减去在检查期间的库存水准。库存水准均按固定的间隔期进行检查,但订货要在库存余额已经降至预定的订货点时才进行。

非强制补充供货管理法有可能按有效的数量进行订货,并由于订购次数通常安排较少,所以可降低成本。与定期订货管理法相比,订购次数较少而订购数量较大,故订购成本较低。当检查周期长到几乎每次检查都要进行订货时,则非强制补充供货管理法同定期订货管理法便难以区分。

2. 供应商管理库存

在供应链管理环境下,供应链的各个环节的活动都应该是同步进行的,而传统的库存控制方法无法满足这一要求。近年来,一种新的库存管理方法,即供应商管理库存(Vendor Managed Inventory,VMI),打破了传统的各自为政、条块分割的库存管理模式,以系统的、集成的思想进行库存管理,使整个供应链系统获得同步化的运作,增强了企业的敏捷性和响应性,解决了供应链中信息扭曲的问题,从而有效地解决了牛鞭效应(Bull-Whip Effect)。

(1)供应商管理库存(Vendor Managed Inventory,VMI)

VMI是一种很好的供应链库存管理策略。VMI的主要思想是各节点企业共同帮助供应商制订库存计划,要求供应商来参与管理客户的库存,上游供应商基于下游客户的生产经营和库存信息,对下游客户的库存进行管理和控制,供应商拥有库存的管理和控制权。从本质上讲,VMI是将多级库存管理问题变为单级库存管理问题。

从表面来看,VMI的库存管理方法增加了对零售商库存管理的成本,同时零售商也放弃了管理自己库存的权利。但事实上,实施VMI策略对于供求双方而言都是有好处的,它是一种双赢(Win-Win)的策略。

对供应商而言,首先,VMI策略可以降低生产以及库存成本。在VMI策略下,改变了零售商的订货时间和订货量相对集中所导致的供应商资源无法被整体有效利用的局面。在降低供应商所需资源水平同时,也使资源的利用率得到了提高,从而降低了生产以及库存费用。

其次,VMI策略可以降低运输费用。因为供应商可以得到所有零售商的库存信息,所以供应商在制定配送策略时可以系统地考虑,尽可能多地采用运输成本较低的满载运输而避免非满载的情况出现,同时在配送路线上可以选取更为合理的线路,从而达到降低运输费用的目的。

最后,VMI策略可以提高对零售商的服务水平。比如,VMI策略缓解了订货集中的情况,并且信息的畅通使得供应商可以准确地了解到每个零售商的库存水平。因此,零售商出现缺货的可能性就大大降低。而缺货的概率也正是衡量服务水平的重要指标。

对零售商而言,虽然放弃了管理自己库存的权利,但相应的库存管理费用也随之减少。而且自己所得到的服务水平会相应提高,对于发展自己的核心业务也有好处。

因此,我们可以看到,VMI具有如下优点:

①下游客户可以省去库存和订货部门,用更低的库存成本提供更好的服务。
②上游企业能够更加全面有效地控制库存,降低供应链上的总库存成本。
③增加需求预测的准确性,减少安全库存,消除牛鞭效应。
④理论上追求双赢。
⑤上游管理库存,更有经验更专业。
⑥下游大幅度降低库存、减少成本,改善缺货,提高服务水平。
⑦共享下游经营信息,直接接触正式需求,更好地调整生产计划,减少安全库存。
⑧缩短交易时间,提高库存周转率,提高整个供应链的柔性。
⑨提高需求预测的精确度,配送最佳化。

VMI不仅适用于供应商和零售企业组成的供应链,同样也适用于供应商和制造型企业组成的供应链。

(2) VMI的实施原则

该策略的关键措施主要体现如下的几个原则。

①合作性原则。实施该策略时,相互信任与信息透明是很重要的,供应商和用户都要有较好的合作精神,才能相互保持较好的合作。

②互惠原则。VMI不是关于成本如何分配或谁来支付的问题,而是关于减少成本的问题。该策略使双方的成本都减少。

③目标一致性原则。双方都明白各自的责任,观念上会实现一致的目标。如库存放在哪里,什么时候支付,是否要管理费,要花费多少等问题都要明确,并且体现在框架协议中。

④连续改进原则。使供需双方能共享利益和消除浪费。

3. 联合库存管理

(1) 联合库存管理的基本思想

联合库存管理是指供应链上的各类企业(供应商、制造商、分销商)通过对消费需求认识和预测的协调一致,共同进行库存的管理和控制,从而使利益共享、风险共担。

VMI是一种供应链集成化运作的决策代理模式,它把用户的库存决策权代理给供应商,由供应商代理分销商或批发商行使库存决策的权利。联合库存管理则是一种风险分担的库存管理模式,它的基本实现来源于传统的分销模式。近年来,在供应链企业之间的合作关系中,更加强调双方的互利合作关系,联合库存管理就体现了战略供应商联盟的新型企业合作关系。

在传统的供应链活动过程模型中,从供应商、制造商到分销商,各个供应链节点企业都有自己的库存。供应商作为独立的企业,其库存为独立需求库存。制造商的材料、半成品库存为相关需求库存,而产品库存为独立的需求库存。分销商为了应对顾客需求的不确定性也需要库存,其库存也为独立需求库存。

联合库存管理将所有不同需求性质的库存问题进行统一协调的管理和控制。这将更好地解决供应链系统中因相互独立库存而导致的需求放大现象,提高了供应链的同步化程度。

联合库存管理强调双方同时参与,共同制订库存计划,使供应链过程中的每个库存管理者(供应商、制造商、分销商)都从相互之间的协调性考虑,保持供应链相邻的两个节点之间的库存管理者对需求的预期保持一致,从而消除了需求变异放大现象。任何相邻节点需求的确定都是供需双方协调的结果,库存管理不再是各自为政的独立运作过程,而是供需连接的纽带和协调中心。

(2) 联合库存管理的优点

联合库存管理是由制造商安装一个基于计算机的信息系统,把各个经销商的库存通过该系统连接起来,每个经销商可以通过该系统查看其他经销商的库存,寻求配件,进行交换,同时经销商们在制造商的协调下达成协议,承诺在一定条件下交换配件并支付一定的报酬,这样,就可以使每个经销商的库存降低,服务水平提高。

实行联合库存管理有很多优点。

①对整个供应链来说,其优点表现为:为实现供应链的同步化运作提供了条件和保证;减少了供应链中的需求扭曲现象,降低了库存的不确定性,提高了供应链的稳定性;可以暴露供应链管理中的缺陷,为改进供应链管理水平提供依据;为实现零库存管理、准时采购以及精细供应链管理创造了条件等。

②对经销商来说,可以建立覆盖整个经销网络的库存池,一体化的物流系统不仅能使经销商的库存降低,使整个供应链的库存降低,而且还能快速响应用户需求,更有效地快速运送配件,降低了因缺货而使经销商失去销售机会的概率,提高了服务水平。

③对于制造商来说,经销商比制造商更接近客户,能更好地对客户要求做出更快的响应,并为购买产品安排融资和提供良好的售后服务,使制造商能集中精力搞好生产,提高产品质量。

(3) 联合库存管理的实施

联合库存管理强调各方同时参与,共同制订库存计划,使供应链相邻节点之间保持信息与需求预测的一致性,从而消除需求变异放大现象。在这种管理方式下,任何相邻节点需求的确定都是供需双方协调的结果,库存控制成了连接供需的纽带和协调中心。基于此,实施联合库存管理要做好以下几个方面的工作。

①协商一致,确定共同的合作目标。要建立联合库存管理模式,首先必须保证供需双方的目标一致。为此,合作的双方必须认清市场目标的一致点和冲突点,通过交流与协商,本着求同存异、互惠互利的原则形成共同的目标。

②建立供需协调的管理机制。联合库存管理的高效运作取决于供需双方的明确分工与相互配合,事先必须要建立它们的协调管理机制,确定库存控制的基本内容,包括库存如何在多个需求商之间进行调节与分配、库存的最大量与最低水平、安全库存量的确定等。

③建立信息共享与沟通的系统。供应链成员企业间信息集成与共享,可以扩大供应链的透明度,降低供应链运作中的不确定性,从而降低供应链的整体库存水平,提高物流运作效率。利用 EDI、POS 系统、条码和扫描技术以及 Internet 的优势,在供需之间建立一个畅通的信息系统,使各经销商协调一致,快速响应用户需求。

有的经销商会怀疑加入这样一个系统是否值得,尤其是当他的库存比别人多的时候,同时参与进来的经销商要依靠其他经销商来帮助他们提供良好的顾客服务,这时,制造商就要大力支持,要多做工作,使经销商之间相互信任,使不同的经销商能发挥各自的优势,实现联合库存管理的目标。

④建立合理的利益分配机制与有效的激励机制。联合库存管理需要供应链上的企业利益共享、风险共担。因此,公平公正的利益分配和激励体系对企业的战略联盟极为关键。建立一种公平的利益分配制度,将通过供应链管理实现的利益在供应链成员企业之间合理地

进行分配,以促使供应链的长期有效运作。建立有效的激励机制,对参与联合库存管理的各个企业进行有效的激励,防止出现"逆向选择""败德行为"等机会主义行为,增强供应链运作的一致性与协调性。

4. 多级库存优化与控制

供应链管理的目的是使整个供应链及各个阶段的库存最小,但是,现行的企业库存管理模式是从单一企业内部的角度去考虑库存问题,因而并不能使供应链整体达到最优。我们把问题推广到整个供应链的一般情形,建立多级供应链库存模型,如图 8-6 所示。

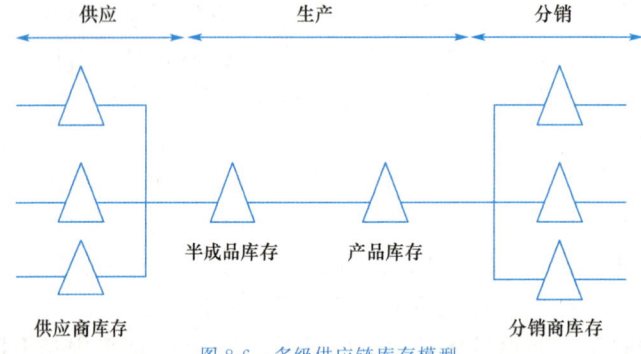

图 8-6 多级供应链库存模型

多级库存控制的方法有两种:一种是非中心化(分布式)策略,另一种是中心化(集中式)策略。非中心化策略是各个库存点独立地采取各自的库存策略,这种策略在管理上比较简单,但是并不能保证产生整体的供应链优化,如果信息的共享度低,多数情况产生的是次优的结果。因此,非中心化策略需要更多的信息共享。用中心化策略,所有库存点的控制参数是同时决定的,考虑了各个库存点的相互关系,通过协调的办法获得库存的优化。但是中心化策略在管理上协调的难度大,特别是供应链的层次比较多,即供应链的长度增加时,也增加了协调控制的难度。

(1)多级库存优化控制的基本思想

①供应链的全局优化

供应链管理下的多级库存管理的目的是使整个供应链各个阶段的库存最小,而现行的企业库存管理模式是从单一企业内部的角度去考虑库存问题,因而并不能使供应链整体库存达到最优。

②单级库存优化基础上的库存控制

多级库存的优化与控制是在单级库存控制的基础上形成的。多级库存系统根据不同的配置方式,有串行系统、并行系统、纯组装系统、树形系统、无回路系统和一般系统。

(2)多级库存的优化控制策略

①基于成本优化的多级库存优化

基于成本优化的多级库存控制实际上就是确定库存控制的有关参数:库存检查期、订货点、订货量。

a.供应链的库存成本结构

Ⅰ.存储成本(Holding Cost,C_h)。在供应链的每个阶段都维持一定的库存,以保证生产、供应的连续性。这些库存维持费用包括资金成本、仓库及设备折旧费、税收、保险金等。维持库存费用与库存价值和库存量的大小有关,其沿着供应链从上游到下游有一个累积的

过程。因此,维持库存费用的公式为

$$C_h = \sum (H_i \cdot V_i) \tag{8-10}$$

H_i 为单位周期内单位产品(零件)的维持库存费用。如果 V_i 表示 i 级库存量,那么,整个供应链的库存维持费用为:如果是上游供应链,则维持库存费用是一个汇合的过程,而在下游供应链,则是分散的过程。

Ⅱ.交易成本(Transaction Cost,C_t)。即在供应链企业之间的交易合作过程中产生的各种费用,包括谈判要价、准备订单、商品检验费用、佣金等。交易成本随交易量的增加而减少。交易成本与供应链企业之间的合作关系有关。建立一种长期的互惠合作关系有利于降低交易成本,战略伙伴关系的供应链企业之间交易成本是最低的。

Ⅲ.缺货损失成本(Shortage Cost,C_s)。缺货损失成本是由于供不应求,即库存 V_i 小于零的时候,造成市场机会损失以及用户罚款等。缺货损失成本与库存大小有关。库存量大,缺货损失成本小;反之,缺货损失成本大。为了减少缺货损失成本,维持一定量的库存是必要的,但是库存过多将增加维持库存费用。在多级供应链中,提高信息的共享程度、增加供需双方的协调与沟通有利于减少缺货带来的损失。

Ⅳ.供应链的库存总成本(TC)。供应链的库存总成本的计算公式为

$$TC = C_h + C_t + C_s \tag{8-11}$$

多级库存控制的目标就是优化总的库存成本 C,使其达到最小。

b. 库存控制策略

多级库存的控制策略分为中心化控制策略和非中心化控制策略,下面分别加以说明。

Ⅰ.中心化控制策略。采用中心控制的优势在于能够对整个供应链系统的运行有一个较全面的掌握,能够协调各个节点企业的库存活动。中心化控制是将控制中心放在核心企业上,由核心企业对供应链系统的库存进行控制,协调上游与下游企业的库存活动。这样核心企业也就成了供应链上的数据中心(数据仓库),担负着数据的集成、协调功能。

中心化库存优化控制的目标是使供应链上多级库存($i=1,\cdots,n$)总的库存成本最低,即

$$\min TC = \min \left\{ \sum_{i=1}^{n} (C_h^i + C_t^i + C_s^i) \right\} \tag{8-12}$$

如果是供应—生产—分销这种典型的三级库存的供应链的运作问题,那么基于成本的库存优化的基本原理就在于以下公式的含义,即

$$\min \{C_{mfg} + C_{cd} + C_{rd}\} \tag{8-13}$$

式中,C_{mfg}——制造商的库存成本;

C_{cd}——分销商的库存成本;

C_{rd}——零售商的库存成本。

Ⅱ.非中心化控制策略。非中心化库存控制是把供应链的库存控制分为三个成本归结中心,即制造商成本中心、分销商成本中心和零售商成本中心,各自根据自己的库存成本优化做出优化的控制策略,如图8-7所示。非中心化的库存控制要取得整体的供应链优化效果,需要增加供应链的信息共享程度,使供应链的各个部门都共享统一的市场信息。非中心化多级库存控制策略能够使企业根据自己的实际情况独立做出快速决策,有利于发挥企业自己的独立自主性和灵活机动性。

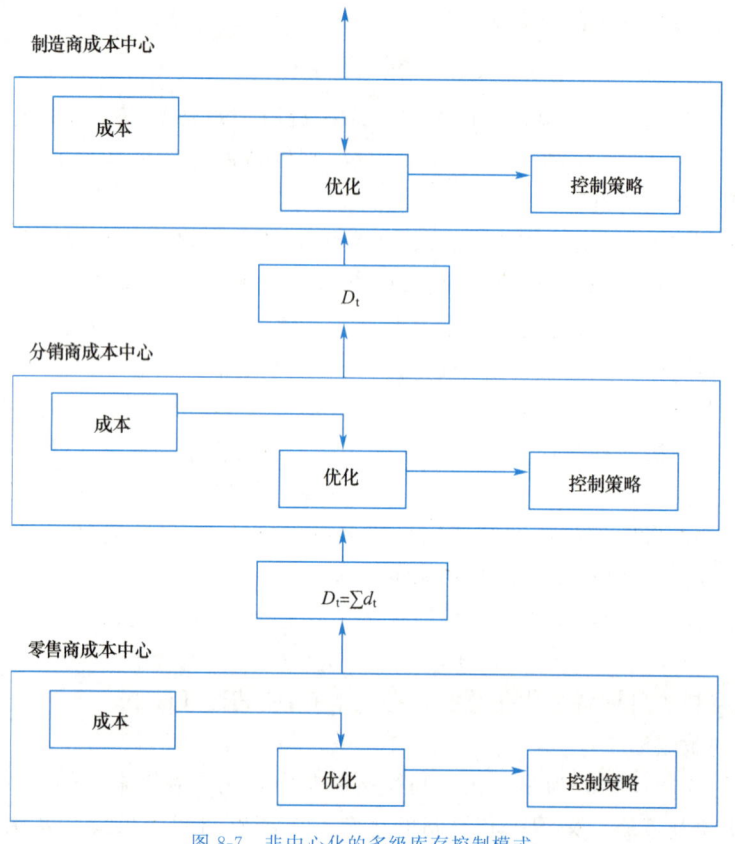

图 8-7 非中心化的多级库存控制模式

非中心化库存订货点的确定,可完全按照单点库存的订货策略进行,即每个库存点根据库存的变化,独立地决定库存控制策略。非中心化的多级库存优化策略,需要企业之间协调性比较好,如果协调性差,有可能导致各自为政的局面。

② 基于时间优化的多级库存控制

随着市场变化,市场竞争已从传统的、简单的成本优先的竞争模式转为时间优先的竞争模式,这就是敏捷制造的思想。因此,供应链的库存优化不能仅仅是简单地优化成本。在供应链管理环境下,库存优化还应该考虑对时间的优化,如库存周转率的优化、供应提前期优化、平均上市时间的优化等。库存时间过长对于产品的竞争力不利,因此供应链系统应从提高用户响应速度的角度来提高供应链的库存管理水平。

为了说明时间优化在供应链库存控制中的作用,我们看下面的例子。

图 8-8 为零售商库存水平与供应提前期的关系,显示了随着时间的推移,一个零售商从供应商获得的库存水平与变化的提前期有着一定的关系。可以看出,随着提前期的增加,库存量更大而且波动更大。这说明,深入研究库存量的变化与供应提前期的关系,有着明显的经济意义。

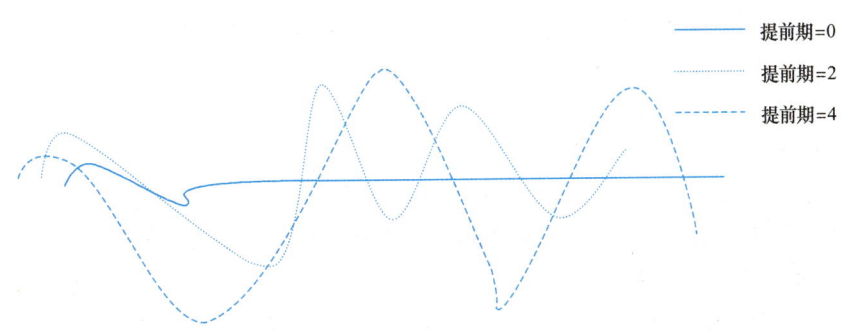

图 8-8　零售商库存水平与供应提前期的关系

　　高库存意味着占用高额流动资金,这会直接减缓企业资金流动速度,带来资金周转速度的降低;同时,库存增大时还要求仓库管理人员增加,而由于劳动管理制度的限制,库存减少不便减少管理人员,反而只会增加企业人员费用开支。这两个因素都会引起企业利润的减少。

　　也就是说,延长供货提前期,实际上会导致更大的库存,导致利润的减少;缩短提前期不但能够维持更少的库存,而且有助于库存控制,从而增加企业的利润。

案例分析　施耐德:电气可持续发展的践行者和赋能者

　　施耐德电气成立于 1836 年,业务遍及全球 100 多个国家和地区,服务于家居、楼宇、数据中心、基础设施和工业市场,为客户提供能源管理和自动化领域的数字化与可持续解决方案。1987 年,施耐德电气在中国从渤海之滨一家不足百人的小型合资工厂起步,发展到今天,中国已成为施耐德电气全球第二大市场。施耐德电气作为产业数字化转型的引领者,通过集成世界领先的工艺和能源管理技术,从终端到云的互联互通产品、控制、软件和服务,贯穿业务全生命周期,助力中国企业在提升效率的同时实现绿色可持续,共同向高质量发展迈进。

　　作为可持续发展的坚定践行者,施耐德电气将可持续发展作为战略核心,早在 2002 年就将可持续纳入公司核心战略,并将可持续融入业务经营的方方面面。2005 年,施耐德电气推出衡量自身可持续发展表现的量化指标体系——"可持续发展影响指数(SSI)计划",每季度发布由第三方审计的《可持续影响指数报告》来评估可持续发展表现,每三年或者五年更迭一次,通过设定更高的目标,不断提升和超越自己。

　　针对气候变化挑战,施耐德电气做出长期承诺:

　　到 2025 年,实现自身运营层面的碳中和;

　　到 2030 年,自身运营层面实现"零碳就绪";

　　到 2040 年,实现端到端价值链的碳中和;

　　到 2050 年,实现端到端价值链的净零碳排放。

　　碳足迹不仅存在于自身的制造环节,也存在于上下游供应链。全球环境信息研究中心的测算显示,平均而言,供应链的碳排放水平是企业直接排放的 5 倍以上。以施耐德电气为例,自身工厂的碳排放在整个供应链中只占 10%,而 90% 的碳排放来自上下游。

　　因此,除了实现自身的碳中和及零碳,施耐德电气还带动产业链上下游企业共同减碳,努力践行社会责任。施耐德电气打造了涵盖绿色设计、绿色采购、绿色生产、绿色交付、绿色运维的端到端绿色供应链,不仅自身实现了低碳化发展,也推进了产业链上下游伙伴的减碳进程。凭借绿色供应链建设的优异成绩,施耐德电气连续8年登上Gartner"全球供应链25强"榜单,2023年排名升至全球第一位。

1. 绿色设计

施耐德电气站在产品全生命周期的角度思考产品对环境的影响,在设计之初便考虑到了绿色材料的使用。力争在2025年将产品中绿色材料的使用量增加至50%,并实现公司总营收80%以上的产品符合生态设计标准(Green Premium)。2020年,施耐德电气发布了全新一代无六氟化硫(SF6-free)中压开关设备,在制造时以无害的干燥空气代替了六氟化硫这类温室气体。六氟化硫让气候变暖的威力是二氧化碳的23 500倍。空气替代大大降低了环境破坏。

2. 绿色采购

企业大部分的碳排放存在于上下游,需通过采购和合作推动第三方供应商减碳,共同实现绿色发展。为此,施耐德电气对供应商进行了碳排放水平评估,只有符合标准的供应商才能纳入清单。同时,施耐德电气还为供应商提供精益生产、数字化方面的咨询服务提升能力,助力其落实节能降耗。

3. 绿色生产

生产制造是一个集中消耗能源和原材料的过程。为了提高生产和运营效率,节约能源和资源,并促进清洁能源的规模化使用,施耐德电气主要通过践行数字化、循环经济、清洁能源三大方式来推进和加快"零碳工厂"的建设。目前在中国29家工厂和物流中心中,已有17家施耐德电气"零碳工厂",15家工信部"绿色工厂"和12家"碳中和"工厂为产业绿色发展提供了可参考的借鉴。

(1)借力数字化技术:通过部署多样的数字化运营系统,中国区供应链的能耗在过去三年整体降低了9.78%(相比2019年基线),节能5 702 MWh(兆瓦时),减碳6 064吨。

(2)采用清洁能源:施耐德电气在中国有21家工厂部署了太阳能光伏系统,其中北京工厂屋顶已安装了目前公司内部最大的光伏项目,年发电量超230万度,承担了工厂每年30%的能源供给,共减少碳排放1 540吨。施耐德电气在北京工厂屋顶部署了目前公司内部最大的光伏项目,并以微电网技术实现光伏发电的充分消纳和利用,提高用电可靠性、弹性和安全性,优化了整体能源成本,不仅做到了环境保护,也提升了经济效益。凭借光伏项目和微电网系统,北京工厂也成为施耐德电气在中国首家获得"碳中和"认证的工厂。

(3)发展循环经济:通过对各种生产材料和资源的最大化循环利用,循环经济不仅节能降耗,还能实现零废弃物填埋。目前,施耐德电气全球200多家工厂都已实现了零废弃物填埋;厦门工厂2018年建设的废水回收处理系统,实现了93%的工艺废水回收应用于产线,大大地节约了水资源。

4. 绿色交付

在此过程中,施耐德电气的举措是绿色包装和绿色运输。在包装环节,施耐德电气从数字化、减量化、去塑料等方面减少对环境的影响,并承诺到2025年一次和二次包装中100%不含一次性塑料。在运输环节,除了广泛采用电动汽车,施耐德电气还搭建行业领先的物流运输控制塔,通过可视化管理和大数据算法规划物流最佳路线,合并路线,减少空驶,从而降低能耗。预计到2025年,将因交通运输产生的二氧化碳排放量减少15%。

5. 绿色运维

通过使用、维护和回收产品实现全生命周期绿色管理闭环,推动循环经济的同时,减少产品碳排放和环境影响。

作为全球能源管理与自动化领域的数字化转型专家,施耐德电气在做好自身可持续发展实践的同时,还凭借深厚的市场洞察力、领先的专业知识和创新技术,深入客户绿色供应链建设面临的痛点与挑战,为客户的可持续实践赋能。基于施耐德丰富的供应链绿色转型经验,行业领先的工业互联网平台 EcoStruxure 和施耐德电气融合深厚的 OT/IT 能力,互联互通的硬件产品和覆盖全生命周期的软件技术,整合"咨询服务+软件+产品(硬件)",打造了业界领先的绿色供应链解决方案,如图 8-8 所示。

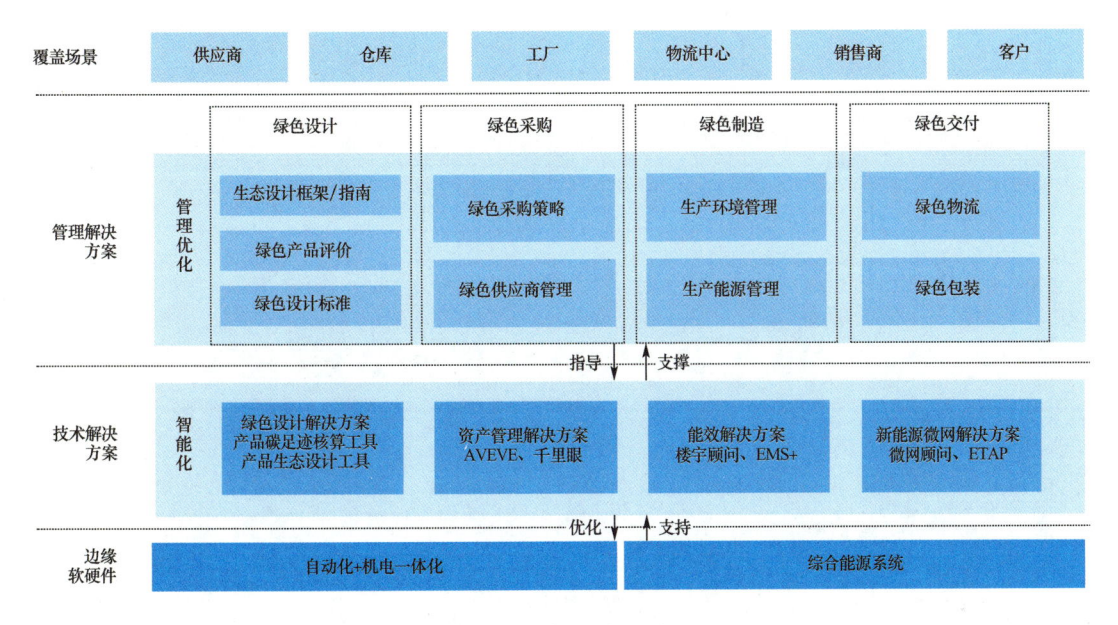

图 8-8 绿色供应链设计

(资料来源:迈向以客户为中心的一流供应链——精益、韧性、绿色、数字化[R]. 上海:施耐德电气商业价值研究院,清华大学全球共同发展研究院,2023)

问题
1. 你怎么理解 VUCA(Volatility,Uncertainty,Complexity,Ambiguity)时代供应链面临的挑战?
2. 谈谈你对供应链精益、韧性、绿色和数字化转型的理解。
3. 如何去平衡供应链精益与韧性?
4. 供应链数字化要解决哪些问题或实现哪些目标?

思考题

1. 试述基于产品的供应链的设计步骤。
2. 简述供应链的设计原则。
3. 供应链管理环境下的物流管理有哪些具体的策略?
4. VMI 实施的原则与步骤?

5.运输方式主要有哪几种?每种方式的特点是什么?

6.运输路线选择有哪几种基本类型?

综合题

1.服务和库存水平之间存在什么样的关系?

2.考虑一个企业选择运输服务提供商。使用卡车承运商的优点是什么?使用诸如UPS这样的包裹速递公司的优点是什么?

即测即练

第 9 章

物流项目的可行性研究

知识目标 >>>

1. 理解与掌握项目的概念与特征。
2. 掌握物流项目的分类和特点。
3. 掌握项目建议书与可行性研究报告的区别。

能力目标 >>>

1. 能够运用可行性研究的内容分析物流项目。
2. 了解与掌握可行性研究的基本纲要。
3. 熟悉可行性研究报告编制的步骤并开展工作。

导入案例

岳阳大数据物流信息平台建设的可行性研究

9.1 物流项目管理概述

我国经济进入高质量发展阶段,产业结构处在不断优化之中。自动化、数字化、智慧化为各行各业提质增效带来机遇。然而,同其他行业相比较而言,物流业的发展除了运用"云端"技术,其高质量发展必须有提供运输、储存、配送功能的实体设施,例如:物流园区、运载工具、自动化分拣场所与设备等。一个区域级别的物流节点或园区的落成并投入使用需要 1 亿~10 亿元的资金,重点项目的资金支出有可能会更多。物流系统的建设与发展具有复杂性,且周期较长,如果没有详尽的分析与调研,存在较大风险。

> **小资料**
>
> **我国物流园区项目发展迅速,区域物流节点综合服务能力提升**
>
> 《第六次全国物流园区(基地)调查报告》(2022)显示,全国符合本次调查基本条件的各类物流园区共计 2 553 家,比 2018 年第五次调查的 1 638 家增长 55.9%。4 年间,我国物流园区总数年均增长 11.7%,增速总体上保持较快态势。其中,处于运营状态(园区已开展物流业务)的 1 906 家,占 74.6%;处于在建状态(园区开工建设但未开业运营)的 395 家,占 15.5%;处于规划状态(园区已开展可行性研究但尚未开工建设)的 252 家,占 9.9%。从区域分布来看,四大经济区域运营园区占比均有不同程度提升。东部地区运营园区占比从 2018 年调查的 75.7% 提升至 2022 年的 84.1%,提升了 8.4 个百分点;西部地区、东北地区运营园区占比分别为 68.0% 和 77.8%,均提升了 6.7 个百分点;中部地区运营园区占比提升 3.6 个百分点至 69.0%。
>
> (资料来源:《第六次全国物流园区(基地)调查报告》(2022))

项目管理能够在有限资源限定条件下,实现或超过设定的需求和期望。新建物流体系或改造物流系统往往采用项目管理的计划、组织与指挥的方式。项目管理的可行性研究是项目实践过程的预演,能够模拟物流系统分析与设计的各个阶段,为物流基础设施建设、网络规划、设施设备选址、物流园区与配送中心布局等提供保障。可行性研究(Feasibility Study,FS)是建设项目投资决策前进行技术经济论证的一门综合性学科。具体地说,就是在决策一个建设项目之前,进行详细、周密、全面的调查研究和综合论证,从而制订出具有最佳经济效果的方案。这个调查研究和综合论证的过程就叫作可行性研究。

9.1.1 项目的内涵

1. 项目与作业

20 世纪 60 年代起,国际上许多人对于项目管理产生了浓厚的兴趣。20 世纪 80 年代之前为传统的项目管理阶段,80 年代之后为现代项目管理阶段。美国项目管理专业资质认证委员会主席保罗·格里斯曾说,在当今社会,一切都是项目,一切也将成为项目。在一定的语境中,可被翻译为"项目"的英文单词或词组有很多,例如:item、project、subject of entry 等。为了方便读者查询相关外文资料,本书认为在物流的相关领域中使用"Project"一词来描述物流项目(Logistics Project)更加准确,仅供参考。

美国项目管理协会(Project Management Institute,PMI)认为项目是一种被承办的旨在创造某种独特产品或服务的临时性努力。一般来说,项目具有明确的目标和独特的性质。每一个项目都是唯一的、不可重复的,具有不可确定性、资源成本的约束性等特点。

实际上,项目来源于人类有组织的活动的分化。随着人类的发展,有组织的活动逐步分化为两种类型:一类是连续不断、周而复始的活动,称之为"作业或运作"(Operation),如企业日常生产产品的活动;日复一日的列车、货车和飞机的运行。另一类是临时性的、一次性的活动,称之为"项目"(Project),如企业的技术改造活动、新建一幢大楼、一项环保工程的实施等。日常运作和项目的主要区别在于日常运作是持续不断和重复的,而项目是一次性的和独特的。表 9-1 为项目与作业的具体区别。

表 9-1　　　　　　　　　　　　　项目与作业的比较

项目	作业
一次性的	重复的
有限时间	无限时间(相对)
不均衡	均衡
多变的资源需求	稳定的资源需求

2. 项目的特征

项目是指一系列独特的、复杂的并相互关联的活动。项目侧重于过程，它是一个动态的概念，而不是指过程终结后所形成的成果。一般来说，项目具有以下基本特点。

(1)目标性

任何项目的设立都有其特定的目标，这种目标从广义的角度看，表现为项目创造的独特的产品或服务。这类目标称为项目的成果性目标，是项目的最终目标，在项目实施过程中被分解成为项目的功能性要求，是项目全过程的主导目标。一个项目的成果性目标必须是明确的。

(2)约束性

任何项目都是在一定的限制条件下进行的，这类限制条件也称为项目的约束性目标，是项目实施过程中必须遵循的条件，从而成为项目管理的主要目标。

(3)独特性

独特性是项目区别于作业的一个重要特点，作业是重复进行的。

(4)临时性

任何项目都有其确定的时间起点和终点，是在一段有限的时间内存在的。

(5)不确定性

项目是一次性任务，是经过不同阶段渐进完成的，通常前一阶段的结果是后一阶段的依据和条件，不同阶段的条件、要求、任务和成果是变化的，同时，在项目实施过程中也会面临较多的不确定性因素。

(6)整体性

项目是一系列活动的有机结合，从而形成一个完整的过程。

根据项目的一般特点，可认为项目在计划、实施与协调的过程中，是一个多维空间的描述、分析与评价的过程，如图 9-1 所示。

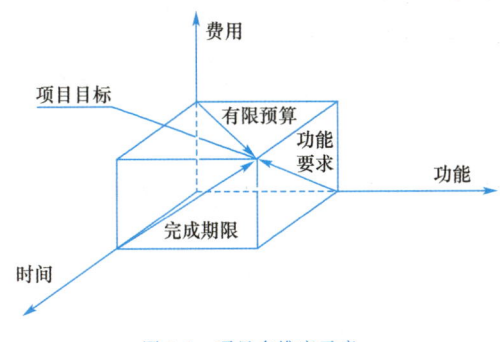

图 9-1　项目多维度示意

项目的"一次性"说明项目有始有终,项目由开始到结束的整个过程称为一个项目的生命周期。美国项目管理协会把项目的生命周期定义为:"项目是分阶段完成的一项独特性任务,一个组织在完成一个项目时会将项目划分为一系列的项目阶段,以便更好地管理和控制项目,更好地将组织运作与项目管理结合在一起。"项目生命周期模型如图 9-2 所示。

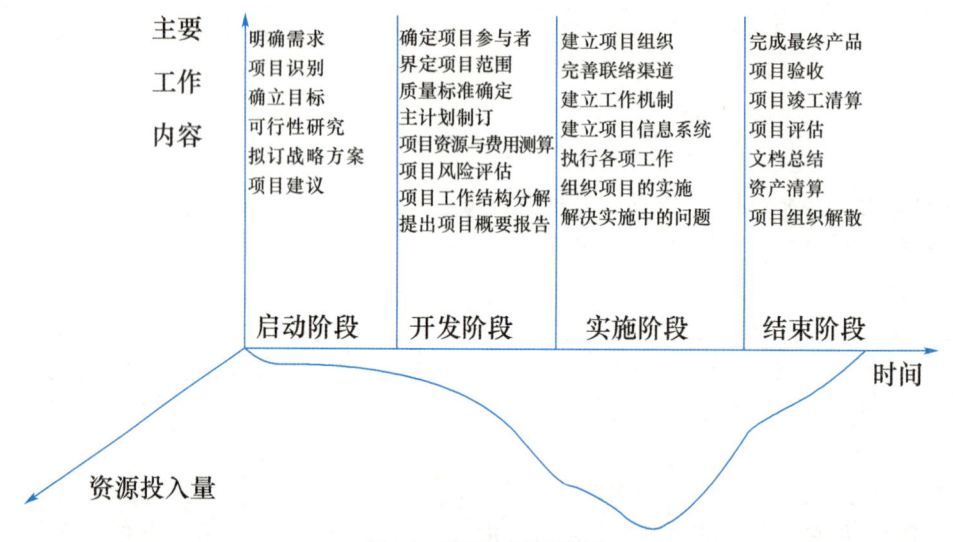

主要工作内容	明确需求 项目识别 确立目标 可行性研究 拟订战略方案 项目建议	确定项目参与者 界定项目范围 质量标准确定 主计划制订 项目资源与费用测算 项目风险评估 项目工作结构分解 提出项目概要报告	建立项目组织 完善联络渠道 建立工作机制 建立项目信息系统 执行各项工作 组织项目的实施 解决实施中的问题	完成最终产品 项目验收 项目竣工清算 项目评估 文档总结 资产清算 项目组织解散
	启动阶段	开发阶段	实施阶段	结束阶段

图 9-2 项目生命周期模型

项目生命周期各阶段的主要工作及资源投入量如图 9-2 所示。其中,项目的可行性研究为启动阶段的主要工作内容,是整个项目顺利开发、实施和结束的基础。项目各阶段的进程中,会出现多个里程碑(Milestone),一般项目里程碑对应着项目的可交付成果,项目里程碑和可交付成果是项目生命周期中的关键点,如图 9-3 所示。

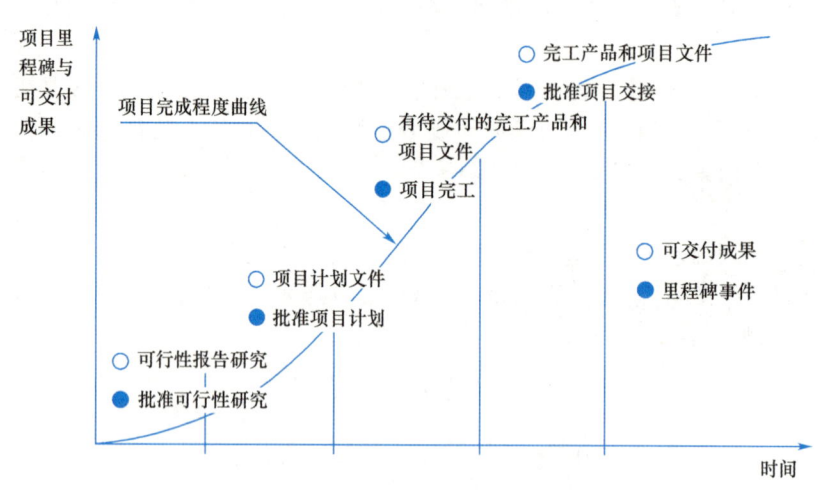

图 9-3 项目里程碑与可交付成果

其中,项目的可行性报告研究与项目的第一个里程碑对应,可见项目可行性研究的重要性。

> **知识拓展**
>
> **典型的项目生命周期模型**
>
> 瀑布模型:适用于需求变化少、清晰明确、技术可行的项目,但缺点是开发周期长、不适应需求变更、测试和修复漏洞成本高。
>
> 原型模型:适用于需求模糊或不确定的项目,但缺点是原型难以与实际系统集成、开发人员可能会陷入过多开发原型的陷阱。
>
> 增量模型:适用于需求变化频繁的项目,可以先开发部分系统,逐步增加新功能,但需要考虑好模块之间的接口设计。
>
> 螺旋模型:适用于大型、复杂的项目,可以在项目周期中不断进行风险评估和调整,但需要投入大量的时间和人力成本。
>
> 敏捷模型:适用于需求不断变化、开发周期短、迭代快速的项目,可以快速响应需求变化,但需要团队成员的高度协作和沟通。
>
> V模型:是一种测试驱动的模型,将项目开发和测试同步进行,可以提高测试效率。
>
> (资料来源:根据相关资料整理)

9.1.2 物流项目与物流项目的分类

从广泛的含义来讲,物流项目是物流业的投资项目,是一个特殊的将被完成的有限任务,是在一定时间内,满足特定的物流目标的一系列相关工作的总称。其包含三层含义:

第一,物流项目是一项有待完成的任务。即物流项目是指一个动态过程,而不是指过程终结后形成的成果。

第二,在一定的物流或其他组织机构内,利用有限的物流资源(人力、物力、财力等)在规定的时间内完成物流服务提供者的建设任务。

第三,预备完成的任务要满足一定性能、质量、数量、技术指标等要求。功能的实现、质量的可靠是任何可交付物流项目必须满足的要求。

因此,物流项目是指由相关物流组织负责实施的,在一定的时间内,满足一系列与物流产品及物流服务有关的特定目标的多项相关活动的总称。根据不同的划分标准,可将物流项目划分为具体的类别,见表9-2。确定物流项目类型,能更好地管理物流项目。例如:当我们识别一个城际的、企业自营的、微观的、物流信息系统物流项目的时候,我们就知道基础调研数据应该来自城市区域和企业内部,项目组织团队要依靠企业自身,现有的物流数据与目标物流信息系统的切合度如何,是否需要进行调整。

表9-2 物流项目的分类

分类标准	类别	差异区分
层次	可分为宏观、中观和微观物流项目	研究范围、时间跨度及影响效果上的差异
投资性质	可分为工程类和非工程类物流项目	有无实物资产投入的差异
客户类型	可分为企业物流和社会物流项目	物流服务对象上的差异

(续表)

分类标准	类别	差异区分
标的物的性质	可分为一般货物和特种货物物流项目	物流活动特殊性上的差异
区域	国际、国内和城际物流项目等	项目实施的区域跨度上的差异
物流功能	可分为仓储、配送、物流信息系统和多功能综合性物流项目等	物流服务的功能差异
实施主体	可分为自营、第三方、外包和混合型物流项目	物流项目主要承担方的差异

> **小资料**
>
> **智能物流新基建再升级——兰州新区京东物流兰州"亚洲一号"开仓运营**
>
> 2023年,随着京东物流兰州"亚洲一号"的落地,京东物流在西北地区智能新基建的"北斗七仓"格局正式形成——西安"亚一"1期和2期、武功智能仓,乌鲁木齐"亚一"、伽师智能仓,以及兰州"亚一"和银川智能仓呈"北斗之势",与五个省区的数百个中心仓、卫星仓和分拣中心,构成一体多面的物流仓配网络,不仅推动半日达等物流服务普惠,也通过助力当地产业供应链升级带动区域经济高质量发展。
>
> 京东物流第一座"亚洲一号"落地上海到兰州"亚一"的启用,京东物流数十座"亚洲一号"形成了世界范围内规模最大的智能物流仓群,成为中国智能物流发展的标杆。
>
> (资料来源:兰州时报,2023-11-06)

9.1.3 物流项目的特点

物流项目除了具有项目的一般特点外,更具鲜明的特点是其行业属性。

1. 系统性

在现代经济社会中,不论是处在规划与建设阶段,还是完工与交付阶段的物流项目,都是一个具有丰富内容的集成系统,一般会涉及项目资金、信息和物流的"两两"交织。因此,物流项目具有系统性。

2. 复杂性

物流的基本环节有运输、储存、包装、装卸搬运、配送、流通加工、信息处理等环节,物流项目要求各个环节并不是简单的环环相扣,而是一个能够协调处理物流、资金流和信息流之间的复杂关系。同时,物流项目的物流、资金流和信息流形成了一个较为复杂的系统结构,因此,在考虑物流项目整体"最优"的目标时,不得不分析物流项目的复杂性。

3. 二律悖反

物流项目中的每一项工作内容都需要消耗一定数量的成本。物流项目中各功能的衔接又具有一定的复杂性。物流服务与物流成本之间存在效益背反规律。在物流功能之间,一种功能成本的削减会使另一种功能的成本增多;各种费用互相关联。因此,物流项目的整体目标受到物流服务水平和物流成本的"双重作用"。

4. 生产和销售的纽带

物流项目中所产生的基本功能架起了企业通向市场、服务客户的桥梁。物流项目具有桥梁和纽带的作用,在社会经济发展中发挥重要的服务职能。例如:轮船的大量输送线和短途汽车的小量输送线,两者的输送形态、输送装备都不相同,再加上运量的巨大差异,所以往往只能在两者之间有长时间的中断后再逐渐实现转换,这就使两者不能贯通。而"物流结点项目"可利用各种技术的、管理的方法,有效地起到衔接作用,将中断转化为通畅。

5. 动态性

第一,物流项目在其各个发展阶段具有一定的动态性;第二,当环境发展发生变化时,物流项目具有一定保持和恢复原有功能的能力,即物流项目的稳定能力;第三,环境与物流项目时刻发生着双向的交互作用。物流项目的动态性特点在一定程度上决定了其风险较大,因此,物流项目的完成缺少明显标志。简言之,物流项目具有延续的属性。

9.1.4 物流项目管理的课程建设

教学改革的不断深入,就业市场的不断变化,社会对物流专业人才的需求也在不断发展。社会需要复合型、创新型的物流专业人才。高等院校物流管理与工程专业的课程体系逐步加入物流项目管理理论与实训的内容。物流系统分析与设计的成果需要通过物流项目的系统工程方法实施与落地。物流系统分析与设计的知识体系偏向理论与方法的介绍与掌握,而物流系统必须依靠实体的"点与线"的投入与运行。物流项目管理具有完整的理论、结构与方法,物流项目的可行性研究是项目管理的理论分析阶段,也是项目管理的重要起始节点。因此,本章仅以物流项目管理的可行性研究为主要内容进行阐述,物流项目管理的理论与方法请读者作为衍生阅读内容。

"物流项目管理"课程是一门综合性的课程,是针对物流管理专业高年级的专业课程。课程融合专业已有管理、经济等多个知识点。从"创新"和"应用"两个层面进行设置。结合物流项目案例,以物流项目为具体分析依据,以项目管理的逻辑流程为主线,按照项目管理的知识体系划分相关的学习模块,从纵向(项目周期)和横向(管理内容)上突出物流项目管理的系统性以及各模块之间的相对独立性和互相关联性,学习物流项目管理的基本理论、方法和技术,掌握其在物流项目实践中的应用。从项目的前期策划到项目收尾评价,对学生进行系统性、综合性的教育学习。培养学生搭建知识框架,综合运用所学的物流学、管理学等知识系统性地分析物流项目,提高学生理论联系实际、全面分析问题的能力。

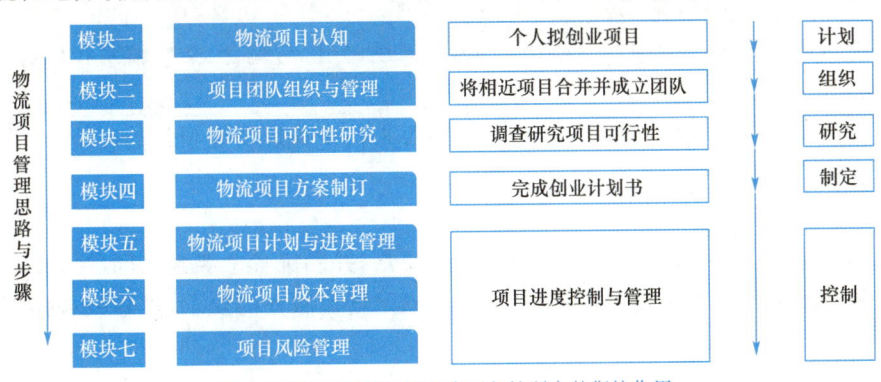

物流项目管理思路与步骤			
模块一	物流项目认知	个人拟创业项目	计划
模块二	项目团队组织与管理	将相近项目合并成立团队	组织
模块三	物流项目可行性研究	调查研究项目可行性	研究
模块四	物流项目方案制订	完成创业计划书	制定
模块五	物流项目计划与进度管理	项目进度控制与管理	控制
模块六	物流项目成本管理		
模块七	项目风险管理		

图 9-4 物流项目管理课程中可行性研究的衔接作用

如图 9-4 所示,物流项目的可行性研究处于课程模块的衔接部位,具有承上启下的作用,是物流项目管理实施与评价的基础。物流项目可行性研究的难点在于物流项目可行性研究是在做物流项目计划书之前必要的一个调查研究,部分同学并不掌握调查与研究的框架与结构,使得物流项目课题与项目的可行性研究不够深入。

9.2 物流项目的策划与建议书

物流项目从构思到立项,是物流项目的前期策划阶段,以物流项目可行性报告批准为时间节点结束。下面重点介绍物流项目可行性研究的基础工作(物流项目的识别与构思)和物流项目建议书的编制。

物流项目管理的内涵是使用项目管理理论与方法进行物流项目的设计、规划与实施,即项目管理在物流系统发展上的应用。如前所述,物流项目的基本分类和特有性质已阐述了物流项目的属性,后续阐述不再区分项目与"物流项目"的差异。

9.2.1 项目的识别

项目识别有一个过程,它起始于需求、问题或机会的产生,结束于项目需求建议书。项目产生之初往往处于一个较为"模糊"的状态。因此,需要收集相关资料,进行一定的调查研究,确定实现项目的途径、方法或具体的措施。在项目识别阶段,首先要进行项目需求分析,提出项目的目标,给出项目的功能;其次要分析项目的约束条件(如地理、气候、自然资源、人文环境、政治体制、法律规定、技术能力、人力资源、时间限制和资金等),脱离项目的约束而探讨项目的前景是没有任何意义的。

项目识别之所以重要,是因为项目识别具有决策性、方向性和策略性作用。我国物流行业具有巨大的市场,各个层次的物流项目正在孕育而生,良好的物流项目识别将有助于我国物流业全面、和谐、快速地发展。

1. 物流项目的需求分析

简言之,物流项目的需求分析就是解决"做什么"的问题,就是要全面理解"物流服务的需求方"的各项要求,并准确描述。

物流项目需求分析可分为四个阶段:问题的描述、分析与综合、文档编制和评价。

(1)问题的描述

根据物流服务对象的要求,从物流项目的特点来初步描述物流项目的环境、功能、目标、资源使用、时间周期等内容。

(2)分析与综合

在明确了问题后,逐步细化物流项目的各个要素,并确定各个要素之间的关系。搭建物流项目中各个子项目的框架,分析它们是否能够满足物流服务的要求,剔除或替换不合理的部分。

(3) 文档编制

物流项目需求分析的文档编制工作是物流项目识别的重要基础。通过清晰、准确和完整的并具有针对性的物流需求分析文档,可以进一步明确物流项目的需求所在,沟通物流项目的具体细节。

(4) 评价

根据物流项目需求分析的文档,组织需求方、专家对物流项目的需求分析进行评审,项目评审通过表明物流项目需求确立。

当投资方(客户)完成项目需求分析后,会向可能的承约商发送需求建议书,以便承约商了解项目的具体内容。需求建议书(Requirement For Payment,RFP)是投资方(客户)项目意向的一种表现形式。它是从投资方的角度出发,全面、详细地向承约商陈述、表达为了满足某种特定的需求应做好哪些准备工作,这些将是承约商进行项目构思的主要依据。

一份正式的需求建议书包括项目的工作陈述、项目的目标与规定、项目范围的规定、客户供应条款、客户付款方式、项目的进度计划、项目的评估标准和其他相关事宜等内容。需要说明的是,并非所有的项目都需要事先准备一份正式的项目建议书。例如:某一单位配送中心组织机构设定的需要由单位内部开发项目即可以满足条件时,项目的识别过程就会简单得多。

2. 物流项目的风险分析

物流项目的各个阶段均存在一定的风险,在明确了物流项目的需求以后,要给出物流项目的风险分析,这也是物流项目识别的重要内容。根据全生命周期项目风险,物流项目处于论证和启动阶段时应该重点考虑立项风险、计划风险、技术风险和进度风险。主观风险识别方法针对此时此类的物流项目风险分析具有很好的效果。

(1) 头脑风暴法

头脑风暴法也称专家集思法,是以专家的创造性思维来索取未来信息的一种直观预测和识别方法。此法由美国人奥斯本于1939年首创,从20世纪50年代起就得到了广泛应用。头脑风暴法一般在一个专家小组内进行。以"宏观智能结构"为基础,通过专家会议,发挥专家的创造性思维来获取未来信息。这就要求主持专家会议的人在会议开始时的发言中能激起专家们的思维"灵感",促使专家们感到急需回答会议提出的问题,通过专家之间的信息交流和相互启发,从而诱发专家们产生"思维共振",以达到互相补充并产生组合效应,获取更多的未来信息,使预测和识别的结果更准确。我国于20世纪70年代末开始引入头脑风暴法,其并受到广泛的重视和采用。

> **小资料**
>
> **粮食物流项目施工风险因素识别及分析**
>
> 第一,施工风险。施工风险指施工工艺不当、安全措施不力、施工方案不合理、应用技术失败等导致工程量增加、投资增加、工期延后等给在建项目带来风险。粮食物流项目一般涵盖仓储设施、物流设施、应急物资储备区、加工区、办公区等内容,具有建设体量大、施工难度较高、质量等级要求高等特点,从而增加施工风险。
>
> 第二,设计风险。设计主要指项目设计方案的可靠性、适用性和经济性方面是否能

> 满足项目建设目标要求的风险。在粮食物流项目施工阶段,常因地下工程出现前期地质勘察设计与实际施工情况不符,如设计根据详勘报告原本选用浅基础,但实际开挖情况不符,更改为桩基础,此时详勘报告里的勘察孔的深度、间距就不再满足规范要求了,必然需要进行针对桩基的施工勘察。该风险因素可能导致项目中断、工期延误、费用增加等风险。
>
> 第三,投资控制。主要是工程方案变动导致的工程量增加、工期延长,以及物价上涨、各种费率提高、项目管理不当等导致项目总投资增加的风险。粮食物流项目一般建设期较长,往往需要2~3年的建设时间,在此期间生产要素的价格波动频繁。人工费、材料费、机械使用费是工程造价的主要组成部分,常随着物价的波动而变化。
>
> 第四,管理风险。主要指项目组织设置方案不适用项目的建设或运营,项目管理层不能胜任项目的组织与管理等,从而影响项目的效率、成本与进度的风险。粮食物流项目一般建设规模较大、施工工艺复杂,大型工艺设备安装有难度,这就要考验项目管理者的经验和能力。
>
> (资料来源.赵静.粮食物流项目施工风险防范的探讨.粮食与食品工业,2020,27(04):21-23.)

(2) 德尔菲法

德尔菲法又称专家调查法,它是20世纪50年代初美国兰德公司研究美国受苏联核袭击风险时提出的,并在世界上快速地盛行起来。它是依靠专家的直观能力对风险进行识别的方法,现在此法的应用已遍及经济、社会、工程技术等各领域。用德尔菲法进行项目风险识别的过程是由项目风险小组选定项目相关领域的专家,并与这些适当数量的专家建立直接的函联系,通过函询收集专家意见,然后加以综合整理,再匿名反馈给各位专家,再次征询意见。这样反复经过四至五轮,逐步使专家的意见趋向统一。

(3) 情景分析法

它是根据发展趋势的多样性,通过对系统内外相关问题的系统分析,设计出多种可能的未来前景,然后用类似于撰写电影剧本的手法,对系统发展态势做出自始至终的情景和画面的描述。当一个项目持续的时间较长时,往往要考虑各种技术、经济和社会因素的影响,可用情景分析法来预测和识别其关键风险因素及其影响程度。

情景分析法对以下情况是特别有用的:提醒决策者注意某种措施或政策可能引起的风险或危机性的后果;建议需要进行监视的风险范围;研究某些关键性因素对未来过程的影响;提醒人们注意某种技术的发展会给人们带来哪些风险。情景分析法是一种适用于对可变因素较多的项目进行风险预测和识别的系统技术,它在假定关键影响因素有可能发生的基础上,构造出多重情景,提出多种未来的可能结果,以便采取适当措施,防患于未然。20世纪70年代中期以来,情景分析法在国外得到了广泛应用,并产生了目标展开法、空隙添补法、未来分析法等具体应用方法。一些大型跨国公司在对一些大项目进行风险预测和识别时都陆续采用了情景分析法。

(4) 流程图法

无论你做什么,都画一个流程图吧!如果你不这样做,你不知道你自己在做什么。流程图作为诊断工具,它能够辅助决策制定,让管理者清楚地知道,问题可能出在什么地方,从而确定出可供选择的行动方案。

流程图是物流项目风险识别时常用的一种工具。流程图可以帮助项目识别人员分析和了解项目风险,分析项目环节及环节之间存在的风险,预想和分析项目风险的起因和影响。项目流程图是项目进程中工作流程、项目各部分之间的信息的图表,具体包括项目系统流程图、项目实施流程图、项目作业流程图、因果图、影响分析图等各类形式或不同详细程度的项目流程图。流程图法的结构化程度比较高,具有清晰的步骤,可以较全面地分析和识别物流项目的风险。

(5) 故障树法

故障树分析(Fault Tree Analysis,FTA)是美国贝尔实验室于1962年开发的,它采用逻辑的方法,形象地进行危险的分析工作,特点是直观、明了,思路清晰,逻辑性强,可以做定性分析,也可以做定量分析。故障树是一种特殊的倒立树状逻辑因果关系图,它用事件符号、逻辑门符号和转移符号描述系统中各种事件之间的因果关系。逻辑门的输入事件是输出事件的"因",逻辑门的输出事件是输入事件的"果"。

故障树法是利用图表的形式,将大的故障分解成各种小的故障,或者对各种引起故障的原因进行分析。进行故障分析的一般步骤如下:定义项目的目标——做出风险因果图——全面考虑各类风险因素之间的关系,从而研究对项目风险所应采取的对策或行动方案。该方法经常用于直接经验较少的风险识别,其优点在于比较全面地分析了所有的风险因素,并且比较形象化,直观性较强。

9.2.2 物流项目构思的方法

在现实生活中,提出一个项目并不难。任何具有一定知识、经验和想象力的人都可以提出几个主意,列出几个项目。但是,要找出好项目,一是社会经济发展急需,二是能够办成,三是办成之后可为社会带来好处,不造成损失,却常常不易。市场调查是项目构思基本和直接的方法。在市场调查过程中必然会发现许多项目或酝酿出许多项目设想。

所谓项目构思,就是针对客户的需求,提出各种各样的实施方案,向客户推荐最佳的方案。

1. 项目构思的过程

一个令人满意的项目不是一蹴而就的,它是一个逐渐发展的递进过程,一般可分为三个阶段,如图 9-5 所示。

准备阶段 → 酝酿阶段 → 调整完善阶段

图 9-5 项目构思的三个阶段

第一,准备阶段要进行项目构思的各种准备工作。包括:明确拟定构思项目的性质和范围;调查研究、收集资料和信息,并进行整理;研究分析基础资料,通过分类、组合、演绎、归纳等方法进行数据挖掘,提炼有用的资源和信息。

第二,酝酿阶段是项目构思的进一步深入。在这一阶段,项目构思者能否捕捉到思维过程中随机出现的"灵感"非常重要。有时正是这一瞬间的思路或想法决定了整个项目的蓝图,或为整个项目的构思指明了方向。

第三,调整完善阶段包括发展、评估和定型三个具体的小阶段。在此阶段中,发现有不完善或不合理的地方,应立即进行改进、修正和完善。

2. 项目构思的方法和内容

构思出一个满意的项目无固定的模式,需要具体情况具体分析。从事项目管理的研究者在长期实践中归纳了以下一些实用的项目构思方法。

(1)项目组合法

项目组合法就是把两个或两个以上的项目相加,形成新的项目。这是项目构思常采用的最简单方法。客户(投资者)为适应市场需求,提高项目的整体效益和市场竞争力,依据项目特征和自身条件,往往将企业自有或社会现有的几个相关项目联合相加成一个项目,从而完成一个"新"项目的构思。例如:一些货代公司与运输公司联手,向客户提供的全程物流配送项目。

(2)比较分析法

比较分析法就是指项目策划者通过对自己所掌握或熟悉的某个或多个项目进行横向或纵向的联想对比,从而发现项目投资的新机会。这种方法是对现有项目从内涵和外延上进行研究和反复思考,因而比组合法要复杂些,而且要求项目策划者具有一定的思维深度,掌握大量的有价值的信息。

(3)市场调查法

市场调查法是项目构思的最基本和最直接的方法。对于物流项目来说,除了直接进行市场调查外,还可以利用政府的社会经济发展规划、物流会议和物流行业研究报告获得社会或市场对物流项目的需要。

(4)集体创造法

一个成功的物流项目构思将综合考虑社会发展、区域限制、技术领域、商业信息等诸多问题,需要广阔的知识面,多方向、多层次的思维。发挥集体的智慧和力量,取长补短、相互启发、共同创造是十分重要的。常用的集体创造法有头脑风暴法、集体问卷法等。

应用项目构思的方法主要解决以下一些问题:一是项目的背景、环境及意义;二是项目的目标、功能及价值;三是项目的市场前景及开发的潜力;四是项目的成本、资源约束及资金的筹措;五是项目运营的社会效益、经济效益、环境效益及整体效益;六是项目流程及风险管理。

9.2.3 物流项目建议书

项目建议书主要论证项目建设的必要性,建设方案和投资估算也比较粗,投资误差为±30%。虽然这一阶段的工作比较粗糙,对量化的精度要求不太高,但是从定性的角度看,这一阶段是十分重要的,是总体的、宏观的项目选择。

物流项目建议书是指由物流企业或有关机构根据国民经济和社会发展的长期规划、产业政策、地区规划、经济建设方针和技术经济政策等,结合资源情况、建设布局等条件和要求,经过调查预测和分析,提出某一项目,着重论述其建设的必要性,供国家有关部门选择并确定是否进行可行性研究的建议性文件。

物流项目建议书可分为一般物流项目建议书、基础物流建设项目建议书、更新改造物流项目建议书、物流技术引进和设备进口项目建议书及特种物流项目建议书等。

对于一般物流项目建议书来说，其主要内容包括：指明项目提出的背景、拟建地点，提出与项目有关的长远行业规划，说明项目建设的必要性；建设规模、地点的初步设想，论证建设地点的自然条件和社会条件以及建设地点是否符合地区的布局要求；建设条件、协作条件初步分析；投资估算和资金筹措设想；项目进度安排，包括项目前期工作计划、项目建设需要时间；经济效益初步分析，项目全部投资内部收益率计算，盈利能力、清偿能力分析。

与投资方的需求建议书对应，承约商可以编制项目建议书，即承约商对项目构思的具体而详细的书面表达。项目建议书一般包括以下几项内容。

第一，项目的必要性论述。

第二，项目产品或服务的市场预测，包括国内外市场的现状和发展趋势预测、市场价格分析。

第三，产品方案、项目规模和用地设想。

第四，项目建设必需的、已具备的和尚不具备的条件分析。

第五，投资估算和资金筹措设想。

第六，经济效果和投资效益估算。

第七，项目实施的环境，包括项目需要动用的人力、物力和财力，以及这些资源耗用对其他组织或活动的影响，项目完成后对外部环境的影响。

第八，项目风险。将在项目识别时意识到的项目风险纳入项目建议书中。

第九，限制条件。明确表述项目在实施时是否会受到限制，如何寻求支持来解决受限问题。

9.2.4 项目建议书与可行性研究报告的区别

通过多年的实践，一般认为，国家有关部门对项目建议书与可行性研究报告的内容划分是清楚的，其不同点大致可分为以下四个方面。

1. 目的与作用不同

项目建议书是选择建设项目的依据。项目建议书经批准后，方可进行下一阶段的可行性研究，列入项目建设的前期工作计划。涉及利用外资和有引进内容的项目，方可进行对外的初步询价。

项目可行性研究报告是项目投资决策的依据。项目的可行性研究报告经有资格的单位评估，认为符合行业和地区发展规划和国家产业结构后经主管部门批准，即为"立项"。项目批准后，才允许进行下一阶段的初步设计，列入国家（地区）年度计划，审批开工报告，进行施工。涉及利用外资的项目，才能进行正式的谈判，正式签订合同或有关协议。

2. 研究论证的重点不同

在项目建议书阶段，从宏观上提出项目的必要性，对项目是否要进行下一阶段可行性研究、能否生存和有无风险做出估计，即主要论证项目建设的必要性。在我国现行的情况下，项目建议书一经批准，一般较难以在决策时再予否定。因此，在客观上要求编制项目建议书应慎重,应对项目建设条件的可能性、经济社会效益及基本状况进行初步的分析研究。因此,项目建议书论证的重点,要从国民经济和社会发展的宏观角度出发,分析研究项目投资是否符合国家(地区)长远规划和行业发展规划;是否符合产业政策和产品结构的要求;建设地点是否符合生产力的布局;对国内外市场进行初步调查的预测,分析产品销售有无风险及其发展趋势,并结合项目的效益规模和产品构成提出初步意见;结合建设地点和项目特点,对影响项目建议书批复的条件,如材料、原料及燃料等资源供给、主要工艺技术和设备、外部运输、能源消耗和环境治理等,初步分析项目建设条件的可能性;初步匡算建设投资,提出资金筹措的设想方案及建设期限;初步评价项目建设投产、使用、营运后的社会效益和经济效益。

项目可行性研究除了从宏观到微观全面论证项目建设的必要性和可行性,为项目的决策提供依据外,还应通过技术经济比较,优化建设方案,为下一阶段进行初步设计提供依据。项目可行性研究的重点是从国民经济和社会发展要求的角度进一步分析项目建设的必要性,是否符合国家长远规划、地区和行业发展规划、产业政策和产品结构的要求、生产力布局的合理性;对市场进行全面的调查,对产品的社会需求进行预测;通过产品方案和效益规模的技术经济比较,分析产品的供求关系、竞争能力及其发展趋势,并确定项目的效益规模和产品具体方案;通过必要的勘察或调查,根据项目所在地区的工程地质、水文地质、原材料、燃料动力、生产、生活环境,进行技术经济比较和可行性分析,择优确定项目的厂址或路线;对投资项目(包括各单项工程)采用的建筑标准、主要工艺和设备选型、建设工程的总图布置等进行比较优化,提出主要大型、专用或需要进行新产品试制或试验设备的分交方案;根据初步选择的项目建设总图布置(包括公共工程、辅助工程和厂内外交通运输工程)、环境保护和"三废"治理等,估算项目的总工程量和总投资(包括固定资产投资、建设期利息、固定资产投资方向调节税、流动资金等);对资金来源和资金筹措方式、贷款的偿还能力和方式等进行系统全面的分析和评价;要对建设项目的实施进度提出要求;要对项目投产后的企业组织、机构定员等做出初步安排;要进行全面的社会效益、经济效益分析,要对项目造成的影响(例如职工就业、地区发展、技术进步等)进行全面评价。

3. 工作依据和深度不同

在项目建议书阶段,一般情况下,项目建议书阶段不进行项目工程量和编制详细的主要设备清单。对项目投资的分析,只能采用类比或按单位生产能力进行核算,或采用已建成项目的数据库作为参考,故与实际发生的投资误差较大。

项目可行性研究,按规定是投资项目前期决策的最终依据。在这一阶段,要对项目进行比较全面的论证或勘查。因此,可行性研究应具备进行较全面的技术经济分析和市场调查预测的条件。项目可行性阶段可以通过多方案的比较,择优确定效益规模、产品方案、建设地址、建筑标准、主要工艺技术、路线和设备选型等初步结论。一般情况下,可行性研究中要有投资项目工程量估算和大型、专用和需要进行新产品试制或试验设备的清单。投资项目的总投资包括固定资产投资、建设期利息、固定资产方向调节税和流动资金等。要按估算的工程量进行测算,计算精确度与初步设计概算相比,一般不应超过±10%,如果超过±10%,应重新编制可行性研究报告,并报原审批部门审批。

4. 要求的成果标准和深度不同

在项目建议书阶段,如果建设项目规模较大、工艺技术复杂或关系重大,企业或有关部门在向上级主管部门报送项目建议书时,应附有内容比较简单、符合规定深度的相应的初步可行性研究报告,其中应包含市场初步调查报告、建设地点初选报告、初步勘察报告等文件和资料。其研究成果涉及面宽广而不深。

由于可行性研究阶段要对建设项目进行最终决策,有关部门和单位向上级主管部门报送项目可行性研究报告时,如有必要还应附有符合规定深度的市场调查报告、厂址选择报告、地质勘查报告、水资源情况及资源调查报告、环境影响评价报告、自然灾害预测等文件和资料。其工作成果深度应能满足以后编制初步设计的需要。

> **小资料**
>
> **项目建议书的基本框架与结构**
>
> 项目概况:(一)项目名称;(二)项目类别;(三)项目地点;(四)建设条件。
>
> 项目背景与政策:(一)项目背景与必要性;(二)政策与法律法规;(三)对投资商的要求。
>
> 项目选址与环境:(一)项目选址;(二)综合环境分析;(三)项目投资的必要性。
>
> 项目开发思路与初步规划:(一)项目开发的目标;(二)总体规划布局;(三)建设周期。
>
> 项目财务分析:(一)投资估算;(二)收益;(三)资金筹措方式。
>
> 相关附件。

9.3 项目可行性研究的体系及作用

虽然各个行业具有不同的特点和属性,但在可行性研究上,具有基本统一的研究步骤和研究内容。物流项目的可行性研究更加突出物流市场分析、场址选择和技术设备工程方案(物流项目的功能、作业流程)等内容。同时,可行性研究涉及的因素多、层次广,为了不失一般性,将总体介绍可行性研究的发展、内容、步骤与阶段、可行性报告的基本纲要等内容。当实际的物流项目进行需求分析、项目建议时,具体问题具体分析,有选择性地编写可行性研究报告纲要,进行物流项目的可行性研究。

9.3.1 可行性研究的发展

可行性研究是指在项目投资决策前,通过对拟建项目有关的技术、工程、经济、环境、社会等方面的情况和条件进行调查、研究与分析,并对项目建成后可能取得的财务、经济效益及社会环境影响进行预测和评价,为项目决策提供具有科学依据的综合论证方法。

纵观投资项目可行性研究的历史,最早可以追溯到资本主义的早期,但直到20世纪30年代,美国在开发田纳西河流域时才开始正式采用可行性研究方法。当时美国政府组织经济专家和技术专家进行论证,提出了该地区进行经济开发的可能性报告,使开发计划取得了极大成功。从此,西方各国就把可行性研究广泛用于项目投资活动。1968年至1974年,牛津大学的里特尔教授和米尔里斯教授编写了《发展中国家工业项目分析手册》和《发展中国家项目评价和规划》。1975年,世界银行编制了《项目经济分析》。1975年,联合国工业发展组织编写了《项目评价准则》。1978年,联合国工业发展组织为了推动和帮助发展中国家的经济发展,编写出版了《工业项目可行性研究手册》一书,系统地说明了工业项目可行性研究的内容和方法。1980年,联合国工业发展组织与阿拉伯工业发展中心编写了《工业项目评价手册》;同年,国际开发中心委托岛山正光编写了《工程项目可行性研究的理论及实践》一书。这些书籍的编制与出版对可行性研究工作在全球范围内的推广起到了巨大的作用。

我国经济理论界于20世纪70年代末和80年代初重新提出了注重经济效益和讲求经济效益的重要问题,并考察了西方国家在投资决策方面的成功做法。1981年,国务院颁布了《技术引进项目和设备进口工作暂行条例》,并提出了《可行性研究报告内容要求》的提纲,这是我国最早制定的关于可行性研究工作内容的提纲。1983年,国家计委颁发了《关于建设项目进行可行性研究的试行管理办法》,明确规定了可行性研究的任务、项目范围、编制程序、编制内容、预审和复审等事项,把可行性研究作为重要组成部分列入建设程序之中,并规定建设项目必须进行可行性研究和技术经济分析论证。对于没有可行性研究报告的建设项目一律不予立项、不予审批。这样就为全面开展可行性研究工作提出了统一标准和要求。1987年,国家计委颁布了《建设项目经济评价方法与参数》和《中国国际工程咨询公司建设项目评估暂行办法》。1993年,国家计委和建设部对《建设项目经济评价方法与参数》进行了修订并重新颁布,内容包括《关于建设项目经济评价工作的若干规定》《建设项目经济评价方法》《建设项目经济评价参数》和《中外合资经营项目经济评价方法》四个规定性文件以及建设项目经济评价案例。这些文件的颁布,推动了我国建设项目经济评价方法的实际应用,标志着我国已进入项目投资决策科学化、民主化的新阶段。

9.3.2 可行性研究的内容

可行性研究的内容随行业的不同而有所差别,不同行业也各有侧重,但其基本内容是相似的。一般项目可行性研究的内容,应包括投资必要性、技术可行性、财务可行性、组织可行性、经济可行性、社会可行性和风险因素及对策的内容。

1. 投资必要性

主要根据市场调查及预测的结果,以及有关的产业政策等因素,论证项目投资建设的必要性。企业为了自身的可持续性发展,为满足市场需求,进行扩建、更新改造或者新建项目。因此在投资必要性的论证上,一是要做好投资环境的分析,对构成投资环境的各种要素进行全面的分析论证;二是要做好市场研究,包括市场供求预测、竞争力分析、价格分析、市场细分、定位及营销策略论证。

2. 技术可行性

主要从项目实施的技术角度,合理设计技术方案,并进行比选和评价。通过考查技术的先进性、可靠性来评价技术的可行性。各行业不同项目技术可行性的研究内容及深度差别很大。对于工业项目，可行性研究的技术论证应达到能够比较明确地提出设备清单的深度；对于各种非工业项目，技术方案的论证也应达到目前工程方案初步设计的深度，以便与国际惯例接轨。

3. 财务可行性

主要从项目及投资者的角度，设计合理财务方案，从企业理财的角度进行资本预算，评价项目的财务盈利能力，进行投资决策，并从融资主体（企业）的角度评价股东投资收益、现金流量计划及债务清偿能力。采用的指标和参数为市场实际价格和基准收益率。

4. 组织可行性

制订合理的项目实施进度计划，设计合理的组织机构，选择经验丰富的管理人员，建立良好的协作关系，制订合适的培训计划等，保证项目顺利执行。

5. 经济可行性

主要从资源配置的角度衡量项目的价值，评价项目在实现区域经济发展目标、有效配置经济资源、增加供应、创造就业、改善环境、提高人民生活等方面的效益。经济可行性是可行性研究中最重要的一部分。

6. 社会可行性

主要分析项目对社会的影响，包括政治体制、方针政策、经济结构、法律道德、民族宗教、妇女儿童及社会稳定性等。

7. 风险因素及对策

主要对项目的市场风险、技术风险、财务风险、组织风险、法律风险、经济及社会风险等风险因素进行评价，制定规避风险的对策，为项目全过程的风险管理提供依据。

项目的可行性研究要明确回答以下主要问题。

第一，项目建设有无必要性？
第二，项目的规模有多大？
第三，项目选址是否合适？
第四，项目需要投入多少人力、物力资源？
第五，项目实施需要多长时间？
第六，项目建设资金如何筹措？
第七，项目财务上是否有利可图？
第八，项目经济上是否合理？
第九，项目实施的风险有多大？
第十，项目合适的建设时机如何？

9.3.3 可行性研究的各个阶段

图 9-6 说明可行性研究工作流程包括确定目标、调查研究、优选方案、最优方案论证、编写可行性研究报告及编写资金筹措计划等步骤。其中，虚线的箭头表示可能的反馈信息。当反馈信息表明原有的调查研究、方案论证和可行性报告有需要修订的部分时，需要按照可

行性研究步骤逐步进行,最终确定可行性研究报告和资金筹措计划。

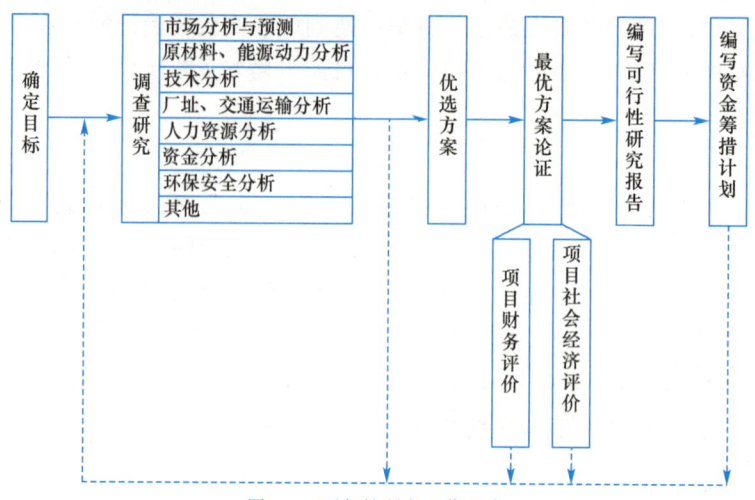

图 9-6 可行性研究工作程序

可行性研究属于项目启动阶段的工作内容,它包括投资机会研究、初步可行性研究、详细可行性研究项目的评估与决策四个阶段。

1. 投资机会研究

投资机会研究是鉴别投资方向,是对项目可行性研究前的预备性调查研究。其主要任务是为建设项目的投资方向和设想提出建议,并找出投资机会。投资机会研究的重点是对投资环境的分析,对某一类项目背景、市场需求、资源条件、发展趋势以及需求投入和可能的产出等方面进行准备性的调查、研究和分析。这种研究是比较简单、粗略的,一般是根据类似条件和背景的项目来估算投资额与生产成本,初步分析建设投资效果,提供一个可能进行建设的项目投资方案。其估算精度一般控制在±30%,研究费用一般占总投资的百分比为0.2%～1.0%,大中型项目的机会研究所需时间为 1～3 个月。

2. 初步可行性研究

初步可行性研究也叫预可行性研究,是在机会研究的基础上,对项目方案进行初步的技术、财务、经济分析和初步的社会、环境评价,对项目是否可行做出初步判断。研究的主要目的是判断项目是否有生命力、是否值得投入更多的人力和资金进行可行性研究和辅助研究,并据此做出是否进行投资的决定。初步可行性研究的主要任务是:

(1)分析机会研究的结论

在详细资料的基础上做出初步投资估价。

(2)确定有哪些关键问题需要进行辅助性专题研究

如市场需求预测和竞争能力研究等。

(3)签订项目的选择依据和标准,确定项目的初步可行性。

初步可行性研究是机会研究和可行性研究之间的一个阶段。其主要内容与可行性研究内容基本相同,只是所获得资料的详细程度不同,研究的精度与深度不同。如果在机会研究阶段对项目的可行性和经济效益有较大把握,可以直接转入详细可行性研究。初步可行性研究的投资与成本估算的精度要求在±20%,时间需 4～6 个月,所需费用占总投资额的百分比为 0.25%～1.5%。经过初步可行性研究应得出下列结论之一:

第一,不必进行详细可行性研究,直接做出投资决策;
第二,进行详细可行性研究;
第三,该项目不可行。

3. 详细可行性研究

可行性研究也称详细可行性研究或最终可行性研究,是建设项目投资前期阶段最重要的工作。可行性研究是指通过对拟建项目的市场需求状况、建设规模、产品方案、生产工艺、设备选型、工程方案、建设条件、投资估算、融资方案、财务和经济效益、环境和社会影响以及可能产生的风险等方面进行全面深入的调查、研究和分析、比较、论证,从而提出该项目是否值得投资和最佳建设方案的研究结论,为项目的决策提供可靠的依据。可行性研究的过程是深入调查研究的过程,也是多方案比较选择的过程。可行性研究比初步可行性研究更全面、更具体、更明确,精确度更高,通常要求误差在±10%以内,可行性研究所需的时间为8~12个月,有些大型项目甚至会更长一些,中小型项目所需费用占投资总额的 1.0%~3.0%。

4. 项目的评估与决策

项目评估是由决策部门组织和授权于相关银行、咨询公司或有关专家,代表国家对上报的建设项目可行性研究报告进行全面的审核和再评估阶段。其任务是对拟建项目的可行性研究报告提出评估意见,最终决策该项目投资是否可行,确定最佳投资方案。未经评估的建设项目,任何单位不准审批,更不准项目组织建设。

9.3.4 可行性研究的基本纲要

1. 总论

(1)项目背景。项目背景通常包括:项目名称、承办单位概况、承担可行性研究的单位、项目提出的理由和过程、可行性研究报告依据、工作范围和主要过程。

(2)项目概况。项目概况主要包括:拟建地点、建设规模和目标、主要建设条件、项目投入总资金及效益情况、主要技术经济指标。

(3)有关问题和建议。

2. 市场需求情况和拟建规模

(1)产品市场供应预测。
(2)产品市场需求预测。
(3)产品目标市场分析。
(4)价格现状与预测。
(5)市场竞争力分析。

3. 资源、原材料及公用设施条件

(1)经过政府有关部门正式批准的资源储量、资源品位成分以及开发批文或开采利用条件评述。
(2)原料、燃料、辅助材料的种类、来源、供应条件、数量、交货地点及签订合同情况。
(3)所需动力、干线、通信等设施的数量、使用方式、条件、签订合同情况。

(4)资源开发利用的技术经济指标。

4. 建设条件和选址方案

(1)拟建地区的地理位置及其与原材料产地、市场的位置关系、该区域的环境情况,选址的评估。

(2)厂址的具体位置、环境保护条件、水文条件、气候条件、地形地质情况、法律支持条件、交通运输及水、电、燃气、通信等情况。

(3)选址区域与其他企业的相互关系及其区位条件论证。

(4)厂区占地面积、规划方案、建设条件、搬迁安置计划、选择方案的论述报告。

(5)用地指标、运营费用、建设投资、拆迁及其他工程费用。

5. 项目设计方案

(1)项目的构成和范围。这包括依据工艺关系所建的车间系列、厂内外主体工程和各项公用辅助工程及各种技术方案、设备方案和工程方案的比较和论证。

(2)技术工艺和设备。这包括所采用的生产方法和工艺流程方案综合论述和比较、工艺技术来源、生产车间的构成、工艺流程和生产方案、设备选型方案的论证、主要的生产设备选型、主要设备的来源。

(3)公用辅助设施方案的选择。

(4)主要原材料、燃料供应。

(5)在建工程规划方案的选择。这包括厂区总体部署,主要建筑物、构筑物的施工安排及厂外工程安排。

(6)总图和运输方案。这包括全厂总图布置方案的比较和选择、厂内外运输方案的比较和选择。

(7)用文字说明和各种功能组合图、平面布置图来表示设计方案。

6. 环境保护的主要内容

(1)拟建工程项目生产过程产生的污染物对环境的影响,建设项目对环境产生影响的区域范围和程度。

(2)环保方案的选择和环保建设投资。

(3)对环境影响的评价。

7. 企业组织机构、劳动定员和人员培训

(1)拟建企业项目法人组建方案、机构适应性分析。

(2)劳动定岗定员的合理配置和员工培训计划。

(3)员工来源及招聘方案。

8. 工程项目的实施计划和进度要求

(1)勘察设计工期及进行指标。

(2)设备制造工期及运输时间。

(3)工程施工的分期部署及施工总工期。

(4)试生产所需时间。

(5)整个工程项目的实施计划和进度的方案选择。

9. 财务评价和国民经济评价

(1) 总投资费用、各项建设项目资金支出和流动资金的估算。

(2) 资金来源、资金筹集方式、资金数量、各种资金所占比例、资金的时间价值评价。

(3) 生产成本计算。这包括总生产成本、分项生产成本的估算。

(4) 财务评价。可利用以下指标进行财务评价：财务内部收益率、净现值、投资回收期、收支平衡点、投资利润率、固定资产投资借款偿还期、盈亏平衡分析、节汇能力、敏感性分析等。

(5) 国民经济评价。国民经济评价可用影子价格、效用范围调整、国民经济评价指标等方法论证。

10. 评价结论

(1) 项目是否可行。运用各项数据，从技术、经济、财务、制度、管理、商业、社会、生态、政治等方面论述项目是否可行。

(2) 存在的问题。

(3) 建议。

9.3.5 物流项目可行性研究的作用

物流项目可行性研究的主要作用是保证项目投资决策的科学性，以防止和减少因决策失误而造成的投资浪费。通过对拟建项目进行的定性、定量、定时、定址、定人的科学论证，可行性研究能够在项目筹建和实施的各阶段发挥作用。

第一，作为物流项目建设立项的依据。在我国现行建设管理体制下，可行性研究报告是业主与政府受理机关是否批准建设该项目的主要依据，可以说可行性研究是决定投资项目命运的阶段。

第二，作为向银行申请贷款或筹资的依据。当业主向银行申请贷款时，必须附有该拟建项目的可行性研究报告，经办银行审查其可行性研究报告，通过对拟建项目的财务、经济效益、贷款偿还能力、偿还期等进行严格审查，确认借出资金投入建设后不会承担太大风险而且业主有偿还能力，才可确定向业主发放贷款。

第三，作为物流项目设计和建设的依据。按建设程序规定，建设项目必须严格按已批准的可行性研究报告内容（其中包括已确定的建设规模、工程建设标准、产品生产方案、工程选址、总概算等控制指标）进行设计，不得随意变更。

第四，作为向当地政府和环保部门申请建设执照的依据。可行性研究报告经过批准，便可确定姓名。我国有关环保法规条例规定，在编制项目可行性研究报告时，须对环境影响做出评价，环保方案的审查也是可行性研究报告审查的内容之一。

第五，作为物流工程建设补充基础资料的依据。可行性研究工作需要大量的基础资料，当资料不完整或深度不够，或者不能满足下一步工作需要时，则应根据可行性研究提出的相关要求对地形、地质和工业性试验等做相关数据的补充。

第六，作为物流项目与各有关部门签订合同或协议的依据。拟建项目中原料、燃料、动力、协作件、运输、销售等很多方面都需要与有关部门协商，可行性研究可作为在签订合同或协议时的依据。对于技术引进和设备进口项目，对可行性研究报告依赖性更高，国家规定必须在可行性研究报告被批准后才能与外商正式签约。

第七,作为核准采用新技术、新设备研制计划的依据。建设采用新设备、新技术必须慎重,经过可行性研究证明,新技术或新设备确实可行时,方可列入研制计划进行研制。

第八,作为承约方安排项目计划和实施的依据。根据经批准的可行性研究报告,承约方可着手安排项目的实施,进行项目建设、企业组织管理、机构设置、职工培训等工作。

案例分析 雄安物流园区项目建设的可行性研究

物流园区项目作为物流现代化的标志之一,具有极强的资源整合能力和高效率的综合服务功能,可以推动区域产业集群的进程。区域是否适合建设物流园区、适合建设何种物流园区,应综合考虑区位、交通、区域整体经济社会环境等方面。

雄安新区具有良好的区位条件和较低的人口密度,现有开发程度较低,发展空间充足,因此具备高质量、高要求开发建设的基本条件。雄安新区未来规划中,6条铁路、4座高铁站、1个机场将于未来三年内建成。北京至雄安、石家庄至雄安的城际铁路即将开建。2013年10月18日发布的《全国物流园区发展规划(2013—2020年)》将北京、天津等29个城市确定为一级物流园区布局城市,石家庄、邯郸等70个城市确定为二级物流园区布局城市。

雄安物流园区要建成具有内陆口岸功能、货运服务功能、信息管理与共享功能、生活辅助功能等物流服务的大型园区。然而,物流园区的规划与建设具有以下风险:(1)政策环境风险。政府暂未发布物流相关政策,政策的不确定性给物流园区的建设带来了决策上的风险。当地的物流用地管控更加严格,场地租赁费用一度攀升,给物流园区建设带来风险。(2)生态环境风险。物流的过程易造成噪声、尾气等环境污染。生态优先、绿色发展的原则给物流园区的建设提出了新的要求。(3)选址及规划风险。物流园区选址不当,会造成资源浪费,对当地交通造成不利影响。过多的企业会造成资源闲置,甚至出现无序、恶意竞争。(4)经济与财务风险。对于物流园区来说,园内基础设施的大量建设,需要大量资金支持。我国物流园区主要的融资途径是信贷,如信贷政策发生较大变化,将引发资金问题,延长项目工期。

可见,雄安物流园区项目规划要充分考虑项目构思与设想,要详细调研研究项目特点与功能,要对项目可行性的理论框架进行分析,确保新区物流项目落成。

(资料来源:李可柏,柴源.雄安物流园区建设的可行性研究.中国集体经济,2019)

问题 1. 物流项目可行性研究的内容有哪些?
2. 雄安新区物流项目的风险有哪些?

思考题

1. 论述物流项目的分类。
2. 如何开展项目的构思,并构思一个物流项目。
3. 比较项目建议书与可行性研究的基本框架,谈谈二者的区别。
4. 查阅物流项目建设的案例,论述规避项目风险的对策。

参考文献

[1] 陈德良.物流系统规划与设计[M].北京:机械工业出版社,2016
[2] 刘刚,刘建香,李淑霞.物流系统规划与设计[M].北京:科学出版社,2011
[3] 田振中,丁玉书,于汶艳.物流系统工程[M].北京:清华大学出版社,2012
[4] 赵林度.物流系统分析[M].北京:科学出版社,2012
[5] 《2023中国低碳供应链&物流创新发展报告》
[6] 李成友,卢会超,李永衡,等.多托盘共用自动化物流系统的规划设计——以某汽车企业零部件配送物流为例[J].物流技术,2022,41(06):84-88.
[7] 赵林度.物流系统分析[M].北京:科学出版社,2012
[8] 《2022/2023罗戈物流行业年报》
[9] 周跃进,陈国华.物流网络规划[M].2版.北京:清华大学出版社,2015.
[10] 伍美琴,吴傅龙,彭寒梅.西方区域物流规划理论对中国物流规划的启示[J].国外城市规划,1994,(4):14-19.
[11] 余福茂.关于物流系统规划若干关键技术的研究[D].杭州:浙江大学,2003.
[12] 陈思.基于物流需求多样性的区域物流规划方法研究[D].成都:西南交通大学,2013.
[13] 唐东明.聚类分析及其应用研究[D].成都:电子科技大学,2010.
[14] 刘勇.物流园区规划设计要点分析[J].物流技术与应用,2017(11).
[15] 葛冉雪.物流园区规划的方法研究[D].硕士论文:同济大学,2008(12).
[16] 史峰.物流园区规划设计的关键问题[J].建筑知识,2017(17).
[17] 林振强.智慧物流园区规划与建设[J].物流技术与应用,2017(05).
[18] 徐青.物流园区规划的方法与实践[J].江西建筑,2016(19).
[19] 曾鹏.物流园区规模确定及选址评价研究[D].深圳大学,2016(06).
[20] 刘兵阳.物流园区功能设施设计研究[D].北京建筑大学,2015(12).
[21] 许程.物流园区布局优化与作业流程仿真研究[D].西南交通大学,2015(05).
[22] 杨扬.物流系统规划与设计[M].2版.北京:电子工业出版社,2020.
[23] 戴恩勇.物流系统规划与设计[M].北京:清华大学出版社,2019.
[24] 刘联辉.物流系统规划及其分析设计[M].2版.北京:中国财富出版社,2017.
[25] 青岛英谷教育科技股份有限公司.物流配送中心规划与运作管理[M].2版.西安:西安电子科技大学出版社,2022.
[26] 徐贤浩,刘志学.物流配送中心规划与运作管理[M].武汉:华中科技大学出版社,

2014.
- [27] 朱华. 配送中心管理与运作[M]. 3版. 北京：高等教育出版社，2014.
- [28] 王燕. 配送中心规划与运作管理[M]. 西安：西安电子科技大学出版社，2016.
- [29] 王转. 配送与配送中心[M]. 北京：电子工业出版社，2015.
- [30] 谢如鹤. 物流系统分析与规划[M]. 北京：高等教育出版社，2015.
- [31] 王转，程国全，冯爱兰. 物流系统工程[M]. 2版. 北京：高等教育出版社，2010.
- [32] 刘联辉，彭邝湘. 物流系统规划与其分析设计[M]. 北京：中国物资出版社，2006
- [33] 刘昌祺，董良. 自动化立体仓库设计[M]. 北京：机械工业出版社，2004
- [34] 吴颖，程赐胜. 基于分枝定界法的车辆配载问题. 长沙理工大学学报，2018(12).
- [35] 马向国，姜旭，胡贵彦. 自动化立体仓库规划设计、仿真与绩效评估[M]. 北京：中国财富出版社，2017.
- [36] 王术峰. 物流系统规划与设计：理论与方法[M]. 2版. 北京：机械工业出版社，2021
- [37] 平海. 物流系统设计与分析[M]. 北京：清华大学出版社，北京交通大学出版社，2010
- [38] 张忠强. 物流系统规划与设计[M]. 北京：清华大学出版社，2011
- [39] 白丽君，彭扬. 物流信息系统分析与设计[M]. 北京：中国物资出版社，2009
- [40] 杜彦华，吴秀丽. 物流管理信息系统[M]. 北京：北京大学出版社，2010
- [41] 姜方桃，邱小平. 物流信息系统[M]. 西安：西安电子科技大学出版社，2019
- [42] 王汉新. 物流信息管理[M]. 3版. 北京：北京大学出版社，2021
- [43] 吴磊. 物流管理信息系统规划与设计[J]. 中国商贸，2011(6)
- [44] 张炳轩. 现代企业物流管理信息系统的研究[J]. 商场现代化，2010(36)
- [45] 丁德波. 第三方物流管理信息系统的分析与设计[J]. 物流工程与管理，2014(91)
- [46] 董静. 第三方物流管理信息系统分析与设计[J]. 决策咨询通讯，2010(5)
- [47] 傅莉萍. 物流信息系统管理[M]. 北京：清华大学出版社，2017
- [48] 何黎明. 中国物流年鉴[M]. 北京：中国财富出版社有限公司，2022
- [49] 马士华，等. 供应链管理[M]. 2版. 北京：高等教育出版社，2006.
- [50] 倪建伟，王新兴. 着力提升产业链供应链韧性和安全水平[N]. 光明日报，2023-02-07(11)
- [51] 何黎明. 中国物流年鉴[M]. 北京：中国财富出版社有限公司，2019
- [52] 何黎明. 中国物流年鉴[M]. 北京：中国财富出版社有限公司，2021
- [53] 刘小卉. 运输管理学[M]. 上海：复旦大学出版社，2005.
- [54] 孙明贵. 库存物流管理. 北京：中国社会科学出版社，2005.
- [55] 迈向以客户为中心的一流供应链——精益、韧性、绿色、数字化[R]. 上海：施耐德电气商业价值研究院，清华大学全球共同发展研究院，2023
- [56] 梁楠楠，公彦德，闫文慧. 高校"物流项目管理"的课程建设研究[J]. 江苏科技信息，2019，(09).

[57] 吴晶.物流项目管理与实务课程建设与应用[J].中国管理信息化,2020,(21).

[58] 刘瀛寰.物流项目投标风险分析[J].经济师,2016,(08).

[59] 陈乃海.长周期建设项目重点风险控制研究[J].建筑经济,2023,(05).

[60] 李开孟.我国投资项目可行性研究60年的回顾和展望[J].技术经济,2009,(09).